体育教育与健康促进湖北省优势学科项目提供资助
运动干预与健康促进湖北省协同创新中心系列丛书

体质健康概论

Tizhi Jiankang Gailun

（第二版）

主　编：刘星亮

副主编：王迎春　刘丹松

中国地质大学出版社
ZHONGGUO DIZHI DAXUE CHUBANSHE

图书在版编目(CIP)数据

体质健康概论/刘星亮主编,王迎春、刘丹松副主编.—2版.—武汉:中国地质大学出版社,2016.4
ISBN 978-7-5625-3812-7

Ⅰ.①体…
Ⅱ.①刘…②王…③刘…
Ⅲ.①人体测量(运动医学)-标准-基本知识-中国②体育锻炼标准-基本知识-中国
Ⅳ.①G804.49-65②G812.37

中国版本图书馆CIP数据核字(2016)第117389号

体质健康概论	刘星亮	**主　编**
	王迎春　刘丹松	**副主编**

责任编辑:段连秀	策划编辑:张　华　段连秀	责任校对:张咏梅
出版发行:中国地质大学出版社(武汉市洪山区鲁磨路388号)		邮政编码:430074
电　　话:(027)67883511　　传真:67883580		E-mail:cbb@cug.edu.cn
经　　销:全国新华书店		http://www.cugp.cug.edu.cn
开本:787毫米×1092毫米 1/16		字数:300千字　印张:11.75
版次:2010年6月第1版　2016年4月第2版		印次:2016年4月第2次印刷
印刷:武汉教文印刷厂		印数:4 001—5 000册
ISBN 978-7-5625-3812-7		定价:30.00元

如有印装质量问题请与印刷厂联系调换

前　言

国民体质监测与评价的目的是了解国民体质的动态变化特征和规律,不仅可为国家政府部门制定相应的政策提供科学依据,同时也可为不同时期国民体质与健康状况的监测和评价研究确定方向。从社会发展的总体趋势分析,国民体质的改善与增强是社会发展的动力。因为国民体质的增强不仅为国家发展提供了丰富的人力资源,而且也从侧面反映了国家社会和经济等方面的变化。广泛开展全民健身活动,提高全民族的健康素质,是全面建设小康社会的重要内容,是构建和谐社会的必然要求,也是功在当代、利在千秋的事业。实施国民体质监测,制定国民体质健康标准,是我国全民健身事业发展成就的重要体现,构建科学健身指导,使国民树立正确的健身观是国家对人力资源和社会财富进行管理的重要措施。

青少年是国民体质监测与评价的主要人群,近年来国家学生体质健康标准测试结果表明,青少年学生的力量、耐力、速度等体能指标在全面下降,心肺功能越来越差,超重和肥胖青少年明显增加,视力不良率居高不下,这些问题还有进一步加剧的趋势。造成青少年体质健康下降的原因是多方面的,但究其主要原因,一方面是由于学校片面追求升学率,重智轻体的思想观念普遍存在,导致学生课业负担过重,休息和锻炼时间严重不足;另一方面是由于体育设施和条件不足,学生的体育课和体育活动难以保证。为此,2007年4月教育部、国家体育总局联合颁布了《国家学生体质健康标准》,并于2008年在全国各级学校正式实施。此项工作被称为新时期学校体育教育的重大工程。为了国民体质测试和青少年体质健康教学、科研的需要,本书引用了2014年国民体质监测和《国家学生体质健康标准》(2014年修订)的研究成果,并在总结我国多年来国民体质健康研究成果的基础上,构建了"以贯彻'健康第一'的指导思想为主体;以体质测试和健康促进为核心;以完善的体质评价方法为重点"的基本理论与实践方法。由于编者的水平有限,时间较仓促,书中错误之处在所难免,恳请同行专家学者斧正。

本书由刘星亮、王迎春、刘丹松共同编写。全书共分八章，刘星亮负责第七章第三节的编写（字数：2.5万），王迎春负责第三、六、七、八章及附录的编写（字数：15.1万），刘丹松负责第一、二、四、五章的编写（字数：11.8万）。本书由"体育教育与健康促进湖北省优势学科项目"提供资助。该书在编写过程中，曾参考了大量的文献资料，并引用了有关专家学者的研究成果，在此一并表示感谢。

编　者

2016 年 3 月

目 录

第一章 绪 论 (1)

第一节 体质概述 (1)
一、体质概念 (1)
二、体质的内涵 (2)
三、理想体质 (3)

第二节 影响人体体质的因素 (3)
一、体质与遗传 (3)
二、体质与环境 (6)
三、体质与锻炼 (7)
四、体育锻炼对循环系统的影响与作用 (7)
五、体育锻炼对机体代谢的影响与作用 (9)
六、体育锻炼对呼吸系统的影响与作用 (10)
七、体育锻炼对神经系统的影响与作用 (10)
八、体育锻炼对预防身心疾病的影响与作用 (11)

第二章 体质科学研究 (13)

第一节 国内外国民体质研究 (13)
一、国内国民体质研究概况 (13)
二、国外国民体质研究概况 (15)
三、国内外体质研究的差异性 (18)
四、国内外体质研究的相同性 (20)
五、我国国民体质研究的不足 (20)

第二节 幼儿、成年和老年人群体质研究 (21)
一、幼儿体质监测结果与分析 (21)
二、成年人群体质监测结果与分析 (23)
三、老年人群体质监测结果与分析 (27)

第三节　儿童青少年体质研究 ………………………………………… (28)
　　一、儿童青少年体质研究的意义、功能和特点 ………………………… (28)
　　二、儿童青少年体质调查研究 …………………………………………… (30)
　　三、儿童青少年体质监测研究 …………………………………………… (32)

第三章　体质测量知识与评价方法 ………………………………… (36)

第一节　体质测量基础知识 …………………………………………… (36)
　　一、体质测量方法设计 …………………………………………………… (36)
　　二、体质测量指标选择的基本要求 ……………………………………… (37)
　　三、测量误差 ……………………………………………………………… (37)
　　四、测量数据的搜集与整理 ……………………………………………… (38)
　　五、测量数据的检验 ……………………………………………………… (40)

第二节　体质评价方法 ………………………………………………… (45)
　　一、体质评价 ……………………………………………………………… (45)
　　二、体质评价方法 ………………………………………………………… (47)

第四章　体质测量与评定标准 ……………………………………… (52)

第一节　身体形态测量与评定标准 …………………………………… (52)
　　一、身体形态基本测量点 ………………………………………………… (52)
　　二、身体形态测量与评定标准 …………………………………………… (52)

第二节　身体机能测量与评定标准 …………………………………… (57)
　　一、肺活量测量与评价 …………………………………………………… (57)
　　二、台阶试验测量与评价 ………………………………………………… (61)

第三节　身体素质测量与评定标准 …………………………………… (63)
　　一、速度素质测量与评价 ………………………………………………… (63)
　　二、力量素质测量内容与评价 …………………………………………… (66)
　　三、耐力素质测量内容与评价 …………………………………………… (72)
　　四、柔韧素质测量与评价 ………………………………………………… (74)
　　五、感觉和协调能力测量与评价 ………………………………………… (77)

第四节　评分表的使用 ………………………………………………… (80)

第五章　健康理论与实践 …………………………………………… (82)

第一节　健康概念与标准 ……………………………………………… (82)
　　一、树立正确的健康观念 ………………………………………………… (82)

二、重视心理健康对身体健康的影响 …………………………………………… (83)
　　三、开展"小康体育"促进全民身体健康 ………………………………………… (83)
　　四、重视心理指导，以"调心"促"健身" …………………………………………… (84)
　　五、正确处理生理健康和心理健康的关系 ……………………………………… (85)
　　六、身心健康的标准 ………………………………………………………………… (85)
　　七、身心健康标准的评价 …………………………………………………………… (87)
　第二节　儿童青少年健康教育与研究 ………………………………………………… (88)
　　一、儿童青少年身心健康教育现状 ………………………………………………… (88)
　　二、身心健康研究内容 ……………………………………………………………… (89)
　第三节　影响身心健康的因素 …………………………………………………………… (90)
　　一、自然环境与健康 ………………………………………………………………… (90)
　　二、人际关系与健康 ………………………………………………………………… (91)
　　三、心理调节与健康 ………………………………………………………………… (91)
　　四、生活习惯与健康 ………………………………………………………………… (92)
　　五、医疗条件与健康 ………………………………………………………………… (92)

第六章　亚健康 …………………………………………………………………………… (94)

　第一节　亚健康概述 ……………………………………………………………………… (94)
　　一、亚健康概念 ……………………………………………………………………… (95)
　　二、亚健康的表现形式 ……………………………………………………………… (95)
　　三、亚健康状态调查问卷的研制与应用 …………………………………………… (96)
　第二节　亚健康状态研究 ………………………………………………………………… (97)
　　一、亚健康状态研究概述 …………………………………………………………… (97)
　　二、高校大学生亚健康状态的调查 ………………………………………………… (98)
　　三、高校学生亚健康状态成因的分析 ……………………………………………… (100)
　　四、亚健康状态研究的展望 ………………………………………………………… (103)
　第三节　青少年思想道德"亚健康"问题 ……………………………………………… (104)
　　一、当代青少年思想道德亚健康的主要表现 ……………………………………… (104)
　　二、当代青少年思想道德"亚健康"产生的主要原因 …………………………… (105)
　　三、加强和改进青少年思想教育的对策 …………………………………………… (106)
　第四节　亚健康状态的形成与预防 …………………………………………………… (109)
　　一、亚健康状态的形成 ……………………………………………………………… (109)

二、亚健康状态的危害与预防 ……………………………………………………… (110)

第七章　青少年健身方法与手段 …………………………………………………… (112)

第一节　体质健康锻炼原则与内容 ………………………………………………… (112)
　　一、体质健康锻炼的原则 …………………………………………………………… (112)
　　二、体质健康锻炼的内容 …………………………………………………………… (113)

第二节　体质健康锻炼的方法与手段 ……………………………………………… (114)
　　一、小学学生体质健康锻炼 ………………………………………………………… (114)
　　二、初中学生体质健康锻炼 ………………………………………………………… (116)
　　三、高中学生体质健康锻炼 ………………………………………………………… (118)

第三节　青少年户外运动调查与研究 ……………………………………………… (119)
　　一、户外运动对人体身心健康的影响 ……………………………………………… (119)
　　二、国内外户外运动研究现状 ……………………………………………………… (120)
　　三、青少年户外运动调查 …………………………………………………………… (122)
　　四、青少年户外运动健身特点的分析与讨论 ……………………………………… (126)
　　五、户外运动对青少年身心发展的影响 …………………………………………… (128)
　　六、青少年户外运动健身指导 ……………………………………………………… (131)

第八章　成年人群体质健康锻炼方法与手段 ……………………………………… (134)

第一节　健身走 ……………………………………………………………………… (134)
　　一、健身走概述 ……………………………………………………………………… (134)
　　二、健身走锻炼的理论依据 ………………………………………………………… (134)
　　三、健身走锻炼的特点 ……………………………………………………………… (135)

第二节　健身球 ……………………………………………………………………… (135)
　　一、健身球的基本动作 ……………………………………………………………… (136)
　　二、健身球的作用 …………………………………………………………………… (136)

第三节　太极拳、太极剑 …………………………………………………………… (137)
　　一、太极拳、太极剑的基本涵义 …………………………………………………… (137)
　　二、太极拳的主要健身作用 ………………………………………………………… (137)
　　三、练太极拳、太极剑的注意事项 ………………………………………………… (138)

第四节　健身气功 …………………………………………………………………… (138)
　　一、健身气功的基本涵义 …………………………………………………………… (138)
　　二、气功的主要健身作用 …………………………………………………………… (139)

  三、练气功应注意的事项 …………………………………………………………………………（139）

第五节　健身跑 …………………………………………………………………………（140）
  一、健身跑的基本涵义 ………………………………………………………………………（140）
  二、跑步的主要健身作用 ……………………………………………………………………（140）
  三、跑步锻炼的注意事项 ……………………………………………………………………（141）

第六节　健美操 …………………………………………………………………………（141）
  一、健美操的基本涵义 ………………………………………………………………………（141）
  二、健美操的主要健身作用 …………………………………………………………………（142）
  三、练健美操的注意事项 ……………………………………………………………………（142）

第七节　健身舞 …………………………………………………………………………（142）
  一、健身舞的基本涵义 ………………………………………………………………………（142）
  二、健身舞的主要健身作用 …………………………………………………………………（143）
  三、跳健身舞的注意事项 ……………………………………………………………………（143）

第八节　门球运动 ………………………………………………………………………（144）
  一、门球运动的基本涵义 ……………………………………………………………………（144）
  二、门球活动的主要健身作用 ………………………………………………………………（144）
  三、打门球的注意事项 ………………………………………………………………………（145）

第九节　木兰拳 …………………………………………………………………………（145）
  一、木兰拳概述 ………………………………………………………………………………（145）
  二、木兰拳的特点 ……………………………………………………………………………（146）
  三、中国木兰拳套路拳谱 ……………………………………………………………………（146）
  四、徒手基本动作 ……………………………………………………………………………（147）

第十节　太极柔力球 ……………………………………………………………………（147）
  一、太极柔力球的特色 ………………………………………………………………………（147）
  二、太极柔力球的文化和意义 ………………………………………………………………（147）
  三、太极柔力球对身体的疗效 ………………………………………………………………（147）
  四、太极柔力球的技术特点 …………………………………………………………………（148）
  五、适应性特点 ………………………………………………………………………………（148）
  六、基本套路 …………………………………………………………………………………（149）

附　件 ………………………………………………………………………………………（150）
  附录1：教育部关于印发《国家学生体质健康标准（2014年修订）》的通知 ……………（150）

附录2:国家学生体质健康标准(2014年修订) …………………………………… (151)

附录3:《国家学生体质健康标准》实施办法 …………………………………… (153)

附录4:青少年户外运动调查问卷 ………………………………………………… (155)

附录5:青少年户外体育锻炼心理效益问卷 ……………………………………… (157)

附录6:亚健康状态调查问卷 ……………………………………………………… (159)

附录7:加分指标评分表 …………………………………………………………… (167)

附录8:《国家学生体质健康标准》登记卡 ………………………………………… (170)

参考文献 …………………………………………………………………………… (177)

第一章 绪 论

国民体质的强弱是社会文明和进步的重要标志。任何一个国家国民体质的好坏是国家政治、经济、军事、科学文化等综合国力的具体体现。可以说,一个民族的国民体质水平与其所处的政治、经济、科学、文化发展水平息息相关,良好的国民体质与健康水平对国家的经济和文化建设,对促进国家的繁荣富强均有着直接的影响。因此,世界各国政府都高度重视本国国民体质的调查研究工作,并在国民体质的研究领域取得了较大的成就。随着现代科学技术的迅猛发展,世界各国综合国力的竞争,主要是人才的竞争,不论何种社会制度,也不论何种生产方式和生产关系,人的体质都是社会发展的物质基础。国民体质强健,精力充沛,才能为社会创造更多的物质和精神财富。

第一节 体质概述

一、体质概念

体质即人体的质量,是人体在先天遗传和后天获得的基础上所表现出来的形态结构、生理功能、心理发展、身体素质、运动能力等方面综合的、相对稳定的特征。体质包括人体的身体形态、生理机能、环境适应和心理状态等内容的发展水平。决定人体质量优劣的因素有两个方面:①先天的遗传性,即人体生长发育变化的先决条件,如形态、相貌、肤色、性格、身体素质等均受先天遗传的影响;②后天的获得性,即社会环境、物质条件、地区气候、体育锻炼、运动能力、营养状况、医疗卫生及保健等构成了人体发展变化的后天条件。人体体质在形成、发展和消亡的过程中,具有明显的个体差异和阶段性,表现出"从一般功能状态到最佳功能状态,从健康状态到功能障碍甚至严重疾病状态"等各种不同时期的体质状况。

增强体质与健康促进,是关系到国家和民族未来发展的大事。国民拥有强健的体魄、健康的身心、坚强的意志、活力充沛的身体是一个民族旺盛生命力的体现,是社会文明进步的重要标志。自20世纪80年代以来,我国体育事业得到了蓬勃发展,国民体质监测工作也得到了进一步加强,各种体育制度、设施逐步完善,其举措有效地增强了国民体质和健康促进。为了广泛开展全民健身活动,提高全民族的健康素质,全面建设小康社会,构建社会主义和谐社会,党和政府把构建全民健身体系在全面建设小康社会中的重要地位做了进一步的提升。将国民体质监测列入对全民健身体系工作效果的重要评定指标之一,确定为对人的健康素质的科学鉴定指标。实施《全民健身计划纲要》和贯彻《体育法》不仅对国民参加体育锻炼、增强体质提出了具体要求,并且强调指出,在全国进行"国民体质监测、实施体质测定制度,制定体质测定标准,定期公布全民体质状况"。2002年,由国家体育总局有关部门利用我国国民体质状况数据,制定并完成了《国民体质测定标准》。2003年7月,由国家体育总局、教育部、国家民委等

10个部门共同颁布的《国民体质测定标准》正式施行,标志着我国的国民体质监测制度全面进入进一步的完善和全面实施阶段。国民体质标准的制定与组织实施,有助于了解国民的整体体质和健康基本状况。该《国民体质测定标准》不仅可为国家经济建设和全民健身运动提供科学的依据,而且可为进一步加强国民体质测定工作,促进国民积极参加体育健身活动和提高劳动者素质提供科学的身体锻炼方法,使国民体质测定工作逐步在全国城乡开展起来。为系统掌握我国国民体质现状和变化规律,推动全民健身活动的开展,提高国民身体素质和健康水平,促进国家经济建设和社会发展,根据《中华人民共和国体育法》《全民健身条例》的规定,按照《国民体质监测工作规定》的要求,自2000年以来,国家体育总局、教育部、科技部、国家民委、民政部、财政部、农业部、卫生计生委、国家统计局、全国总工会10个部门联合在全国31个省(区、市)进行了4次国民体质监测工作。我国国民体质健康监测工作是落实《全民健身计划纲要》,推动国民体质健康建设科学化的一项重要举措。该项工作不仅体现了时代的发展与人民的需求,而且对提高全民族的素质和健康水平具有重要的意义,标志着我国国民体质建设迈入了新的发展阶段,并将作为新世纪我国的一项重要社会发展成果载入史册。

二、体质的内涵

人类社会的不同历史阶段有不同的生产特点,由此对人的体质提出了不同的要求。在原始社会,生产力水平极低,以手工作坊和小农个体生产作为生产方式,劳动力仍是社会需要的重要财富。在现代工业化时代,由体力、技术和精神相结合的劳动环境下,使人的体质承受着更加繁重的负担,对人的体质提出了更高的要求。人的体质是社会最为基础的物质因素。一个民族国民体质的强弱与国家经济、科学、技术、文化、教育、体育的发展有着密切的关系。科学的运动健身原理与方法是增强体质与健康促进的重要组成部分,当社会的政治、经济、自然条件等因素发生变化时,它对人的体质起着十分敏感的影响。生产和科技的发展取决于人对社会做出贡献的大小,人的素质不单纯以知识结构为标志,它是知识、道德、体质的结合体。从某种意义上讲,人的第一存在价值应是健全的并能适应社会生产劳动的体质。

人体体质受先天遗传和后天获得两个方面的影响,在其生长发育的过程中所形成的与自然和社会环境相适应的人体形态结构、生理功能和心理因素等相对稳定的固有特征。这一定义表明:①强调了人体体质的形成是基于先天遗传和后天获得的两个基本层面;②反映了关于机体内外环境相统一的整体观念,说明人体体质在后天生长发育过程中是与外界环境相适应而形成的;③充分体现出体质的固有特性或特征表现出来的机能、代谢以及对外界刺激反应等方面的个体差异性和阶段性。先天禀赋是人体体质形成的重要因素,但人体体质的发展与强弱在很大程度上又取决于后天获得因素的影响。为此,体质的内涵主要表面在以下几个方面:

(1)体质是一个统一的、相互密切协调的有机整体,是人体各种能力的综合体现。它是人们生活、学习和工作的物质基础,也是社会和经济发展的一种重要潜能。

(2)体质在承认先天遗传因素作用的同时,更加强调后天获得因素塑造的重要性。在不同种族、地域,以及不同性别、年龄的人群和个体中,人体体质的发展既有规律性,又有特殊性。

(3)强调人的身体素质和运动能力是生长发育与生理功能的主要外在表现,但又强调了科学合理锻炼对促进生长发育和生理功能的积极能动效应。

(4)随着社会进步和科技的发展以及人们认识水平的提高,体质的概念及范畴会产生日臻完善的新见解。任何一个时期的体质概念,往往只是对当时现实的概括,不是人们认识的终结,更不是真理的穷尽。因此,体质的内涵也是发展的。

(5)体质研究是一个复杂的系统工程。就体质的研究过程来看,是无穷尽的;就其研究领域而言,各学科间纵横交错,相互联系非常紧密。所以对体质实行跨学科、跨专业、跨部门、跨区域的综合研究非常必要。当然,这并不排斥在某些课题上进行单一学科和局部范围内的深入研究,在实际工作中这种研究还是大量的,但应注意与其他科学的联系,应用、借鉴其他研究领域的成果及知识,避免体质研究工作的片面性。

三、理想体质

理想体质是人体体质的功能在不同状态中所表现出来的较高层次和较高水平。理想体质是在遗传的基础上,经过后天不断努力获得的过程中所达到的人体良好的体质状态。在《全民健身科普知识读本》中也全面概括了体质的范畴,即体质包括体格、体型、体姿、营养状况、体成分等身体形态发育水平,表现新陈代谢状况和器官系统效能的生理功能水平,表现身体素质及运动能力水平的速度、力量、耐力、灵敏、协调、走、跑、跳、投和攀越等技能,表现心理发育水平的智力、情感、行为、感知觉、个性和性格意志等,对自然环境、社会环境和各种生活紧张事件的适应能力,对疾病和其他有碍健康的不良刺激源的抵抗力。

理想体质的标志表现为:
(1)身体健康,主要脏器无疾病。
(2)身体形态发育良好,体格健壮,体形匀称。
(3)呼吸系统、心血管系统和运动系统具有良好的生理机能。
(4)有较强的运动能力和劳动工作能力。
(5)心理发育健全,情绪乐观,意志坚定,有较强的抗干扰、抗刺激的能力。
(6)对自然和社会环境有较强的适应能力。

第二节 影响人体体质的因素

人体的形态结构、生理功能、身体素质、运动能力、心理发展以及对内外环境的适应能力,是构成体质与健康的相互依存、相互影响、相互制约、不可分割的五个因素。身体的形态结构是体质健康的外在表现;生理功能、身体素质、运动能力、心理发展是体质健康的物质基础;而对内外环境的适应能力则是形态结构、生理功能、身体素质、运动能力、心理发展五个方面的综合反映。它们之间的相互关系是:一定的形态结构必然表现出一定的生理基础,身体素质和运动能力是各器官系统的生理功能在生活和体育活动中的客观反映。发展和提高身体素质、运动能力的过程会相应地引起机体一系列形态结构、生理功能的变化,而伴随着形态结构、生理功能的发展和提高又会产生一定的心理过程和个性心理特征,从而促进人的心理发展。因此,影响人体体质的因素主要有以下几个方面。

一、体质与遗传

遗传是人体生长发育的先天条件,对体质的强弱有着重要的影响。现代生物学研究证明,存在于细胞核染色体中的脱氧核糖核酸(DNA)是遗传的物质基础。亲代把自己的特征传给子代的过程,就是子代从亲代得到一定结构的DNA,从而也就得到了和亲代相同的遗传性状。

人体存在着种族和血缘的特点，人体的形态结构、相貌肤色等均受遗传因素的影响。国内外有关人体体质研究的资料表明：身体形态受遗传因素影响的占75%，人体的有氧代谢能力和最大摄氧能力有75%～95%受遗传因素的影响，身体素质和运动能力与遗传也有着密切的关系。但是遗传对体质的影响只是提供了可能性，而体质强弱的实现性则有赖于后天的环境和条件。遗传学的观点认为，人体所有的外在表现都是遗传基因和环境因素相互作用的结果。人类只有少数性状一经形成，就不再受环境的影响，可以说人体大多数性状以遗传因素为主。为了估计遗传和环境对某一性状表现所起作用的相对比重，我们常用的方法是计算这种性状的遗传度。遗传度是指某一特定性状在总的变异中，占有多大比例归于遗传因素，有多大比例归于环境因素。一般用"%"符号来表示。凡性状以遗传因素为主的，其遗传度就高；凡性状以环境因素为主的，其遗传度就低。

1. 身体形态指标与遗传

身体形态在遗传上称体表性状，它受多种基因遗传的控制，其形成也同样受多种因素的影响，其中遗传因素仍是最主要的。但遗传对组成体型各特征的影响大小又各不相同，男女之间也有明显的差别。形态学研究的遗传度见表1-1。

表1-1 遗传度主要体型特征(%)

项目	男	女	项目	男	女
身高	85	92	胸围	54	55
坐高	85	85	臂围	65	60
臂长	80	87	腿围	60	65
腿长	77	92	体重	68	42
足长	82	82	去脂体重	87	78
头宽	95	76	心脏形态	82	82
肩宽	77	70	肺面积	52	52
腰宽	79	63	胸廓形态	90	90
盆宽	75	85	膈肌形态	83	83
头围	90	72	—	—	—

引自：王金灿《运动选材学》

从形态指标的遗传度看出，男性在体型特征上受遗传因素影响较大的是坐高、头宽、头围、胸廓形态、去脂体重，所占比例分别为85%、95%、90%、90%、87%；女性在体型特征上受遗传因素影响较大的是身高、坐高、臂长、腿长、盆宽、心脏形态、胸廓形态、膈肌形态，所占比例分别为92%、85%、87%、92%、85%、82%、90%、83%。形态指标的遗传度达到80%以上的男性、女性各9项。

2. 身体机能指标与遗传

运动能力水平的高低，常常受到生理机能水平的直接影响。而生理机能水平的高低，不仅要受生长发育过程中环境与训练等多因素的影响，而且要受到遗传因素的制约。生理指标的遗传度见表1-2。

表 1-2　生理指标的遗传度(%)

指标	遗传度	指标	遗传度
安静心率	33	神经系统功能	90
最大心率	85.9	月经初潮时间	99
肺通气	73	血型	100
最大摄氧量	69~93.6	血压	42

引自:王金灿《运动选材学》

中枢神经系统的功能(神经过程的强度、灵活性、均衡性)是先天遗传的,后天很难改变。最大摄氧量直接关系到有氧耐力水平的高低,它的遗传度在69%~93.6%之间,平均81.6%,后天影响只有18.4%。最大心率遗传度达85.9%,后天改变只有14.1%,这说明生理指标遗传度高的,后天改造上均有困难。

3. 运动素质的遗传度

运动素质是指与运动效应直接有关的身体素质。运动素质的各种性状是受多基因遗传控制的。在其形成和发展过程中,不仅要受环境的影响,而且与体育锻炼等因素有着直接的联系。运动素质指标的遗传度见表1-3。

表 1-3　运动素质的遗传度(%)

指标	遗传度	指标	遗传度
反应速度	75	相对力量	64
动作速度	50	无氧耐力	85
动作频率	30	有氧耐力	70
反应潜伏时	86	柔韧性	70
绝对力量	35		

引自:王金灿《运动选材学》

(1)反应潜伏时是人体受到某种刺激后,神经过程产生反应的潜伏时间。该素质是先天遗传,后天基本不能改变,其遗传度高达86%以上。

(2)反应速度是人体从受到刺激到产生动作反应的时间(如声、光反应时),反映了神经冲动神经系统中的传递速度。该素质先天的遗传度为75%以上。

(3)动作速度是快速完成单个或成套技术动作时的能力。由于受动作技巧复杂性和熟练性的影响,可以说是先天的基础与后天训练的结合,它的遗传度为50%。

(4)动作频率是指单位时间里重复完成动作的次数。研究表明,测定儿童少年60米步频和10秒原地高抬腿次数时,均与成年人无显著性差异。这说明动作频率在后天是很难改变的,是受先天遗传所制约的。

(5)绝对力量是指在相对较慢状态下,人体所能克服最大阻力的能力。一般来讲,由于体重的增长,特别是瘦体重的增长,力量能相应增大。人体骨骼的粗细、骨架的大小、消化吸收能力等条件较好的,后天才能有较大的变化。

(6)相对力量是指单位体重所能负的重量。它反映了人体绝对力量与体重之间的关系。该素质受先天遗传的影响明显大于绝对力量,其遗传度为64%。

(7)耐力素质是指有机体克服工作过程中所产生疲劳的能力。它包括两个方面,即有氧耐力与无氧耐力。有氧耐力是长时间进行有氧工作的耐受能力;无氧耐力是身体在较长时间处于缺氧情况下对肌肉收缩供能的耐受能力。影响耐力因素的遗传度均较高。其中,无氧耐力的遗传度为85%以上;有氧耐力的遗传度为75%以上。

(8)柔韧素质是指人体各关节活动范围的大小及肌肉、肌腱、韧带等软组织的伸展能力。其遗传度为70%以上,后天的发展受到了限制。身体各关节的柔韧性有所不同,其中髋关节遗传度98%。脊柱遗传度为79%,肘关节遗传度为81%。

二、体质与环境

环境是指周围或外部世界的条件和境况。它包括自然环境、社会环境、卫生环境、营养环境和社会心理环境等。

1. 体质与自然环境

自然环境是指人类生态系统中围绕着人类周围的各种自然因素的总和(如水、土、气、光和各种生物等)。自然环境不断变化的过程,就是机体的各种生理机能、形态特点不断改善适应的过程。由于各地所处地理位置的差异,所以不同的地理环境对人类体质的影响也不尽相同。我国地域辽阔,不同地域的自然环境和社会环境均存在着很大的差异。人口学和医学的研究成果已显示:自然、经济等因素对人的健康水平和生存质量产生一定的影响。因为自然环境和社会环境都是人类赖以生存的基本条件,如地理环境、社会制度、经济和卫生保健制度等,对人体的生长发育和健康水平都有直接影响。

自然环境对人体的体质与健康有着直接的影响。在世界范围内,由于现代工业的快速发展,使得人类赖以生存的自然环境遭到了极大的破坏。如温室效应导致全球性的气温上升;臭氧层的破坏导致气候异常;植被破坏导致水土大量流失、土地沙漠化和淡水资源缺乏,等等。因此,保护自然环境、维持人类生态环境的平衡发展,是人类所共同面临的重要任务。

2. 体质与社会环境

社会经济的发展水平和物质文明、社会制度是决定人群生长发育水平与体质强弱的主要因素。在社会环境这个总体中,包括物质生活水平、营养状况、文化教育和医疗卫生条件等。长期的营养低下或营养不良都会导致体质水平下降,合理的营养是保证和增强体质的关键。从我国历年的儿童青少年体质调查的资料来看,在形态、机能、身体素质和运动能力等方面,一般都是城市高于农村的水平。主要原因是物质生活水平存在差距。另外,营养对身体的免疫功能也有重要的作用,特别是出生前营养不良所造成的免疫缺陷更为明显。

社会经济环境对体质水平有较大的影响。不同经济发展水平对体质水平的影响强度不同,经济发展将会对经济发展水平相对较低的区域人口的体质水平的提高有较大的促进作用,而对于经济发展水平相对较高的区域,其经济收入的改善对体质水平的提高的促进作用要小得多。人文指数与体质水平关系的研究结果也显示了这一规律。曾有研究表明,城市青少年的生长地区差异在受环境影响程度上低于农村青少年。这一规律提示我们,应该针对不同区域实施不同的提高体质水平的方案,这种经济与人文环境的差异在我国主要存在于城乡以及东西部之间。对于经济与人文环境较好的区域,致力于增强体质的意识与合理的健身指导可能更为有效;而对于经济与人文环境相对落后的区域,加大经济投入力度将可能对该区域的人口体质水平的提高有较好的促进作用。

3. 体质与卫生环境

卫生环境是人类生存环境的卫生与要求,它是客观存在于机体之外的各种物质条件的总称,包括饮食卫生、生活习惯、环境卫生、运动卫生等。生活习惯或生活方式的卫生,对人体的健康长寿有着极大的影响,许多不良的生活方式,如吸烟、酗酒、吸毒、滥用药物等,已严重威胁着人类的身心健康。正因为如此,世界各国政府正在为消除这些社会公害进行着不懈的努力。总之,卫生环境对人类的健康有着直接的影响,它对人类的健康起着重要的促进作用。

4. 体质与营养环境

营养是构成机体组织的物质基础,合理的营养能促进人体的生长发育和健康,不合理的营养会导致人体衰弱甚至会成为某些疾病滋生的原因。因此,改善人们的食物和营养状况,不仅可以提高人们的健康水平,而且也是促进人体自身发展的根本途径。

5. 体质与社会心理环境

社会心理环境是指人类赖以生存的社会历史、政治、经济、文化环境和心理氛围。不同的社会制度,人们在一定社会所处的政治经济地位与人们的需要满足程度密切相关。人们所处的心理环境或氛围对于维护人的心理健康亦有十分重要的意义。

三、体质与锻炼

体育锻炼(亦称"身体锻炼",简称"锻炼")是指运用各种身体练习,结合自然环境和卫生因素,以健身、防病、娱乐为目的的身体活动。体育锻炼的作用在于:促进人体正常的生长发育;提高人体机能和身体基本活动能力;达到推迟衰老、延年益寿的效果;调剂情绪、振奋精神和进行积极的休息;提高人体适应外界环境的能力;防止疾病和恢复功能等。身体锻炼的方法多种多样,锻炼者可根据锻炼的目的进行不同的选择。

体育锻炼是增强体质与健康促进的主要途径。人体通过体育锻炼不仅可以增强体质,而且也是不断提高健康水平的有效手段。因为人体的形态结构、生理机能、身体素质和运动能力的发展水平都与体育锻炼有着直接关系,只有通过科学的身体锻炼,才有可能增强人体的体质,达到预防疾病、提高工作学习效率以至延年益寿的目的。据研究报道,健身跑时的供氧比静坐时多 $8\sim12$ 倍;锻炼者的有氧代谢能力比没有锻炼者高 37%,最大摄氧量可以提高 33%,体育锻炼能增强人体系统的功能,一般人的肌肉重量只占体重的 40% 左右,而经常系统锻炼的人,肌肉重量可达体重的 $45\%\sim50\%$。为此,在儿童青少年时期应培养坚持终身体育锻炼的好习惯,这样对增强青少年体质、促进身心健康可以起到积极的影响作用。

四、体育锻炼对循环系统的影响与作用

循环系统由一系列连续封闭式的管道系统组成,包括心血管系和淋巴系。循环系统的主要功能,是不断地向全身各器官、组织和细胞输送营养物质、氧气和激素,并将各器官、组织和细胞的代谢物排出体外,以保证人体维持正常的生理活动。循环系统中的心血管系由心脏和

血管组成。心脏和遍布全身各个角落的血管形成血液循环,人体通过血液循环将氧气和营养物质输送到身体各器官、组织和细胞,然后把组织细胞产生的二氧化碳和尿素、尿酸等代谢物质运输到排泄系统的器官。正因为循环系在人体内周而复始的运动,所以人体的锻炼将有利于循环系统功能的提高。

身体锻炼对循环系统的影响主要表现在以下几个方面。

(1)提高心脏的动力功能。身体锻炼可使心脏的每一次跳动强劲而有力,搏出血量也要比一般人多。这是因为长期进行身体锻炼的其心脏体积要比不参加锻炼的人大。除此之外,心脏壁厚度、心脏容积也要好于不参加锻炼的人。根据在不同年龄段进行健身锻炼与不参加健身锻炼人群的对比调查表明,健身锻炼的人群每次心脏收缩的搏出量要高出10%左右。由于每搏出量的增多,心脏每分钟跳动的次数相对要减少一些。例如一个普通人每搏出量是70mL的话,每分钟心跳70次才能够满足身体各器官代谢的需求,经过一段时间的健身锻炼后,它的心脏每搏出量达到80mL,其心脏每分钟跳动62次就可以满足各器官的需求。心脏跳动的减慢,使舒张时间延长,心脏就能够得到充分的休息,这样就能更有利于心脏的健康。另外,健身锻炼时身体运动所需要的能量比静止状态时增加,为了保证肌肉、内脏所需能量的供应,心脏跳动频率增加,每次跳动的搏出血量增加,血管舒张,使血液循环加速。当心跳达到每分钟100次左右,并且这种心率保持10分钟以上时,则可以很好地锻炼心脏,大大增强心肌和血管的韧度和强度,从而能够有效地降低各种心脏病的发生概率。研究表明,长期从事健身锻炼的人可以提高血液循环的质量,从而有效地避免人体血液供应不足的发生,并可以增强血管的舒张和收缩能力,使血液循环更加畅通。

(2)可使心血管系统得到明显的改善。健身锻炼对改善心血管系统的功能有着积极的作用。因为健身锻炼可以使血管的收缩和舒张度加大,毛细血管增多,从而能够使血液更通畅地达到全身各个部位的组织细胞。各个组织细胞获得的氧气和营养物质就更加充分和充足。与此同时,组织细胞代谢产生的物质也能够更迅速地运输到排泄系统的各个器官。这一过程对增强肌肉的耐力和延缓肌肉疲劳更为有利。健身锻炼还可以改善心脏本身的血管功能,使心脏细胞的供血供氧充分,从而达到减少冠心病和心肌梗死的发病机率。

(3)可使组织和细胞的活力不断加强。健身锻炼可以使血液中的红细胞、白细胞的数量增多。红细胞中含有血红蛋白,血红蛋白具有很好的携氧能力。红细胞越多表明血液循环中血液所能够携带的氧气也就越多。当氧气供应充足时,健身运动就比较轻松,否则人体会产生疲劳感。白细胞主要是具有免疫能力,它可以产生抗体并将侵入人体内部的各种细菌或病毒消灭,以保证人体的健康。因此,通过健身锻炼可使组织和细胞的活力得到不断加强。事实证明,健身锻炼不仅可以提高血液的运氧能力,减少运动疲劳,而且还可以提高人体的免疫力。

(4)可促进人体新陈代谢的转换速度。常言道"吐故"才能"纳新"。人体要想维持正常的生理功能状态,就要不断地向外界排出体内的代谢物,并从外界吸收人体细胞所必需的营养物质,以保证机体新陈代谢的正常进行。因为代谢物质主要是通过血液循环被运送到排泄系统的各个器官的,所以说体育锻炼在改善心血管系统的同时,也增强了人体新陈代谢的能力。研究表明,人体在正常的情况下每天健身走1~2小时,行走速度保持在每小时5km左右,可以提高人体的代谢率,并能有效地防治糠尿病等代谢性疾病的发生。

五、体育锻炼对机体代谢的影响与作用

机体需要能量以形成新的生物并维持其生命。机体通过分解葡萄糖、氨基酸、脂肪酸等营养物质以获得能量,新分子的生成和旧分子的凋亡必须是同时进行的,才能提供维持这些生化反应进行所需的能量,所以机体需要提供能量以维持这些生化反应的进行。

(1)体育锻炼对糖代谢的影响。糖代谢是糖在体内合成与分解的过程。人体体内能量供给首先来源于糖,是人体最经济的供能物质。糖类物质是人体所需的六大营养元素之一,也是人体运动时能量的主要来源。糖类分为多糖和单糖。平时我们所吃的食物中的糖分大多是以多糖形式存在的,在唾液酶等生物酶的作用下,分解为人体可以直接吸收利用的单糖。这些糖类物质有80%左右储存在肌肉中,叫作肌糖原;有20%左右储存在肝脏中,叫作肝糖原;还有少量分布在血液中,即血糖。正常人体静止状态下的血糖含量为100mL的血液中含80~120mg的血糖。血糖不足会加重运动时的疲劳感而影响到人的身体健康。

人体在进行体育锻炼时,首先分解的是肌糖原,当肌糖原分解不足时,血糖进行补充,同时肝脏会不断释放出肝糖原补充到血液中。肌糖原在氧气供应不足时会发生无氧分解,提供能量并产生大量的乳酸。但是当人体进行一般性的身体锻炼时,由于活动的强度小,氧供就充足,这时肌糖原可以充分地氧化分解为水和二氧化碳,释放大量的能量。

(2)体育锻炼对脂肪代谢的影响。脂肪代谢是脂肪在体内合成与分解的过程,它是人体内最大的能源库。当人体从外界获得能量超过所需量的时候,多余的能量物质就会转化为脂肪的形式储存起来,等到需要时再进行分解。在进行时间长而强度较小的体育锻炼时,脂肪所提供的能量会超过糖类所提供的能量,成为人体耐力素质锻炼能量的最主要来源。脂肪除了储存积累能量外,还可以帮助我们保持体温、保护内脏器官等。一般人的脂肪量会占其体重的20%左右,但是如果摄取过剩或者运动不足,就会引起脂肪的大量堆积,当脂肪量占到体重的50%时,就大大超出了正常的范围,即肥胖症。肥胖症是指身体脂肪积聚过多,超过同年龄同身高标准体重20%以上者。主要原因是长期摄入量超过消耗量。该症状除了影响青少年的正常发育外,还会诱发糖尿病、动脉硬化等一系列疾病。脂肪代谢的途径有四个方面:①以储存性脂肪的形式存留下来;②参加构成人体的组织;③再分解为甘油和脂肪酸;④被各种腺体利用而生成其特殊的分泌物。从脂肪的代谢途经可以知道,在能量物质摄取量一定的情况下,只要机体能量的需求量大,脂肪的储存就会相应减少。也就是说,通过身体锻炼可以使人体内的脂肪储存减少而达到减肥的目的。显而易见,身体锻炼是最科学而简便易行的且是最有效的减肥方法。

(3)体育锻炼对胆固醇代谢的影响。胆固醇是固醇类的一种,因从胆石中发现而得名。血浆胆固醇在体内的存在方式有两种:一种是低密度脂蛋白(LDL);另一种是高密度脂蛋白(HDL)。两种胆固醇在体内的作用是不同的。低密度脂蛋白可以以大块形式附着在动脉血管壁上,促使动脉硬化的形成;而高密度脂蛋白对前者有对抗作用,它可以清除附着在血管壁的低密度脂蛋白,减少其在血管壁的沉积,有效地防止动脉硬化的产生。心血管系统在人体系统的各个器官中具有举足轻重的作用,但是越来越多的心血管系统疾病不断地困扰着人类的身体健康,如动脉硬化、心肌梗死、冠心病等。这些均与血浆中血脂含量有关。因此,临床医学常把血液中胆固醇的含量来作为衡量血脂的指标。

实验研究证明,体育锻炼在分解脂肪提供能量的同时,还可以提高体内脂蛋白酶的活性,加速低密度脂蛋白的分解,从而降低血脂总量,对心血管系统疾病起到积极的预防作用。

六、体育锻炼对呼吸系统的影响与作用

呼吸系统是人体完成气体交换的所有器官的总称。机体在进行新陈代谢的过程中,经呼吸系统不断地从外界吸入氧,由循环系统将氧运送到全身的组织和细胞,经过氧化产生组织、细胞活动所必需的能量,同时在氧化过程中产生二氧化碳,再通过循环系统运送到呼吸系统,排出体外,以保证机体活动的正常进行。体育锻炼可以增强人体呼吸系统的功能,其主要表现有以下几个方面。

(1)使呼吸肌更加发达。呼吸肌包括膈肌、肋间肌、腹肌等肌肉。众所周知,人体在进行身体锻炼时,肌肉对氧气的需求量比静止状态下要大得多。人体运动时的呼吸节奏与动作相配合,可以使呼吸肌随着动作进行有节奏的运动。这种有节奏的运动方式使膈肌、肋间肌、腹肌等肌肉在内的呼吸肌得到了锻炼,肌力增强,呼吸肌也变得更加发达。随着呼吸肌的发达,肌肉收缩与舒张也就更有力,呼吸时肌肉的运动幅度也随之增大。呼吸差是指尽力吸气和尽力呼气的胸围大小变化的差额,它是衡量呼吸运动幅度大小的常用标准。经常进行身体锻炼的人的呼吸差可以达到8~16cm,比一般人的5~8cm增加了近1倍。每次呼吸都可以吸入或者排出更多的气体,使更多的气体得到交换,从而能更好地满足人体运动时组织细胞对氧的需求。

(2)使肺活量得到增强。肺活量是指尽力吸气后,做最大呼气时所能呼出的气量。肺活量是人体肺部可以容纳空气量的最高限度,反映出呼吸系统的工作能力。因此,肺活量的大小通常被作为衡量体质强弱的重要标准之一,并与性别、年龄、锻炼程度等都有关系。一般来说,正常成年人肺活量的平均值:男子在3500~4000mL之间,女子在2500~3500mL之间。老年人和儿童的肺活量要比成年人的平均值小。经常从事体育锻炼的人,其肺活量有明显的增加,一般增值可达到20%左右。研究数据显示,体育锻炼对青少年人群肺活量的增加有着更为明显的效果,经常进行锻炼的人比不进行锻炼的同龄人的肺活量要增加35%左右。

(3)使呼吸频率明显降低。呼吸频率是指人体每分钟呼吸的次数。一般正常成年男性的呼吸频率为12~18次/min,女性的呼吸频率要比男子的稍快。体育锻炼能促进呼吸肌的发达,使每次正常呼吸的气体量比锻炼前增加,呼吸深度加大,呼吸的频率也随之减少。呼吸频率的降低反映了呼吸系统功能的增强。

七、体育锻炼对神经系统的影响与作用

神经系统由脑和脊髓组成的中枢神经以及遍布全身各处的周围神经所组成。主导人体的各个器官系统,控制和调节人体的活动,使人体成为一个有机的整体。这个有机的整体既能适应外界环境的变化,又能不断变化达到与外界环境的相对平衡。神经系统的活动都是由各种各样的简单或复杂反射活动所组成,它在形态和机能上都是完整的、不可分割的整体。因此,体育锻炼对神经系统的影响主要有以下几个方面。

(1)体育锻炼使神经系统的反应更灵敏、更准确。因为神经系统由脑、脊髓和周围神经构成,人体在身体锻炼时,其动作都是肌肉、骨骼和关节在神经系统的支配下完成的。神经系统除了控制和调节运动过程之外,还能直接地接受动作完成方式的正确与否,使肌肉、骨骼和关节在神经系统的支配下变得更加灵敏和准确。

(2)体育锻炼使神经系统的调节作用得到进一步的加强。人体在进行体育锻炼时,左、右

侧身体的相互配合可以促进大脑左、右半脑的均衡发展。身体锻炼时所遇到的一些刺激可以增强神经系统的反应能力,使神经系统对外界变化的调节能够更迅速、更准确地做出判断,并进行相应的调整和支配。例如,锻炼者由于外界气温升高或者运动时体内积累的热量达到一定程度的时候,神经系统会及时做出调节性的反应,并将命令传达到相应的器官,使皮肤的血流量增大,皮肤表面毛孔张开,汗液排出,进行散热。同样,当人体受到寒冷的刺激时,神经系统会对寒冷的刺激做出反应,使肌肉紧张,皮肤血管和毛孔收缩,血流量减少,减少体内热量的挥发。

八、体育锻炼对预防身心疾病的影响与作用

体育锻炼作为一种时尚的休闲活动,因其普及性强和对促进人体身心健康的效果显著,而得到了广泛开展。就体育锻炼对预防身心疾病的影响与作用而言,具体表现有以下几个方面。

(1)体育锻炼对预防高脂血症的作用。现代物质生活水平的提高,使人们的饮食结构也发生了改变,如各种肉食(动物脂肪类食物)已在餐桌上常见,造成体内脂肪大量堆积,血液中胆固醇的含量增高,导致高脂血症人群大量增加。高脂血症是诱发动脉硬化、血栓、冠心病等疾病的主要病因之一。

体育锻炼是防治高脂血症的最有效的方法。因为长期坚持适度的身体运动,可以有效地降低锻炼者血浆胆固醇和血清甘油的浓度,增强动脉血管壁的弹性,减少血管硬化。同时,体内的血浆纤维蛋白的活性受到身体运动的刺激而增强,它可以调节自主神经系统的功能,防治血液凝结,保证血流的通畅。此外,体育锻炼还能刺激人体产生高密度脂蛋白,这种蛋白自由进出动脉血管壁,清除掉已经沉积在血管壁上的血脂,并把它转送到肝脏,使之能分解。除此之外,体育锻炼对预防心脏病的发病率有着明显的效果。心脏病是现代社会中人们的常见病之一,在国内外心脏病每年的发病率都在上升。现代医学研究显示,心脏病患者的年龄有明显年轻化的发展趋势,尤其是脑力劳动者。身体锻炼不仅可以改善冠状动脉循环,增加冠状动脉的供血量,降低血脂浓度,而且可以大大减少心肌缺氧缺血的发生,从而达到增强心脏的功能、有效地防治心脏病的目的。

(2)体育锻炼对预防骨骼关节疾病的作用。人在进行体育锻炼时,总会与全身的骨骼关节活动有关。例如,上下肢关节会经历屈伸、旋转等动作过程。这些动作将会使肩关节、肘关节、髋关节、膝关节和踝关节得到全面的锻炼。体育锻炼在增强肌肉韧带强度的过程中,也提高了关节的灵活性,从而对风湿性关节炎起到一定的预防和治疗作用。此外,体育锻炼还可以有效地防治和延缓骨质疏松症的发生。关节炎由免疫功能障碍引起的结缔组织胶原纤维的炎症反应。关节炎的种类很多,引发关节炎病症的因素也较复杂,其中膝关节炎是最常见的一种。治疗关节炎的传统方法是服用药物、关节注射和切除发炎的关节囊内膜。该方法虽然在一定程度上可以缓解关节的疼痛,但并不能从根本上恢复关节的活动功能。体育锻炼是恢复关节功能最好的方法之一,如健身走锻炼,在一定节奏的配合下的行走对关节的刺激性小,而且可以加速关节部位的血液循环,使关节部位获得更多的营养物质,同时还可以使关节周围肌肉和肌腱得到锻炼,增强其收缩的力量,从而达到逐步恢复骨骼关节活动功能的效果。

(3)体育锻炼对防治癌症的作用。癌症是威胁人类生命的最大"杀手"之一。就目前而言,我们人类至今还没有找到一种有效治疗癌症的方法。不过现代医学、体育学等多学科研究成果证明,体育锻炼对癌症防治是最有效的。实验研究表明,经常进行科学而适度的体育锻炼,

可以改善体内免疫细胞的组织结构,同时也可以增加血液免疫细胞的含量和细胞膜上受体的活性。因为受体是免疫细胞膜上的一种特殊物质,它的主要作用是发现并消灭病变的癌细胞或其他侵入人体的细菌、病毒等。除此之外,长期进行体育锻炼还可以刺激胸腺分泌更多的胸腺素,胸腺素可以提高免疫细胞的活性,恢复病人已经退化的免疫系统,提高免疫系统的功能。体育锻炼还可以调节体内的内分泌系统,从而使体内的各种激素保持在正常的水平,为降低各种癌症的发生概率提供了可能。

(4)体育锻炼对预防心理疾病的作用。随着社会经济的快速发展,人们的生活节奏越来越快,工作压力也越来越大。这一社会现状将直接影响到人们的精神生活和生理活动,并极易产生心理上的疾病。心理疾病在精神上主要表现为精神空虚、情绪低落、经常郁闷、缺乏自信和自尊、紧张焦躁等症状;在生理上主要表现为体质下降、食欲缺乏、嗜睡、失眠等症状。这些心理上的疾病对我们正常的工作和生活都会造成不良的影响。现代科学研究证明,体育锻炼可以刺激一种叫作"内啡呔"的化学物质的分泌。这种物质具有振奋精神、抑制低落情绪、使人产生愉悦感的作用。因此,在身体运动之后,人们不仅会感觉到心情轻松愉快,而且在良好的精神状态下也会减轻病症在生理上的反应,从而达到防治心理疾病的效果。

(5)体育锻炼对缓解心理紧张和舒缓情绪的作用。人作为社会成员都会在工作、生活、学习等方面承受不同程度的压力,这种压力会使人在精神上经常处于紧张状态。体育锻炼可使人在运动过程中的心情轻松愉悦。因此,体育锻炼对缓解紧张和愉悦身心均有着积极的促进作用,使人感觉更加轻松和愉快。除此之外,体育锻炼对舒缓情绪也有良好的效果。如健身操、健美操等健身运动是随着有节奏的步伐和上肢配合有节奏的摆动而进行的体育锻炼。它会使紧张的肌肉和神经随着节奏而逐渐地舒缓下来,并进入到这种有节奏的享受中去,从而使锻炼者的整个情绪都变得和缓起来。健身锻炼时身体肌肉是放松的,其精神也随之变得放松。因此,体育锻炼不仅是一种科学有效的休息方式,而且对舒缓情绪也同样有着影响作用。

第二章 体质科学研究

体质是人的生命活动和工作能力的物质基础。正确地认识和理解体质的概念,是实现体质研究基本理论和实践内容科学化、系统化和规范化的基础和前提。一般而言,可以认为一个体质较好的人的身体是健康的,而身体健康的人体质往往也是较好的。因此,良好的体质不仅是生命活动得以充分发展的必要条件,同时也反映出人体健康水平的高低。影响人体体质的因素是多方面的,它与遗传、环境、营养、体育锻炼等因素有着密切的关系。遗传对人体体质的发展提供了可能性和前提条件,而体质的强弱则有赖于后天环境、营养、卫生和身体锻炼等因素的影响。因此,有计划、有目的地进行体育锻炼,是增强人体体质的有效手段。

第一节 国内外国民体质研究

随着现代科学技术的快速发展,人们的工作方式和生活方式发生了巨大变化,高度紧张的脑力劳动在迅速增加,而以肌肉紧张为主的体力劳动在逐步减少,导致人体的体能素质不断下降、心肺功能越来越差、肥胖人群逐年增多。这一体质现状严重威胁着人类的身心健康,并成为世界各国关注的焦点。体质的强弱是衡量人体身心健康的标志,如何以最有效的方法和手段改善人体体质,是体质研究的主要内容和最终目的。为此,世界各国政府都非常重视本国国民的体质研究工作,并以研究成果的实施与推广,达到增强国民的体质、促进国民的身心健康的目的。

一、国内国民体质研究概况

1. 体质研究的探索与实践

我国是一个拥有56个民族的国家,各民族人民在不同历史时期都有强身健体的优良传统,历史上也传承了大量丰富的健体养身的文献资料。新中国成立以来,党和政府十分关心和重视各族人民的身心健康,把增强国民体质和提高国民的健康水平作为国家发展体育事业的立足点和出发点,颁布了一系列有关国民体质健康的政策和法规,投入了大量的人力物力对国民体质健康进行了卓有成效的研究,逐步形成并完善了国民体质监测体系。我国国民体质研究大致可分为以下四个阶段。

第一阶段:体质研究的探索阶段(1949年以前)。中国在近代外国入侵的历史背景下,被称为"东亚病夫"的中国国民体质极度衰弱,从而倡导"强国强民,尚武救国",并把学校体育在学校教育中确立了重要地位为标志,我国许多学者对部分儿童青少年身体发育(主要是形态发育测量)做了一些调查,但由于受到各种社会因素的制约,测试样本和指标都无法反映中国儿童青少年的身体特点,因此仅代表我国早期对体质研究的探索。

第二阶段:体质研究的酝酿阶段(1949—1978年)。新中国成立后,党和政府非常重视学校体育卫生工作,十分关心青少年学生的身体健康。1952年教育部和国家体委联合颁布了《学校体育工作暂行规定》。1956年国家体委在参照苏联体育模式并结合我国国情的基础上,制定并公布了《准备劳动与保卫祖国体育制度》(简称《劳卫制》),1975年颁布并实施了《国家体育锻炼标准》,1982年和1990年对《国家体育锻炼标准》进行了两次修改。在这一阶段,尽管有规模的体质测试有15次之多,共测试了40多万名学生,且学校体育也以"增强学生体质,促进学生身心健康"为根本任务,但此时并未对体质进行明确的界定,它所包含的内容也很模糊,并受当时社会、经济及政治等因素的影响,或缺乏统一组织、统一方法与要求,或测试指标太少或年龄段不齐等问题,材料难以进行比较,也无法得到代表性的国民体质特点的综合资料。但20世纪50~60年代,先后推广了广播体操、工间操、保健操等,并制定了与之相应的体育锻炼标准,其普及性体育活动的广泛开展极大地改善了我国国民体质健康状况。

第三阶段:体质研究的发展阶段(1979—2000年)。党的十一届三中全会以后,我国的经济、社会状况发生了很大变化,与此同时,相关部门和研究机构也加强了对国民体质的研究工作。1979年,国家体委、教育部、卫生部联合进行了全国第一次统一计划、统一组织的全国青少年儿童身体形态、机能、素质的调查研究;1981年12月,中国体育科学学会体质研究会成立;1985年开展全国学生体质调研;1994年全国职工体质调研。在1979年对全国16省(市)大规模体质测试的基础上,于1985年、1991年和1995年由我国国家体委、教育部和卫生部等部门联合组织,对我国7~22岁学生进行了形态、素质、机能和健康等20多项指标的大规模体质调研。1997年对我国成年人第一次进行了大规模的体质调研。在学校实施《国家体育锻炼标准》的基础上,分别于1990年10月颁布实施了《大学生体育合格标准》,1991年5月颁布实施了《小学生体育合格标准》,1992年2月颁布实施了《中学生体育合格标准》。改革开放以来,随着我国政治稳定、经济的快速发展和人民生活水平的不断提高,我国进一步加强了国民体质与健康的建设工作。起步于20世纪80年代初的中国国民体质监测工作,以"儿童青少年身体形态、机能和素质调研"开始,以"我国学生体质与健康调研"为契机,以扩展调研人群为突破口,逐步建立了国民体质监测系统,并获得了政府的支持,最终以"法律""法规"和"规定"的形式颁布实施,成为当时国民体质研究领域中较为活跃的研究方向。

第四阶段:体质研究的完善阶段(2000—2014年)。2000年,国家体育总局会同10个部委在全国31个省市区完成了首次全年龄段国民体质监测工作,是有史以来年龄最齐(3~69岁)、项目最全的国民体质调研,并在测试中增加了问卷调查,从而加快了我国国民体质研究进入完善阶段,推动了我国学校体育改革和《全民健身计划纲要》的实施。2002年开始试行《学生体质健康标准(试行方案)》,2007年4月将《学生体质健康标准(试行方案)》正式命名为《国家学生体质健康标准》,2008年在全国各级各类学校实施。在《国家学生体质健康标准》实施6年后的2013年,教育部根据我国青少年体质与健康的现实状况,再次对学生体质健康标准进行了修订。新修订的《国家学生体质健康标准》更加符合增强青少年体质与健康促进的要求,对有效激励学生积极参加体育活动,养成体育锻炼的良好习惯,达到增强体质与健康促进的目的有着重要的作用。

2.港台地区"体适能"研究概况

港台地区体适能(Fitness)最早是引用美国科学家提出来的概念,从广义上讲,它是指人体适应外界环境的能力,是健康概念的一种延伸。"Fitness"一词很早就出现在了英文文献中,到20世纪80年代初,台湾、香港的运动生理学界率先将这一名词翻译为"体适能"。构成体适能的要素包括：心肺耐力、肌力耐力、身体组合、柔软度、神经肌肉松缓能力、抵抗疾病的能力。体适能因个人的需求不同分为运动体适能（sport related physical fitness）和健康体适能（health related physical fitness）。前者主要包括速度、反应、爆发力、协调性和灵敏性等素质，这是运动选手为在竞技比赛中夺取最佳成绩所追求的体适能；后者主要包括心血管耐力、体脂成分、肌肉力量和耐力及柔韧性等素质，这是一般人为了促进健康、预防疾病并提高日常生活、工作和学习效率所追求的体适能。显然，对于青少年学生而言，他们需要的是健康体适能。

台湾受欧美教育思想的影响，对健康与体质的理解完全接受了美国的观念。美国健康教育体育休闲与舞蹈学会（AAHPERD）根据体适能的观点对健康提出了整体性的概念，认为人体健康是由体适能（physical fitness）、情绪适能、社会适能、精神适能、文化适能5个成分的安适状态（wellbeing）所构成，这5个成分虽各自独立，但彼此相关，影响生活的品质和个体的发展。台湾地区体育行政管理部门对学校体育非常重视，制定了《提升学生体适能中程计划（333计划）》《体适能优异学生奖励要点》和《各级学校体育实施办法》等有关学校体育的法规制度与计划。发展学生的健康体适能和《标准》的测试目标基本上是一致的。《标准》中的身体成分指标（身高/体重）、心肺功能指标（台阶实验）、坐位体前屈、肌力、耐力都是健康体适能的构成要素。因此，大力发展学生体适能是《标准》实施的基础。

二、国外国民体质研究概况

世界各个国家（地区）的国民体质研究，大多集中在解释体质的概念、选择测试指标和制订评价标准等方面。虽然世界各个国家（地区）的文化背景、思想观念、生活习惯、经济基础等有一定的差异，体质研究的内容、测试指标的选择和评价标准的制订也有所不同，但研究的最终目的是一致的，就是增强体质和健康促进。

1. 日本体质评价标准的变革概况

日本是青少年儿童体质调研资料最全的国家，他们把体质称为体力，并积累了1898年以来100多年的青少年儿童生长发育的全部资料，其研究成果突出地反映了当时的政治和经济环境。在此也将其分为三个阶段。

第一阶段：战前酝酿阶段（1945年以前）。日本在明治12年（1879年）就对部分学生进行了身体活动能力的调查，检测了身高、体重、胸围、上臂围、下肢围、饮食量、肺活量、握力8项指标，以后又增加了力量（悬垂屈臂）及疾病状况的检查。1939年为战争所需进行了历史上规模最大的国民体质测定，以期实现对外扩张政策。

第二阶段：战后调整阶段（1945—1960年）。日本战败后，为恢复国民体质健康，对其进行了"体力测定"，分别在1949年、1952年、1953年、1954年、1957年、1959年都曾以8~18岁男、女青少年为测定对象，进行了跑、跳、投、悬垂及灵活性的测定。

第三阶段：快速发展与改革完善阶段（1960年以后）。20世纪70年代开始，随着科技水平的不断提高和经济的突飞猛进，日本社会向着信息化、国际化、多样化、老龄化方向发展，国民的身心健康也受到影响，而先进的科技水平和社会环境也为国民体力测定的研究和学校体育的变革提供了条件。于是，于1963年文部省在对6~9岁学生颁布了《小学低、中年级运动能力测验实施要案》（以下简称《要案》）后，1964年开始为10~29岁的小学高年级、初中、高中、中等专业学校、短期大学、大学和劳动青年颁布了运动测验实施要案。《要案》中规定，10~29岁的青少年必须进行"体力诊断测试"和"运动能力测试"。从1967年开始，对30~59岁壮年进行体力测定,并且更加注重国民体质测试的开放性,每年5～6月份在全国范围内分别按各自《要案》对国民进行统一的体力测定,并由文部省提出年度的《体力、运动能力报告书》,以此公布全国体力测定的概况和结果。在施行多年后又于1999年进行了修改,施行了新的测试指标。

新的测试指标与过去相比有3个方面的变化:①减少了测定指标数量。如10～29岁年龄段的测定指标原来共有14项之多,新的测定指标在各个年龄段只规定5～8项。②设置了各年龄组通用测定指标:握力、仰卧起坐和坐位体前屈。③重新划分了年龄组,分为小学、中学、20～64岁、65～79岁共4个年龄段,加大了低年龄段的跨度。日本将体质通称为体力,对国民体力的测定与研究,早在明治维新时期就开始了,至今已有100多年的历史。日本学者把体力分为行动体力和防御体力两类。其测试指标始终随学校体育教育的改革与发展、国民体育观念的转变而不断地修正、完善。1996年日本文部省成立了"关于体力调查方法研究委员会",对现在的体力测定指标进行了研究,于1998年制定了新的体力测定指标,并于1999年正式开始实行(表2-1)。

表2-1 日本青少年新旧测试指标对照

旧测试指标	新测试指标
50m跑	反复横走
急行跳远	1500m快走或跑(男) 1000m快走或跑(女)
引体向上	或可选择20m往返跑
1500m跑	立定跳远
纵跳	握力或仰卧起坐或坐位体前屈
台阶实验	/

新的体力测定指标体系,增加了健康评价的内容,删掉了台阶试验、引体向上等测试指标,使测试实施工作的负担减轻。在耐力测试项目上,除男子1500m、女子1000m外,还可以选择20m往返跑,更安全更有效,也提高了受试者的兴趣;设置了各年龄组通用测定指标:握力、仰卧起坐、坐位体前屈,既有利于纵向比较又易于评价;新指标体系重新划分了年龄组,分为小学、中学、20～64岁、65～79岁4个年龄段。新方法增加了健康评价的内容。至于台阶试验的取消,日本专家认为台阶评定指数反映耐力的有效性低;另外,学生的腿长逐年增加,使用同一高度的台阶进行测定,与过去的数据可比性差。这一点值得我们商榷。

2. 美国体质评价标准的变革概况

美国是经济和科学技术发达的国家,也是重视国民体质研究的国家。美国体质研究紧密结合学校体育课程,在各州、各学校都实施具有地方特色的健身计划,从而推进国民健康。其大致可分为3个阶段。

第一阶段:引起重视阶段(1958年以前)。早在19世纪80年代后期,美国就有许多学校进行了 Fitness Test 测试,但最引起重视的是1954年Krus采用的Krus-Weber测试,出现了震惊艾森豪威尔总统的报告,随后就成立了青年体质总统委员会(现更名为体质与运动委员会,PCPFS)。1958年由各组织联盟共同设计了7项指标:50码跑、600码跑、立定跳远、垒球掷远、往返跑、引体向上、仰卧起坐,对全国青少年体质进行普查。同时,全国范围内相应的锻炼标准和测试指标的研究也开始启动。

第二阶段:争鸣阶段(1959—1985年)。1958年后又于1965年和1975年进行了两次全国普查。在此期间,相应机构对体质研究的定义、内容、指标设置等都进行了争论,对前期偏重于运动能力的测试提出种种问题,认为垒球掷远主要反映投掷技巧,而非个人力量,1975年将垒球掷远和穿梭跑取消,并且认为600码跑不能用于测试心肺功能。通过争论,美国健康教育体育休闲与舞蹈学会(AAHPERD)最后对Fitness作了新的解释,并对测试指标进行了修订,于是在1985年将立定跳远和50码冲刺跑也删除,最后将指标定为1英里跑或9分钟跑、仰卧起坐、直腿坐位体前屈和三头肌、肩胛下肌测定4项。同时在1980年公布了《有关增强体质与预防疾病的国家标准》。1985年,体质与运动委员会(PCPFS)在联邦健康部门的资助下,又进行了全国学校人口体质普查。以后每10年对青少年进行一次体质普查。

第三阶段:规划发展目标阶段(1985年以后)。1985年后美国开始制定发展目标,1988年推行了新的《最佳健康计划》,测试项目为:1英里跑或走——心肺功能;皮脂厚度、身体密度指数——肥胖等;坐位体前屈——柔软;引体向上——肌肉的力量和耐力。1990年又提出一项"2000年健康人"的十年规划,以此倡导国民锻炼,以期提高国民体质水平。

美国在体质研究上有着很长的历史,不乏精辟的学术思想和先进的实验方法。美国与"体质"相应的英文名词是Fitness。AAHPERD对Fitness的解释是:表现一个人能有效活动程度的一种状态。Clarke把Fitness的定义简化为:精神充沛地完成日常工作而不过度疲劳的一种体力状态。1945年著名的生理学家Cureton提出Fitness三要素:体格、机能能力、运动能力。Fitness的概念是随着时代而演变的。与之对应的身体素质指标体系,最初也仅限于运动能力方面,主要是用来测量"跑、跳、投的熟练性"。20世纪60～70年代期间,美国体育界对身体素质测定内容经过长期的争论后,认为身体素质应分为两层意思,即与提高运动成绩相关的运动素质和增进健康相关的健康素质。高水平的速度、爆发力和上肢力量对人体健康没有特别的直接关系。因此,在1975年的美国体质普查中取消了垒球掷远与往返跑,1985年立定跳远和50码也被删除了,还增加了1英里跑(反映心血管功能)、坐位体前屈(腰背柔韧性)(表2-2),完成了由测试"运动技术指标"向测试"健康指标"的过渡。

表2-2 美国(AAHPERD)青少年新旧测试指标对照

旧测试指标	新测试指标
50码跑	1英里跑或走
往返跑	皮脂厚度、身体密度指数
立定跳远	坐位体前屈
悬垂	引体向上
仰卧起坐	—
投实心球	
600码跑	—

目前,在美国普遍使用的健康体质测试方法的测试指标包括1英里跑/走、体脂含量(%BF)、身体质量指数(BMI)、坐位体前屈、仰卧起坐、引体向上和曲臂悬垂。另一个是AAHPERD 1998年公布的测试方法Physical Test,包括1英里跑/走、皮下脂肪厚度、BMI、坐位体前屈和引体向上。从中不难看出,这两组测试指标的选择都与人体的健康有关,可以归纳为四个方面:①心肺功能;②肌肉力量与耐力;③身体柔韧性;④身体组成。这四个方面的良好

状态,提供和保证了人们安全地从事肌肉活动的能力,即具备了优良的体质水平。

3. 法国体质测验的变革概况

法国早在19世纪后期就开始施行体力测定法。早期的体力测定主要是为了战争、防御等目的,后逐步发展成为提高国民体质、增进健康、促进经济发展的一种有力措施。1956年法国制定了学生《体育及格测验标准》,1975年进行修改,定名为《法国青少年身体测验标准》。20世纪50年代的《体育及格测验标准》是单纯地以运动素质为主的身体素质测定,因而几乎包括了身体素质的所有方面,从形式到内容都是和提高运动成绩联系在一起。到70年代中期,他们将身体素质分成两个不同的概念:一是把提高运动成绩不可缺少的各种身体素质叫作运动素质;二是把身体素质中对增进健康和预防某些疾病的素质叫作健康素质。

身体素质的划分由单纯的身体素质测试演变为身体健康测试。这种新观点经过几年的争论最终在法国得到了广泛的承认。因此在1980年法国卫生、体育、娱乐和舞蹈联合会公布了新的《体质健康测试》法。新测试法的倡导者认为,运动素质对运动员来说是十分重要的,而健康素质对每个人来说都是必要的。运动素质和健康素质的差别还表现在,某些运动素质如速度、爆发力与遗传因素有很大关系;而健康素质则具有很大的后天可塑性。研究表明,几乎每个人锻炼都能得到与良好健康水平相一致的素质水平。所以新测试法是在科学的基础上,鼓励青少年积极锻炼,努力提高健康素质,不断增进身体健康。法国的《体质健康测试》的测试内容有:1.5英里跑或12分钟跑、1分钟仰卧起坐、直腿体前屈、三角肌/肩胛下肌测定;素质内容有:心肺功能/耐力、肌肉力量/耐力柔韧性、体脂百分比。

三、国内外体质研究的差异性

1. 对体质概念理解的差异性

美国的体质测试叫作 Fitness Test,1958年 AAHPERD 其解释为一个人能有效活动的程度的一种状态。"二战"以后,随着经济的发展和工业化、城市化过程的加快,西方社会先后进入老龄化社会,各种文明病逐渐增多,体质的定义就逐步演变为能安全地从事体力活动,并能预防运动不足而引起的疾病的能力。到20世纪70年代,就认为 Fitness 包括运动素质和健康素质。其中,把提高运动成绩不可缺少的各种身体素质称为运动素质或运动员素质;把增进健康和预防某些疾病有特殊作用的素质叫做健康素质。运动素质对运动员来说是十分重要的,健康素质是每个人都需要的,因此,要求体质测试以健康素质为主,包含心肺耐力、肌肉力量、人体成分、柔韧性4个部分,从而完成了体质概念的演变过程。

日本和中国对体质的理解大致相同,均包括了形态结构、生理功能、心理因素、身体素质、运动能力等方面,仅在形式和提法上有所不同。日本认为体质是身体因素和精神因素的综合。身体因素指身体的体格、体型、体能和对外界环境刺激的反应能力和适应能力;而精神因素指某些心理因素,如意志、气质、智力、判断等。中国则在1982年的泰安会议中对体质作了明确的界定,认为体质是指人体的质量,它是在遗传性与获得性基础上所表现出来的形态结构、生理功能、心理因素、身体素质、运动能力等方面综合的且相对稳定的特征。

2. 在科研方向和与社会联系上的差异性

日本有明确的科研方向、严密的科研计划、多渠道的课题来源和专门的学术机构,并通过这些机构和社会的紧密联系,进行多学科的交叉研究和广泛的学术交流,推动学科不断发展。

美国的体质研究工作开展得广泛而有规律性,资料收集的目的性和计划性很强,并与社会建立了广泛的联系。为了增强体质、促进身心健康,将体质研究工作的开展与个体的整个健康、学校体育课程、健身教育融为一体,使体育、卫生、保健、娱乐等方面的工作同步进行。

我国体质研究在与医学、生物学、遗传学等学科的交叉研究方面,没有充分发挥其优势,不仅在研究范围上有局限,而且研究机构和研究人员也显单薄;在社会联系上,也显得脱节,并且还没有一个方便快捷的体质评价系统对社会体育参与者的体质进行测量和评价。这不仅使体质的科研工作力量显得异常薄弱,而且无法保证体质评价与研究的质量。

3. 在指导思想和目的性上的差异性

美国进行体质测试的指导思想是:将其作为一种非限制性的手段,使之融入整个健康、健身教育的过程。其目的在于培养学生积极参加身体锻炼活动的生活态度,不仅为了今天,而且为了一生的健康幸福,即为终身体育、终身健康思想打下基础。

日本的体质研究指导思想在学校体育中体现得尤为突出,它将青少年体力测定作为中学体育课法定内容,在每年5月、6月进行,倡导"快乐体育"和"生涯体育",通过"生存潜力"和内在动机来唤醒和激发个体积极参与体育锻炼,从而实现增强体质、促进健康的目的,真正用强烈的自我锻炼意识去倡导终身体育,通过体力测定来检测锻炼效果,以实现终身健康。

我国在这一点上不如日本和美国,指导思想在具体实施中与目的不吻合。我国体质测试的目的是增强学生体质,促进身心健康。在实践中却把重点放在测试的过程和结果上,仅着眼于大群体青少年儿童或国民体质的整体评价,而不涉及个体评价,甚至个体就不知道自己的测试成绩,更不可能知道自己的体质健康状况。而在学生达标测试中,又将运动素质成绩的好坏与体质水平的高低对等起来。实际上,运动素质成绩好的并不一定体质好。这就不利于个体合理而正确地认识自己的健康状况,也不利于人们更新思想和树立正确、合理的健康观念。因此,我国在体质研究中对个体测试结果的评价和激发个体主动参与体育锻炼的指导思想方面显得不足。

4. 在评价内容和评分方法上的差异性

在日本,测试内容由体力诊断测试、运动能力测试两部分组成。在评分方法上采用标准百分,可以反映出个体成绩在集体中的位置,利于设计未来的锻炼计划。

在美国,体质评价内容包括心肺功能、肌肉力量与耐力、身体柔韧性、身体组成4个方面,它随人们对体质内涵的理解而经历了由掌握运动的基本必备素质逐渐扩大到身体健康所必需的机体适应能力的变化过程。在评分方法上,采用常模标准和效标参考标准,能快速判断被测个体某一指标的水平是否适宜,而且能判断个体与他人的差距如何,并决定是否参加锻炼等。其评价方法有众多可借鉴之处。

在中国,体质评价内容在5次测试中没有太大改变,主要分为4个部分:形态、机能、素质、健康(健康指标始于1985年),心理评价内容在测试中未曾涉及,但有部分学者在其他研究中做过调研。在评分方面跟日本有相似之处,也采用百分位法进行评价,但未能建立适合中国人自身特点的健康标准。

5. 在运用先进科研仪器、设备上的差异性

以日本为例,体质研究是筑波大学研究的主要问题之一,同时,日本东京体育大学所属体育科学研究所是日本著名的科技中心,也把体质作为一个重要问题来研究,他们不仅有各学科

的专用仪器,还有体力测定与分析的配套的综合性测试仪器,许多仪器都与运算、显示系统相连接,能及时得到运算和分析结果。而我国的仪器、设备相对落后。

四、国内外体质研究的相同性

(1)各国对体质概念的研究都较晚,体质研究的内容随着各国经济、文化等条件的变化逐渐丰富起来,并逐步引起重视。衡量体质的指标经历了由身体形态—素质与运动能力—兼顾机能—健康指标,最后逐渐趋于合理化的变化过程。

(2)各国体质研究的目的均受当时的历史、政治、社会等因素的影响,同时,研究的结果也对国民健康、经济发展、法规和政策的颁布起到重要作用,从而也设立了相应的锻炼标准和健身计划。

(3)各国体质的研究对象均由学生开始,并且一直以来都受到重视,因此,对学生的体质研究都较为系统。但由于测试仪器、设备、方法的变化和学生是否发挥出真实成绩等原因,在测试的可靠性和评分方法方面都不同程度地存在一些争议和亟待解决的问题。同时,对学生心理方面的研究都落后于生理方面的研究,对其体质某些指标下降的原因分析不足,对提高体质水平的途径和方法的研究也不足。在学生体质发展趋势上,各国的研究都呈现出相似的趋势:学生耐力素质有不同程度的下降,肥胖率和心理疾病的患病率都有不同程度的上升。

(4)各国体质研究的最终目的都转向全民健康。目前普遍认为身体成分、心血管系统的功能水平、肌肉的力量、柔软性是影响人体健康水平的主要因素,也是影响人们学习和工作乃至提高未来生活质量的重要条件。现在身体健康素质这一概念及其评价指标,包含了身体成分、心血管系统的功能、肌肉的力量和耐力、柔软性等,越来越多地应用于各国的学生体质健康乃至全体人群的国民体质健康的评价之中。在体质研究中也增多了医学指标的探讨,通过体质与健康研究的紧密结合和加强与国际的联系来改善各国国民健康现状。

五、我国国民体质研究的不足

(1)我国不同年龄和职业阶层的国民均存在明显的"体力活动不足"和"体育锻炼不规律"现象,运动缺乏病呈上升趋势。

(2)群众健身活动搞的多,对全国的体育健身情况和形势调查分析的多,但对涉及到解决国民从事体育健身活动的具体问题的少,如适宜的健身方法、简单易行的评估与服务体系等可以直接帮助国民从事体育健身活动的科学手段和方法。

(3)全民健身活动的总体水平还存在"关键技术自给率低,科学研究质量不够高"等现象。

(4)大众日益增长的多样化体育需求与保障措施和体育健身资源之间的矛盾,尤其是目前实效性较强的"个性化"科学健身体系还未形成,突出表现在国民健身意识增强的同时,健身指导方案的科学性和针对性还不能满足大众健身的需求,所以,如何在现有条件下应用体育学、医学、生物学原理,尽快建立具有科学性、系统性和实效性的科学健身指导系统成为当务之急。

(5)具有人群特征、针对性更强的体质评价方法还不能满足国民在健身锻炼过程中运动能力评价和健身效果评价等的需求,突出表现在国民体质评价内容还有待于扩展,体质评价方法敏感性和鉴别能力还有待于提高等。

(6)运动增强体质和促进健康的理论体系还未形成,其结果造成了运动与体质,运动与健康之间的关系还有待于进一步证实。此外,保证健身锻炼安全性的方法和标准还未建立,表现在运动风险评估体系还未形成等。

（7）全民健身服务平台和相应信息系统的开发还未实现，国民还无法从相关部门获得体质评价、运动风险评价和其他相关信息，其结果将不同程度地降低了大众健身的效益。

第二节 幼儿、成年和老年人群体质研究

20世纪90年代，由教育部和国家体育总局会同卫生部、国家计委、民政部、国家民委、财政部、科技部、全国总工会和国家统计局等部委在全国31个省（自治区、直辖市）建立了国民体质健康监测系统，正式启动了我国大规模的国民体质健康监测工作。通过体质监测工作在全国范围的实施，于90年代中后期获得了我国国民体质健康的基础数据，建立了我国国民体质健康监测数据库，较为系统地掌握了我国国民的体质健康状况，同时还建立了我国国民体质健康监测工作法规，构建了国民体质健康监测网络，组建了国民体质健康监测队伍，积累了宝贵的国民体质健康监测工作经验，填补了我国在国民体质健康研究领域的空白。我国国民体质健康监测框架体系的形成，为进一步加强国民体质健康建设和推动全民健身工作提供了科学依据，为长期动态观察国民体质健康状况奠定了基础，为把国民体质健康状况纳入国家社会发展综合评价指标体系创造了条件。

体质监测作为全民健身工作的重要组成部分，不仅可以为政府提供决策的理论和实践依据，而且还可以帮助国民更全面地了解自身的体质状况和健康水平，及时纠正不健康的生活方式，并可通过体质测定给予国民科学的体育锻炼指导，同时对身体锻炼的效果做出评估，从而更好地调整和改善体育锻炼的方法和实施计划，提高体育锻炼的实际效果。体质监测指标包含身体形态、身体机能和身体素质三个方面，监测对象为3~69周岁的中国国民。2014年国民体质监测单项指标结果如下所述（注：国家体育总局负责实施幼儿、成年人和老年人群的体质监测工作，教育部负责实施儿童青少年[学生]的体质监测工作）。

一、幼儿体质监测结果与分析

2014年国民体质监测单项指标结果（幼儿部分）见表2-3和表2-4。

表2-3 2014年全国3~6岁幼儿各项体质指标平均数

性别	年龄组（岁）	身高（cm）	体重（kg）	坐高（cm）	胸围（cm）	皮褶厚度（mm）		
						上臂部	肩胛部	腹部
男	3	102.2	16.6	58.4	52.9	8.7	5.7	6.1
	4	107.8	18.3	61.0	54.5	8.9	5.8	6.5
	5	114.0	20.6	63.8	56.3	9.1	6.1	7.3
	6	119.7	23.0	66.6	58.3	9.5	6.6	8.1
女	3	100.9	15.9	57.5	51.9	9.2	6.1	6.7
	4	106.5	17.5	60.2	53.1	9.4	6.2	7.2
	5	112.7	19.6	62.9	54.6	9.6	6.5	7.8
	6	118.1	21.6	65.3	56.2	9.8	6.7	8.2

（引自2014年国民体质监测报告）

表 2-4 2014 年全国 3~6 岁幼儿各项体质指标平均数(续)

性别	年龄组(岁)	安静脉搏(次/min)	立定跳远(cm)	网球掷远(m)	坐位体前屈(cm)	10m 往返跑(s)	走平衡木(s)	双脚连续跳(s)
男	3	96.6	64.6	3.7	9.1	16.8	9.4	96.6
	4	95.2	80.4	4.7	8.0	12.1	7.6	95.2
	5	94.1	96.7	6.2	7.1	8.4	6.3	94.1
	6	93.1	107.9	7.7	6.6	6.2	5.7	93.1
女	3	96.7	61.8	3.1	9.4	17.2	9.9	96.7
	4	95.8	76.6	3.9	8.3	12.2	7.7	95.8
	5	94.4	90.7	4.8	7.4	8.5	6.4	94.4
	6	93.9	100.1	5.9	7.0	6.4	5.8	93.9

(引自 2014 年国民体质监测报告)

2014 年幼儿体质监测结果与 2010 年相比较,2014 年 3~6 岁男性幼儿的皮褶厚度(上臂部、肩胛部和腹部)、双脚连续跳、立定跳远、体重、胸围、身高、坐高、坐位体前屈等指标有所增长,幅度在 0.2%~16.5% 之间;网球掷远、走平衡木、10m 往返跑等指标有所降低,幅度在 0.1%~2.3% 之间(图 2-1)。

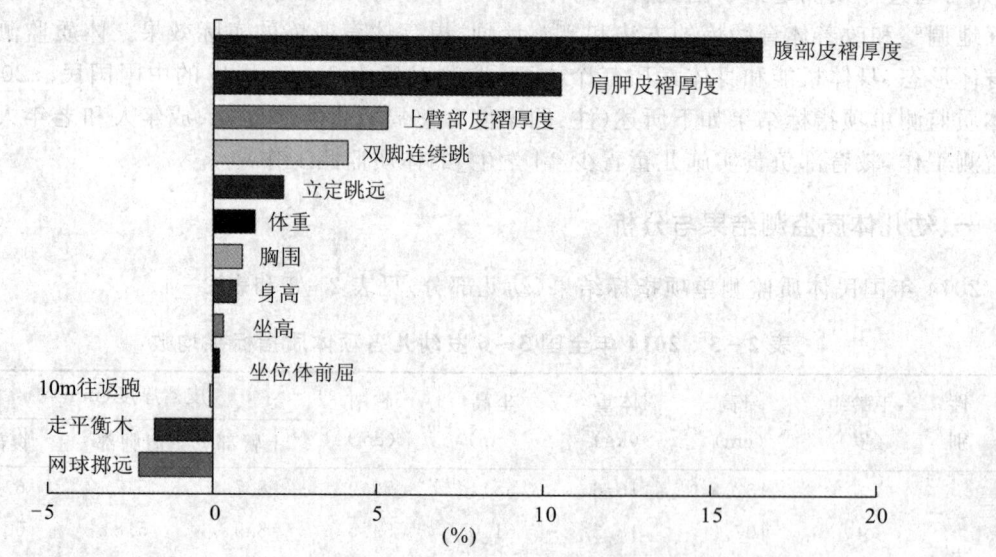

图 2-1 2014 年与 2010 年 3~6 岁男性幼儿各项体质指标相比变化百分比
(引自 2014 年国民体质监测报告)

3~6 岁女性幼儿的皮褶厚度(上臂部、肩胛部和腹部)、双脚连续跳、立定跳远、体重、胸围、网球掷远、身高、坐高、走平衡木、10m 往返跑等指标有所增长,增长幅度在 0.2%~13.9% 之间;坐位体前屈降低,降低幅度为 1.2%(图 2-2)。

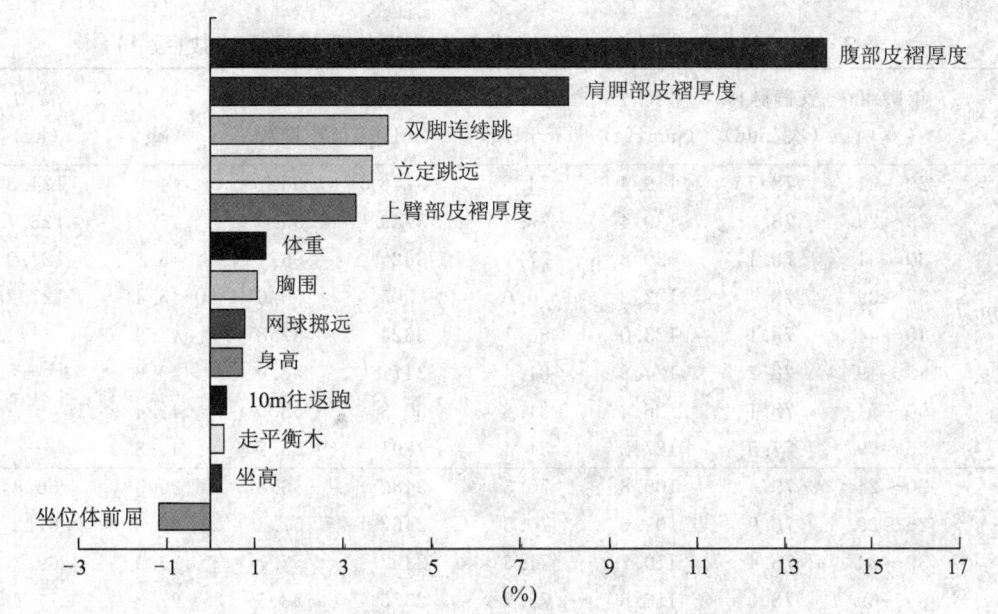

图 2-2 2014 年与 2010 年 3～6 岁女性幼儿各项体质指标相比变化百分比
（引自 2014 年国民体质监测报告）

二、成年人群体质监测结果与分析

2014 年国民体质监测单项指标结果（成年人部分）见表 2-5～表 2-7。

表 2-5 2014 年全国 20～59 岁成年人各项体质指标平均数

性别	年龄组（岁）	身高（cm）	体重（kg）	胸围（cm）	腰围（cm）	臀围（cm）	皮褶厚度(mm)		
							上臂部	肩胛部	腹部
男	20～24	171.9	67.2	88.4	79.5	93.0	13.1	15.8	20.5
	25～29	171.6	70.4	90.8	83.2	94.9	14.2	18.4	24.0
	30～34	170.8	71.4	92.0	85.3	95.1	14.0	19.2	25.1
	35～39	169.9	71.5	92.8	86.3	95.2	13.8	19.4	25.7
	40～44	169.0	71.2	93.1	87.3	95.3	13.6	19.6	25.9
	45～49	168.7	71.2	93.4	88.0	95.3	13.4	19.7	26.0
	50～54	168.3	70.6	93.6	88.2	95.3	13.0	19.5	25.8
	55～59	167.5	69.1	93.1	87.2	94.6	12.8	18.7	24.3
女	20～24	159.9	53.8	83.3	71.8	90.3	17.1	16.3	21.3
	25～29	159.6	55.3	84.7	73.8	91.2	18.0	17.7	22.2
	30～34	159.1	56.8	86.0	75.8	92.2	18.7	18.9	22.7
	35～39	158.5	57.8	87.1	77.2	92.9	19.3	20.0	24.0
	40～44	157.8	59.0	88.3	79.1	93.8	20.3	21.2	25.7
	45～49	157.7	59.7	89.3	80.6	94.2	20.4	21.9	26.7
	50～54	157.7	60.4	90.1	82.2	94.5	20.4	22.0	27.6
	55～59	156.8	59.6	89.8	82.2	93.9	19.9	21.2	27.4

（引自 2014 年国民体质监测报告）

表 2-6 2014 年全国 20～59 岁成年人各项体质指标平均数(续 1)

性别	年龄组（岁）	安静脉搏（次/min）	收缩压（mmHg）	舒张压（mmHg）	肺活量（mL）	台阶指数	握力（kg）	背力（kg）
男	20～24	78.3	119.4	74.8	3746	56.1	44.9	124.3
	25～29	78.2	120.4	76.3	3749	55.9	45.3	125.7
	30～34	78.4	120.8	77.7	3620	56.1	45.3	127.2
	35～39	78.4	122.3	79.0	3505	56.6	45.4	127.2
	40～44	78.1	123.0	80.1	3324	57.8	44.9	—
	45～49	78.2	124.8	81.4	3177	58.0	43.6	—
	50～54	78.1	126.4	81.8	3033	58.0	42.4	—
	55～59	77.5	127.2	81.4	2891	58.2	40.3	—
女	20～24	79.5	109.8	70.5	2482	56.8	26.3	66.3
	25～29	78.9	109.6	70.5	2462	57.3	26.3	67.2
	30～34	78.4	110.7	71.3	2427	57.7	26.9	69.3
	35～39	78.0	112.6	72.7	2375	58.5	27.3	71.9
	40～44	77.6	115.1	74.3	2279	59.2	27.1	—
	45～49	77.2	118.0	76.0	2188	60.1	26.5	—
	50～54	76.7	120.8	77.3	2127	60.5	25.6	—
	55～59	76.8	123.0	77.5	2034	60.1	24.8	—

(引自 2014 年国民体质监测报告)

表 2-7 2014 年全国 20～59 岁成年人各项体质指标平均数(续 2)

性别	年龄组（岁）	坐位体前屈（cm）	纵跳（cm）	俯卧撑（次）	1 分钟仰卧起坐（次）	闭眼单脚站立（s）	选择反应时（s）
男	20～24	8.5	37.0	27.1	—	32.1	0.44
	25～29	6.9	35.9	24.9	—	30.2	0.45
	30～34	6.2	34.2	22.6	—	28.3	0.46
	35～39	6.1	32.5	21.2	—	25.3	0.47
	40～44	5.6	—	—	—	20.6	0.50
	45～49	4.7	—	—	—	17.3	0.52
	50～54	3.4	—	—	—	14.7	0.54
	55～59	3.0	—	—	—	13.1	0.57
女	20～24	11.4	24.1	—	21.1	33.6	0.47
	25～29	9.9	23.3	—	19.6	30.2	0.48
	30～34	9.0	22.6	—	18.7	28.8	0.49
	35～39	8.9	22.0	—	17.4	26.0	0.50
	40～44	8.3	—	—	—	20.9	0.54
	45～49	8.1	—	—	—	17.9	0.56
	50～54	8.0	—	—	—	14.8	0.57
	55～59	8.4	—	—	—	12.6	0.59

(引自 2014 年国民体质监测报告)

成年人群体质监测结果与2010年相比,2014年20～39岁男性成年人的皮褶厚度(肩胛部和腹部)、俯卧撑、腰围、臀围、胸围、体重、身高、纵跳、肺活量等指标有所增长,幅度在0.0%～17.0%之间;闭眼单脚站立、背力、握力、坐位体前屈、选择反应时、上臂部皮褶厚度、台阶指数等指标有所降低,幅度在0.7%～10.8%之间(图2-3)。

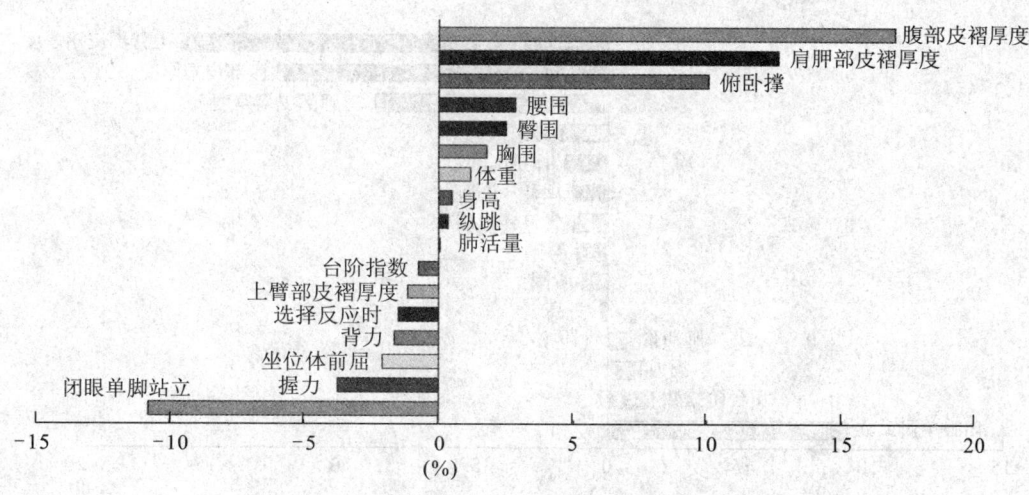

图2-3　2014年与2010年20～39岁男性成年人各项体质指标相比变化百分比
(引自2014年国民体质监测报告)

20～39岁女性成年人的皮褶厚度(上臂部、肩胛部和腹部)、仰卧起坐、胸围、选择反应时、体重、腰围、纵跳、臀围、肺活量、身高、坐位体前屈等指标有所增长,幅度在0.1%～8.2%之间;闭眼单脚站立、背力、握力、台阶指数等指标有所降低,幅度在1.9%～8.8%之间(图2-4)。

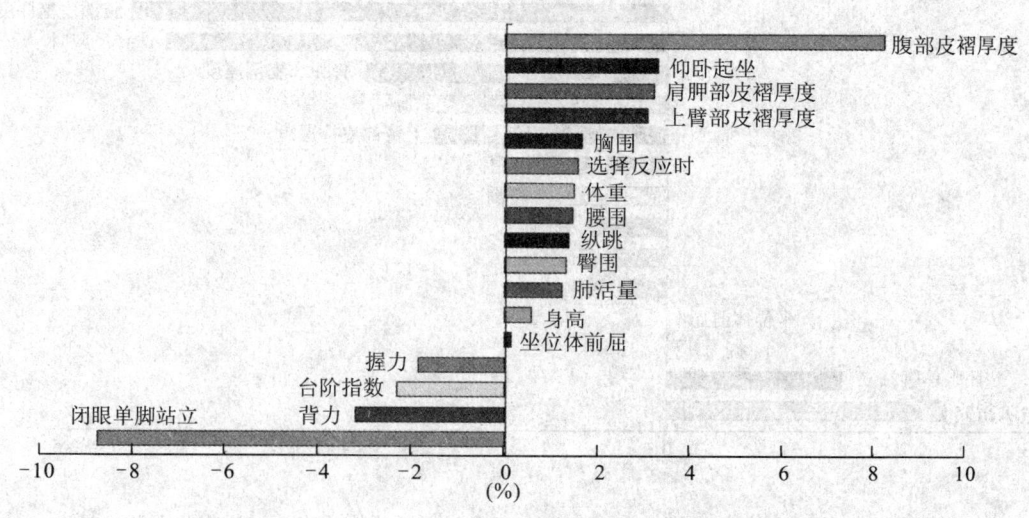

图2-4　2014年与2010年20～39岁女性成年人各项体质指标相比变化百分比
(引自2014年国民体质监测报告)

与 2010 年相比，2014 年 40~59 岁男性成年人的皮褶厚度（上臂部、肩胛部和腹部）、腰围、体重、选择反应时、坐位体前屈、臀围、胸围、身高等指标有所增长，幅度在 0.3%~16.4% 之间；闭眼单脚站立、台阶指数、握力、肺活量等指标有所降低，幅度在 0.7%~9.0% 之间（图 2-5）。

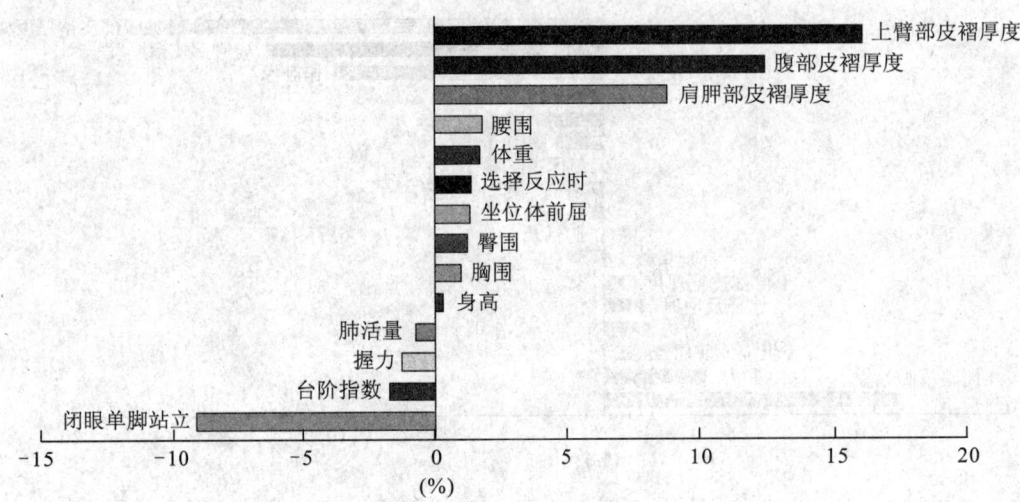

图 2-5　2014 年与 2010 年 40~59 岁男性成年人各项体质指标相比变化百分比
（引自 2014 年国民体质监测报告）

40~59 岁女性成年人的皮褶厚度（上臂部、肩胛部和腹部）、选择反应时、肺活量、腰围、胸围、臀围、身高、体重等指标有所增长，幅度在 0.4%~4.4% 之间；坐位体前屈、握力、闭眼单脚站立、台阶指数等指标有所降低，幅度在 0.0%~2.3% 之间（图 2-6）。

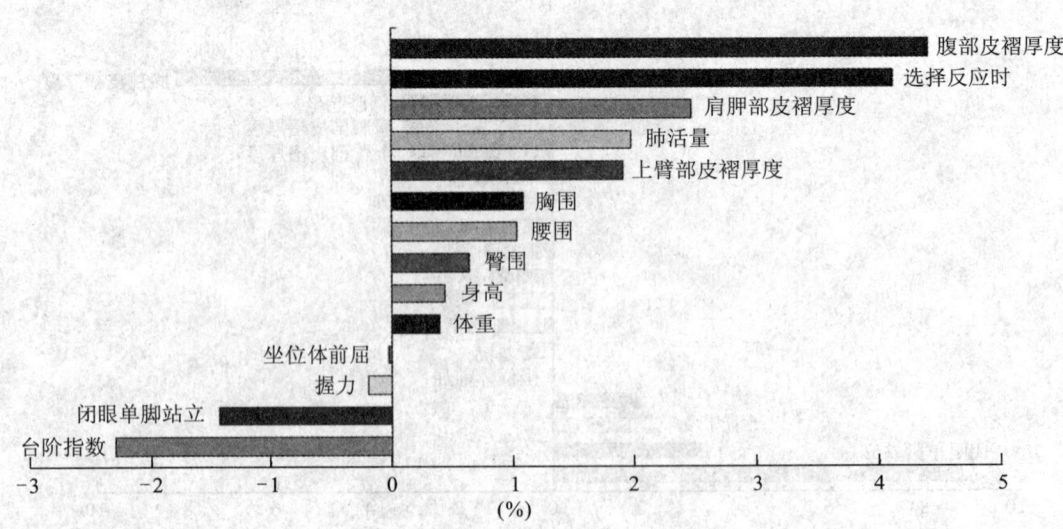

图 2-6　2014 年与 2010 年 40~59 岁女性成年人各项体质指标相比变化百分比
（引自 2014 年国民体质监测报告）

三、老年人群体质监测结果与分析

2014年国民体质监测单项指标结果（老年人部分）见表2-8和表2-9。

表2-8　2014年全国60～69岁老年人各项体质指标平均数

性别	年龄组（岁）	身高（cm）	体重（kg）	胸围（cm）	腰围（cm）	臀围（cm）	皮褶厚度（mm）		
							上臂部	肩胛部	腹部
男	60～64	166.1	67.6	92.6	87.0	94.2	12.0	17.6	22.2
	65～69	165.4	66.6	92.2	86.8	94.0	12.3	17.5	21.9
女	60～64	155.3	59.7	90.6	84.7	94.7	19.8	21.2	27.4
	65～69	154.4	59.2	90.4	85.5	94.5	19.5	20.8	27.0

（引自2014年国民体质监测报告）

表2-9　2014年全国60～69岁老年人各项体质指标平均数（续）

性别	年龄组（岁）	收缩压（mmHg）	舒张压（mmHg）	安静脉搏（次/min）	肺活量（mL）	坐位体前屈（cm）	握力（kg）	闭眼单脚站立（s）	选择反应时（s）
男	60～64	129.4	81.0	77.2	2563	2.1	37.3	9.4	0.67
	65～69	131.0	80.2	76.8	2423	1.5	35.0	8.2	0.70
女	60～64	126.8	77.7	76.4	1829	7.9	23.2	8.5	0.71
	65～69	129.5	78.0	76.8	1747	7.2	22.3	7.7	0.75

（引自2014年国民体质监测报告）

与2010年相比，2014年60～69岁男性老年人皮褶厚度（上臂部、肩胛部和腹部）、坐位体前屈、腰围、体重、臀围、胸围、握力、身高等指标有所增长，幅度在0.3%～9.2%之间；闭眼单脚站立、选择反应时、肺活量等指标有所降低，幅度在0.6%～3.0%之间（图2-7）。

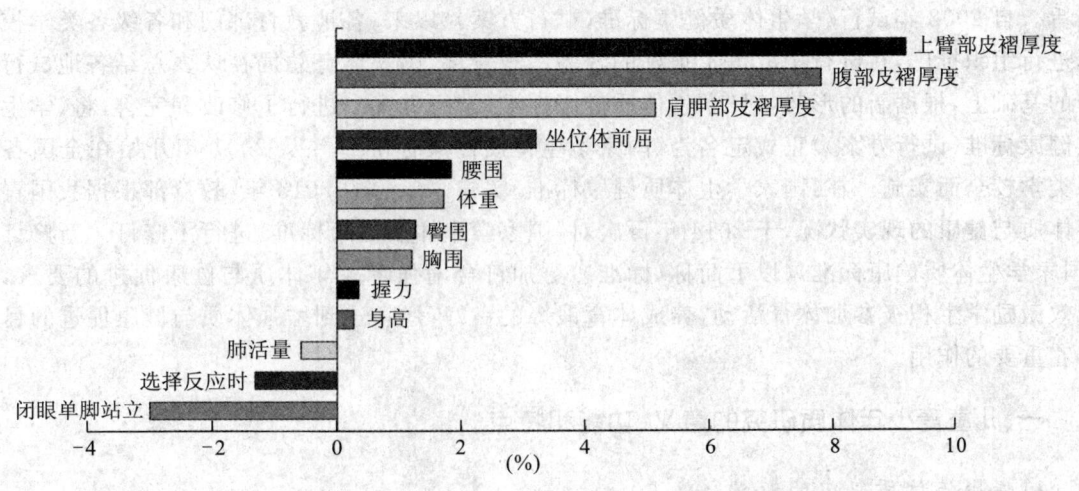

图2-7　2014年与2010年60～69岁男性成年人各项体质指标相比变化百分比
（引自2014年国民体质监测报告）

60~69岁女性老年人的皮褶厚度(肩胛部、腹部和上臂部)、身高、臀围、体重、腰围、胸围、闭眼单脚站立、握力、肺活量、坐位体前屈等指标有所增长,幅度在0.8%~1.7%之间;选择反应时有所降低,幅度为1.4%(图2-8)。

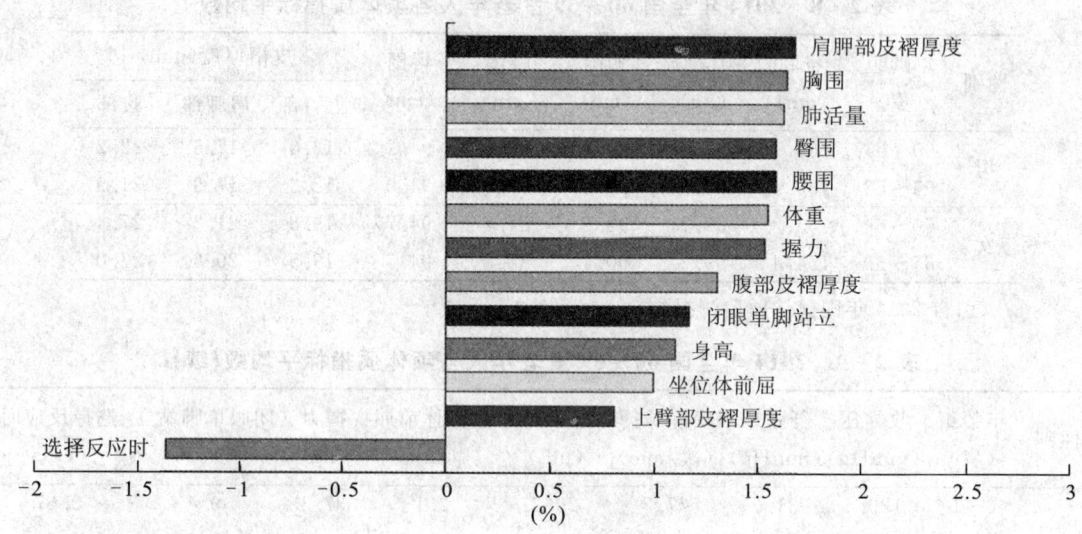

图2-8 2014年与2010年60~69岁女性成年人各项体质指标相比变化百分比
(引自2014年国民体质监测报告)

第三节 儿童青少年体质研究

儿童青少年是我国社会主义事业的建设者和接班人,我国政府对青少年学生的体质与健康研究工作尤为关注,并在学校体育教育中始终坚持以增强青少年体质与健康促进为目标的宗旨。自2002年试行《学生体质健康标准(试行方案)》以来,各地教育部门和各级各类学校认真进行组织推广,在试行中取得了很好的经验。教育部、国家体育总局在认真总结各地试行工作的基础上,根据新的形势,对《学生体质健康标准(试行方案)》进行了修改和完善,将《学生体质健康标准(试行方案)》正式定名为《国家学生体质健康标准》,并从2007年开始在全国各级各类学校全面实施。在《国家学生体质健康标准》实施6年后的2013年,教育部根据我国青少年体质与健康的现实状况,于2014年再次对《国家学生体质健康标准》进行了修订。新修订的《国家学生体质健康标准》(以下简称《标准》)更加符合增强青少年体质与健康促进的要求,对有效激励学生积极参加体育活动,养成体育锻炼的良好习惯,达到增强体质与健康促进的目的有着重要的作用。

一、儿童青少年体质研究的意义、功能和特点

1. 青少年体质研究的意义

《标准》的实施过程是体质研究工作的重点。它对促进青少年学生的身体锻炼,提高体质健康水平具有十分重要的意义。

(1)对《标准》的测试内容、方法与要求应有全面的了解,使测试的基本操作保持其一致性,并正确掌握各种测试仪器的操作方法。

(2)对《标准》的管理制度、要求及质量要有充分的认识。只有两者的高度结合,才能使《标准》的测试工作得以真正落实。

(3)《标准》的实施工作和学校各项体育教育工作是一个有机的整体。学校体育的组织形式多种多样,体育课的基本组织形式也有多种,它和早操、课间操以及各种课外体育活动的结合,共同实现了学校体育的目的和任务。

2.青少年体质研究的功能

《标准》是我国学校体育教育推行的一项重要的体育制度。其目的在于鼓励广大儿童青少年自觉积极地锻炼身体,促使身体的正常生长发育和身心健康的全面发展,增强体质,为全面建设社会主义现代化国家,培养德、智、体、美全面发展的建设人才服务。在2013年新修订的《国家学生体质健康标准》中,对《标准》的功能明确界定如下。

(1)教育激励。《标准》是促进学生体质健康发展、激励学生积极进行身体锻炼的教育手段。所选用的指标可以反映与身体健康关系密切的身体成分、心血管系统功能、肌肉的力量和耐力、关节和肌肉的柔韧性等要素的基本状况。《标准》的实施将使学生和社会能够对影响身体健康的主要因素有一个更加明确的认识和理解,引导人们去积极追求身体的健康状态,实现学校体育的目标。《标准》实施办法还规定,对达到合格以上等级的学生颁发证章,以激励学生对体育锻炼的内在积极性。

(2)反馈调整。《标准》是学生体质健康的个体评价标准,并规定了各校应将每年测试的数据按时上报至国家学生体质健康标准数据管理系统,该系统具有按各种要求进行统计、分析、检索的功能,并定期向社会公告。该系统为学生及其家长提供了在线查询和在线评估服务,向学生提供了个性化的身体健康诊断,使学生能够在准确地了解自己体质健康状况的基础上进行锻炼。该系统还可为各级政府机关、教育行政部门、学校提供翔实的统计和分析数据,使之了解学生的体质健康状况,及时采取科学的干预措施。

(3)引导锻炼。新的《标准》增加了一些简便易行、锻炼效果较好的项目,并提高了部分锻炼项目指标的权重,对引导学生进行体育锻炼具有较强的实效性;同时通过国家学生体质健康标准数据管理系统,学生还可以查询到针对性较强的运动处方,用于自身因地制宜地进行科学的体育锻炼,提高身体健康水平。

3.青少年体质研究的特点

《标准》的特点主要表现在:①突出"健康第一"的指导思想。测试内容的选择和评价指标的设置考虑了与身体健康状况关系密切的身体健康素质要素。②增强了《标准》的适应性。测试项目设置了必测和选测项目,对个别体育场地要求较高的项目还设置了替代项目,扩大了《标准》的可行性和适用性范围。③体现了激励和促进学生全面发展的作用。《标准》中规定的评价指标可以进行定量和定性的评价,其目的是帮助学生了解自身的体质健康状况,从而选择适当的方法和形式积极参与体育锻炼,以达到"达标争优、强健体魄"的目标。《标准》既是学生体质健康的个体评价标准,也是学生毕业的基本条件。《标准》是从身体形态、身体机能、身体素质等方面综合评定学生的体质健康状况。

综上所述,《标准》是国家的一项体育和教育制度,与学校体育的各种组织形式和各个环节都有着密切关系,推行《标准》可进一步推动和督促学校体育工作。因此,在学校体育教学和各项体育工作中,都应积极贯彻和体现《标准》的精神,使《标准》的实施与学校体育工作的各种组织形式紧密配合,互相促进,互为因果。《标准》的实施,不仅是对学生体质健康状况进行的个体评价,而且是促进学生体质健康发展、激励学生积极进行身体锻炼的教育手段。实施《标准》质量的好坏,既取决于测试的结果,同时也取决于开展活动的过程和学校体育活动开展的程度。若体育活动开展得好,学生参加锻炼的积极性高,则学生的体质健康水平就会得到不断的发展。为了达到实施《标准》的效果,保证《标准》测试工作健康稳步地发展,协调好各个方面的关系尤为重要。

二、儿童青少年体质调查研究

青少年时期是一个面临多重选择的时期,这个时期既可以发展和建立健康的生活方式和形成良好的体育锻炼行为,同时也会产生各种不良的生活方式和行为。就目前而言,现代青少年学生大多是独生子女,家庭的溺爱造成了保姆式的教养方式。一是当代青少年所生活的环境相对独立和封闭,使得他们参与社会活动和体育锻炼的意识普遍淡薄;二是在家庭教育上家长们乐意让青少年更多地接受一些所谓的智商开发游戏,致使青少年学生户外活动和体育锻炼的机会越来越少;三是由于现代生活环境的改变使得青少年明显地发生了由"动"到"静"的变化,如上楼乘电梯、以车代步、不参与家务劳动等体力活动减少的"静态化",造成青少年体质"硬、软、笨"的现状日趋严重(硬,关节硬;软,肌肉软;笨,动作协调性差)。导致影响青少年体质的日常体力活动减少、饮食营养失衡等不良的环境因素,对于人生正处在启始阶段、身体生长发育还不完善的青少年而言,身心健康受损害的程度将更为深远。因此,研究青少年生活环境中的诸多影响因素,对于最大限度地降低现代教育方式和生活环境对青少年体质健康的不利影响具有十分重要的意义。

从现代青少年社会生活方式和体育锻炼行为来看,首先是社会生活方式存在很大的缺陷。社会生活方式"是人们长期受一定社会、经济、文化、风俗、规范等影响而形成的一系列生活习惯、生活态度和生活制度等"。生活方式的内容相当广泛,它包括人们的衣、食、住、行、工作劳动、休闲娱乐、人际交往等,是人们在物质生活和精神生活中所表现出来的价值观、道德观、审美观以及与这些方式相联系的生活模式。就目前而言,我国青少年的体质与健康状况堪忧,其主要原因与不良生活方式的养成有着直接的关系,其次是缺少体育锻炼和必要的体力劳动。青少年体质健康水平与体育锻炼息息相关,其体育参与行为只是外在的表现形式,而真正主宰其体育行为的是深层次的体育锻炼意识。通过对问卷调查的分析表明,青少年生活方式、生活习惯、人际关系、体育锻炼及生活环境调查的总体情况主要表现如下。

1. 生活方式调查

青少年生活方式中脑力活动增多、体力活动减少。①由于社会竞争的加剧,现在许多青少年从幼儿园开始就上各种"兴趣班""培优班"等,诸如弹琴、美术、外语等;进入小学高年级后脑力劳动就更加繁重,大量的作业、考试以及各类辅导班充斥了中小学生的课内外时间,再加上青少年普遍喜欢上网打游戏等智力活动,同样也属于脑力活动的范畴。②独生子女的优越感,使消费观念超前发展。随着我国城乡居民生活水平的不断提高,在家庭消费中用于独生子女生活、消费和教育投资的比重越来越大,导致青少年成为物质超前消费的主体,并成为公众关注的新兴的市场动力。③营养状况过剩导致肥胖学生明显增多。目前的调查结果表明,超重和肥胖学生的比例迅速增加。由于生活方式的改变,不可避免地给青少年学生的体质和健康带来不利影响。④不良的生活习惯的养成。目前,"人为疾病"的蔓延,都缘于不良的生活习惯的选择。青少年中吸烟、饮酒、食物过于精细等不良的生活习惯较为严重,从而导致青少年体质健康水平全面下降。

2. 生活习惯调查

良好的生活习惯是身心健康的保障和前提。生活习惯与人的体质健康有着千丝万缕的联系。由于现代家庭的富裕使不少青少年娇生惯养,而且形成了懒动的生活习惯。目前不良生活习惯比较突出的表现:①逆时而作。人体在进化过程中所形成的固有生命运动规律(即"生物钟")是维持人体生命运动过程中气血运行和新陈代谢的规律。逆时而作就会破坏这种规律,从而影响人体正常的新陈代谢,导致人体体质受到影响。②营养不全。现代日常生活习惯的改变使得饮食热量过高,且营养素不全,加之食品中人工添加剂过多,人工饲养动物成熟期短、营养成分偏缺,造成人体重要的营养素缺乏和肥胖症增多,机体的代谢功能紊乱。③练体无章。生命在于运动,人体在生命运动过程中有很多共性,但是也存在着个体差异。因此,练体强身应该是个体性很强的生活习惯,若练体无章、练体不当,必然会损坏人体的体质与健康。

3. 人际关系调查

从人生的处世哲学观念来看,人际关系好像与身心健康不太相干,实际上人与人的交往是情感上的交织,情感与人的体质和健康是息息相关的,所以人际交往融洽能丰富生活,从而达到促进身心健康的效果。社会的特征是人与人的相处和从事社会活动。每个人都有自己周围的人群,结合为各种各样的人际关系,亲属之间、同学之间、师生之间、同事之间、上级与下级之间等都有着人际关系。人际关系相处得好,会使人心情愉快,有安全感,对生活充满信心;相反,人际关系紧张,会使人心情烦躁,体液调节失调,因而影响人的体质健康。正确处理人际关系,重要的是要正确认识自己,评价自己,在了解自己的优点和长处之外,应该知道自己的缺点和不足。"人贵有自知之明"的格言是十分深刻的。了解自己越多,越知道自己的不足,越能严格要求自己,因而对周围、对别人也越客观,人际关系也越协调。现代青少年大多自我感觉良好,高估自己、低估别人,造成人际关系紧张,使身心健康受到严重影响。

4. 体育锻炼调查

对体质与健康标准的定位不准确,认为无病就是体质好,对于体育锻炼能有效增强体质的认识不够,从而缺乏身体锻炼的积极性和主动性。青少年的体育锻炼现状的结果显示:有66%的青少年每天锻炼时间不足1小时,近24.8%的学生每天基本不锻炼,60.4%的学生没有养成体育锻炼的习惯,有28.9%的学生根本就没有时间进行体育锻炼。究其原因在于:①运动时间减少。由于学校竞争的激烈,家长为了不让孩子输在起跑线上,使青少年学生的课余时间被各种补习班所充斥,剥夺了青少年体育锻炼的时间。②各种升学率压力增大,使得学校把很多课外活动的时间取消而用文化课取而代之,青少年不论在学校还是在家庭,都没有充分的时间进行身体锻炼。③运动场地不足。运动场地是开展课外活动的必要的物质基础,许多学校的场地、器材设施薄弱而简陋。④缺乏科学指导,经费投入少。青少年学生的体育锻炼不同于成年人群,其锻炼的目的性不明确,大多带有玩乐趣味,需要精心指导,培养学生的锻炼兴趣,营造良好的锻炼氛围。⑤学生可选择项目的范围小。中小学校现有的体育设施与学生喜爱的体育项目及要求之间存在较大差距,学生可选择的项目范围就较小,在一定程度上使体育锻炼局限于一部分人,使青少年学生在全面进行体育锻炼时受到了局限性。

5. 心理健康调查

心理健康是指在身体、智能以及情感上与他人的心理健康不相矛盾的范围内,将个人心境发展成最佳状态。其具体表现为:身体、智力、情绪十分协调;在适应环境、处理人际关系中彼此谦让;有幸福感;在工作和学习中能充分发挥自己的能力。从心理健康的定义和具体表现中可以得知,社会越是进步,文明程度越高,人的心理感受的内容也就越多、越复杂。实践证明,在人们的工作学习中营造良好的社会环境和在学校、社会、家庭构建健康向上的心理氛围是提高青少年身心健康必不可少的外部环境条件。

三、儿童青少年体质监测研究

随着儿童青少年体质科学研究的不断深入,人们在理念上对如何通过体育锻炼增强儿童青少年体质与提高健康水平有了进一步的认识,在手段和方法上也有所改进和创新。目前,大多数从事儿童青少年体质研究的专家学者认为:身体成分、心血管系统的功能、肌肉的力量和耐力、肌肉和关节的柔韧性是影响人体体质水平的主要因素,也是影响儿童青少年学习、工作乃至提高未来生活质量的重要条件。因此,身体形态、身体机能和身体素质三项监测指标被广泛地应用于儿童青少年的体质测试与评价之中,并以此作为全面了解儿童青少年体质状况与健康水平变化的依据。根据2014年国民体质监测报告,我国儿童青少年身体形态、身体机能和身体素质各项指标监测结果见表2-10和表2-11。

我国儿童青少年体质监测与评价备受关注。从1979年开始,教育部、国家体育总局等部委组织实施"中国学生体质与健康调研"工作。其后,1985年至2005年的20年期间共5次组织全国范围的学生体质监测与健康调查工作,对儿童青少年学生的体质与健康状况进行了持续、系统的调研与监测,建立了完善的中国学生体质监测与健康调研制度。青少年体质监测结果显示,近30多年来,中国儿童青少年学生的形态发育水平不断提高,营养状况得到改善,常见病患病率持续下降。但体能素质明显下降(速度、力量、耐力等),心肺功能持续降低,视力不良率居高不下,超重和肥胖青少年的比例明显增加。根据青少年现实的体质状况,相关部门采取了一系列措施提高儿童青少年学生体质健康水平,力图有效解决青少年体质与健康的突出问题。为此,2007年5月7日中共中央、国务院下发了《关于加强青少年体育、增强青少年体质的意见》,并在全国实施了以"阳光体育"为核心的一系列增强学生体质与健康促进的措施。

通过2014年国民体质监测公报中所统计的数据表明,儿童青少年2014年与2010年相比,我国城乡学生身体形态(身高、体重和胸围等)发育水平继续提高。肺活量继2010年出现上升拐点之后继续呈现上升的趋势。城乡学生营养不良检出率进一步下降,基本上没有出现重、中度营养不良现状,中小学校儿童青少年身体素质呈现稳中渐增的发展趋势。在儿童青少年体质与健康状况总体有所改善的同时,也存在一些问题。

(1) 儿童青少年的视力不良检出率居高不下,并呈现出低龄化的倾向。其原因在于,学生将大量的时间用于完成课内外作业,加之玩电子游戏、浏览互联网、看电视等活动,而体育锻炼时间明显减少。在青少年学生群体中,视力不良检出率最高是高校大学生群体(达86.36%),而小学生及初高中学生群体的视力不良检出率增幅最快,从而导致眼疾病患者(近视率等)居高不下。

表 2-10　2014 年全国 7～19 岁儿童青少年各项体质指标平均数

性别	年龄组（岁）	身高（cm）	体重（kg）	胸围（cm）	安静脉搏（次/min）	收缩压（mmHg）	舒张压（mmHg）	肺活量（mL）	50m 跑（s）
男	7	126.6	26.6	60.6	87.9	95.2	59.0	1150.3	11.1
	8	132.0	29.9	63.2	86.9	97.2	60.4	1329.9	10.5
	9	137.2	33.6	66.0	86.6	99.2	62.2	1530.7	10.1
	10	142.1	37.2	68.4	85.9	101.0	63.1	1734.4	9.7
	11	148.1	41.9	71.5	85.6	103.7	64.6	1969.1	9.4
	12	154.5	46.6	74.1	84.4	105.6	65.1	2272.6	9.0
	13	161.4	52.0	77.3	83.2	108.8	66.7	2667.5	8.5
	14	166.5	56.2	79.9	82.5	111.7	68.5	3045.1	8.2
	15	169.8	59.5	82.0	81.0	113.4	69.7	3369.0	7.9
	16	171.4	61.5	83.5	80.2	114.2	70.4	3575.7	7.7
	17	172.1	63.3	85.0	79.9	116.1	71.7	3726.8	7.6
	18	172.0	63.5	85.3	79.2	116.3	72.1	3772.3	7.7
	19	172.4	63.5	85.8	78.1	115.7	72.4	3924.6	7.6
女	7	125.1	24.7	58.1	88.6	93.6	58.3	1037.4	11.6
	8	130.5	27.6	60.4	87.3	95.2	59.7	1184.7	10.9
	9	136.3	31.3	63.4	86.9	97.6	61.4	1358.6	10.5
	10	142.6	35.5	66.6	86.8	100.6	63.1	1564.4	10.2
	11	149.3	40.6	70.6	86.4	103.1	64.8	1783.0	9.9
	12	153.7	44.5	73.6	84.7	103.8	65.2	1976.2	9.7
	13	157.0	48.0	76.3	83.6	105.0	66.2	2132.8	9.6
	14	158.7	50.4	78.3	83.2	106.4	67.5	2261.7	9.6
	15	159.4	51.6	79.1	82.3	106.8	67.2	2345.0	9.6
	16	159.8	52.7	80.2	81.5	106.6	67.5	2423.7	9.7
	17	159.8	53.0	80.9	81.3	107.2	68.1	2450.7	9.7
	18	159.4	52.6	80.6	81.0	107.5	68.5	2431.3	9.8
	19	160.2	52.4	80.8	79.6	105.9	68.1	2574.0	9.6

（引自 2014 年国民体质监测公报）

表 2-11 2014 年全国 7～19 岁儿童青少年各项体质指标平均数（续）

性别	年龄组（岁）	握力（kg）	立定跳远（cm）	斜身引体（次）	引体向上（次）	1分钟仰卧起坐（次）	50m×8往返跑(s)	1000m跑(s)	800m跑(s)	坐位体前屈(cm)
男	7	10.4	122.3	21.3	—	—	135.7	—	—	6.2
	8	12.5	133.1	22.5	—	—	130.9	—	—	6.0
	9	14.3	141.0	23.2	—	—	126.8	—	—	5.3
	10	16.1	148.4	24.1	—	—	122.3	—	—	4.6
	11	19.0	156.9	24.7	—	—	117.8	—	—	4.4
	12	22.9	169.4	26.7	—	—	114.1	—	—	4.3
	13	28.7	185.6	—	1.9	—	—	300.4	—	5.9
	14	33.4	198.9	—	2.7	—	—	281.8	—	7.2
	15	37.4	212.2	—	3.4	—	—	269.6	—	9.1
	16	39.9	219.9	—	3.8	—	—	265.7	—	10.1
	17	41.9	224.2	—	4.2	—	—	264.5	—	10.6
	18	43.0	225.8	—	4.5	—	—	263.7	—	11.0
	19	42.6	222.8	—	4.8	—	—	260.5	—	11.6
女	7	9.1	114.3	—	—	19.3	139.4	—	—	10.2
	8	10.8	124.4	—	—	22.6	134.8	—	—	10.3
	9	12.6	131.9	—	—	24.6	130.6	—	—	9.7
	10	14.8	139.9	—	—	26.6	125.6	—	—	9.5
	11	17.7	147.1	—	—	28.1	121.4	—	—	9.5
	12	20.0	152.3	—	—	27.9	120.6	—	—	9.5
	13	22.2	156.7	—	—	28.9	—	—	266.5	10.7
	14	23.5	159.5	—	—	30.1	—	—	261.3	11.5
	15	24.4	164.5	—	—	31.4	—	—	257.6	12.6
	16	25.1	166.0	—	—	31.6	—	—	260.7	13.2
	17	25.6	166.5	—	—	31.5	—	—	261.9	13.4
	18	25.9	166.2	—	—	30.7	—	—	261.3	13.6
	19	26.1	165.5	—	—	30.1	—	—	253.1	14.6

（引自 2014 年国民体质监测公报）

(2)肥胖检出率持续上升。由于膳食热量和营养素摄入增加,缺乏体育锻炼,加之家长的科学营养知识尚未普及,我国儿童青少年超重和肥胖者逐年增加。超重和肥胖已对青少年的身心健康造成了严重的不良影响,也给各种疾病(如高血压、高脂血症、冠心病、糖尿病、肿瘤等)的发生带来隐忧。据专家预期,在今后的十几年内我国学生中的肥胖和超重者还将继续增加,肥胖将逐步成为影响我国青少年学生体质健康的主要问题。

(3)高校大学生身体素质呈现下降趋势。19~22岁年龄组的男生速度、爆发力、耐力等身体素质指标下降,女生身体素质指标有升有降。全国学生体质健康调研组组长邢文华教授认为,大学体育教育存在不足是造成大学生身体素质下降的重要原因,过分强调兴趣而忽视了基本的身体素质的培养。为此,在大学体育教育中增加一些基本的体育锻炼项目,对防止身体素质持续下降有着重要作用。

第三章 体质测量知识与评价方法

体质测量是对人体形态结构、生理机能、心理因素、身体素质、运动能力及适应能力等能反映人体质量的有关项目、指标的检测与评定。在体质测量研究的实践活动中,精心设计科学合理的测试指标和简单而易于实施的测量方法,可使测量结果更加正确和可靠。为使体质测量达到这一目的,就必须在测量学基本理论的指导下,使所选择的测量内容达到具有较高的科学性水平,即测试结果的可靠性和有效性。所以说,测量学的基本理论是设计选择测试指标和实施测量的依据,并为解决体质测试的科学性问题提供了理论与实践上的具体指导。测量的科学性是测量的合理设计、严密实施与先进技术方法的具体体现。体质测量的科学性主要从测量学的可靠性、有效性和客观性三个方面来衡量。

第一节 体质测量基础知识

体质测量方法及手段的选择是否得当,在很大程度上决定着体质研究的价值和效果。因此,选择测量指标时必须遵循测量的有效性、可靠性、客观性、经济性和可行性的原则,同时还应注意实施规范化和标准化的体质测量。20世纪80年代,由中国体育科学学会体质研究会召开的会议,就有关体质综合测量与评价指标的规范等问题进行了讨论,指出体质测量指标和评价标准的优选和规范应在全面考虑指标的有效性、可靠性、客观性和研究工作连续性的前提下,结合当前我国的实际情况和现行的各项测验制度,分别制定当时体质测量基本可行方案和长远、深入研究的方案,这样既可使体质研究工作在面上开展起来,又可使之进一步深入发展。

一、体质测量方法设计

测量方法是选择或编制体育测量的方式、程序的规划和构想。测量方法设计一般分为两种基本形式:①根据测量的目的、任务及所要测量的主要内容而选择或编制新的测验与实验;②对已有的并被实践证实是有效的各种测验和实验,有针对性地作进一步的筛选和改编。

体育测量方法的设计有两种:为检查教学或训练效果而设计的测量、为体育科学研究的需要而设计的测量。其测量方法设计的一般原则为:①测量必须符合科学性,即可靠性、有效性、客观性、经济性和标准化;②测量必须符合研究对象的特点,即与研究对象的身体训练水平和运动技术水平相适应;③测验和实验的方法要有很强的鉴别性,可以鉴别出研究对象相互间的细微差异;④在设计成套测量方案时,既要注意与总体特性相关,又要注意每个指标间的关系,以便于合理筛选;⑤尽可能选择客观统一的计量单位和记录方法。

体育测量方法设计的步骤为:①收集、整理、分析有关资料,确定测量目的;②设计测量方法和选定测量指标;③通过预测结果,分析论证测量方法,设计方案。

二、体质测量指标选择的基本要求

(1)符合测量的目的,能有效地测出所要测量的特性。
(2)测量的程序和方法必须规范化,测量指标要能进行定量分析。
(3)测量指标受技术因素和主观因素的影响较小,重复测量结果的一致性程度较高。
(4)测量数据能反映个体差异,不同阶段测量结果能准确反映出体质的动态变化。
(5)测量指标必须符合受试对象的特点,所选指标既要能适应年龄、性别特征,又要使之尽可能一致,以便进行纵向和横向的比较研究。
(6)尽可能选取国际上通用的测量指标,以便于研究和比较的标准化。
(7)测量方法尽可能科学合理、简易可行。
(8)测量内容要有较强的代表性,并能全面反映受试者的体质状况。

三、测量误差

只要有测量,就会存在测量误差,可以说测量的误差是不可避免的。测量误差是指在实际测试过程中,所收集到的原始数据与真实水平之间存在的差异量。体质健康测试中任何一种测量精确度的高低都是相对的,均不可能达到绝对的精确。这是由于测量仪器、测量技术、测量方法及测量条件等的限制,总会使得实测值与被测量真值之间出现一定的误差。也就是说,绝对准确和毫无误差的测量是绝对没有的。为使测量结果达到一定的精确程度,尽可能减少误差,提高测量的精确度,就必须充分认识测量中可能出现的各种误差,以便在实际测量的操作过程中采取一定的防范措施加以克服。体质健康测量中常出现的测量误差有以下几种。

1. 随机误差

随机误差又称为偶然误差,是指在测量中由一些主观或客观偶然因素引起的,又不易控制的测量误差。在体育测试过程中,即便是方法统一,仪器也已经校正,但由于各种偶然因素的影响会造成同一被测对象多次测试的结果不完全一致,或者几个人同时对某一指标进行测试,其结果也不完全一样。随机误差产生的原因极为复杂,其误差值的大小不固定,忽高忽低,存在却是绝对的。但随机误差随着测量次数的增加会呈现一定规律性的变化。它总是围绕被测量的真值波动(虽说真值是无法观测到的)。由此可见,在实际测量过程中,严格按照标准化测量条件要求实施规范化的测量和增加测量次数,都是尽可能减少随机误差的最有效的办法。另外,应做到测试仪器性能与操作方法的稳定,使其控制在误差允许的范围,必要时可进行统计学处理。

2. 抽样误差

抽样误差是指由于抽样的原因而引起样本统计量与总体参数之间的差异所产生的误差。在体育测量过程中,影响抽样误差大小的主要因素有变量本身的离散程度、样本的大小和抽样方法三个方面。其一,如果该变量本身的离散度就很大,那么所抽取的样本统计量(如均数、标准差等)的波动也就比较大。其二,样本量的大小。如果样本量大,含有总体的信息量也就越多,与总体之间的偏差也就自然会缩小。一般而言,样本越大,则抽样误差就越小,样本代表总体的正确性也就越高。其三,抽样方法。无论采用何种抽样方法,从总体中抽取的样本统计量总会与总体参数达不到完全一致,这是因为个体之间的差异是客观存在的。即使采用了随机抽样,也仍然无法避免样本统计量与总体参数之间的差别。由此可见,严格遵守抽样原则,在条件允许的情况下尽可能扩大样本含量,提高样本对总体的代表性是减少抽样误差的有效措施。

3. 系统误差

系统误差是指实测过程中,由于测量仪器、设备等未能校正至测试要求,或对测量条件掌握的过宽或过严,使得测量结果出现规律性的偏大或偏小而产生的一种误差。如测量血压用的血压计,测量身高、体重用的身高体重仪等,若在测试前未校正到零位,就会使得测量值与实际值不相符合。又如体育场地、器材由于建造、安装、调试等原因,而使场地、器材达不到规范的测试标准等。系统误差是一个常量,它不能通过扩大样本来消除。这类误差产生的原因虽然是多方面的,但只要我们能及时发现,就能排除系统所造成的误差。另外,提高测试者的责任心,加强对仪器、设备的检查,严格执行标准化测量,是降低系统误差的有效办法。

4. 过失误差

过失误差是指由于测试者的过失所造成的误差。如测量过程中,测试者对仪器、设备使用不当或错误使用,而使测量结果出现误差,或读错数据,或记错数字等。如在记录成绩时,由于笔误,将学生或运动员 100m 11.3 秒的成绩写成了 13.1 秒,或由于口误,将立定跳远 5.6m 的成绩错读为 6.5m。过失误差会影响到原始资料的准确性,消除过失误差的办法主要是加强测试人员的责任心和测试现场的监督检查,并严格执行测试的验收制。为避免因过失误差而得出错误的统计结论,在对测试数据进行最后的整理分析时,要对数据进行认真地检查与鉴别,舍弃异常数据。

四、测量数据的搜集与整理

(一)测量数据的整理

按照测量设计的要求进行数据收集时,为了确保数据资料的准确性和完整性,对收集到的大量测量数据必须进行整理。在体育测量中所获取的测量数据均为原始的数据资料,这种原始的数据资料一般都是无序的,这就要求我们通过归纳整理后,使无序变为有序,并使之呈现出一种规律性。在体育测量学中,常用的测量数据整理方法有频数分布法、分组法、指数法等,本节重点介绍频数分布法在测量数据整理中的应用。

频数分布表是进行数理统计的常用表格。频数是指在一次测试过程中,某事件发生的次数。

例:某系 30 名女生仰卧起坐测验数据(表 3-1),试用频数分布表进行分组整理。

表 3-1　30 名女生仰卧起坐测验数据　　　　　　　　(单位:次)

40	20	36	49	23	32	37	55	27	35
33	39	36	45	29	34	38	47	30	36
41	34	42	46	42	48	41	46	42	45

频数分布表的编制步骤如下。

1. 求极差(全距)

在全部测量值中,最大值与最小值之差的极差用 R 表示。本例中最大值为 55 次,最小值为 20 次。

$$R = X_{\max} - X_{\min} \tag{3-1}$$
$$R = 55 - 20 = 35$$

2.确定组数与组距

分多少组要视具体情况而定。本例 $N=30$，$R=35$，若分为 9 组（$K=9$），每组间的组距为：$I = \dfrac{R}{K} = \dfrac{35}{9} \approx 3.8 \approx 4(\text{m})$（为了计算上的方便，把计算结果按四舍五入原则变为整数，因此 $I=4$）。

3.确定组限

组限一般由最小测量值向最大测量值由上到下排列。在每一组中，数值小者为下限，数值大者为上限。但最后一组必须包含该测量数据的最大值。本例中，最小值为 20，加上组距 I 为它的上限，第一组的下限为 20，其上限为 20＋4＝24，第二组的下限就为 24，上限则为 28。以此类推，得出各组组限为 20～，24～，28～，32～，36～，40～，44～，48～，52～共 9 组。

4.列频数分布表

频数分布表见表 3-2。

表 3-2　30 名女生仰卧起坐测量成绩频数分布表

分组	划记	频数	累计频数
20～	//	2	2
24～	/	1	3
28～	//	2	5
32～	/////	5	10
36～	///////	7	17
40～	//////	6	23
44～	////	4	27
48～	//	2	29
52～	/	1	30

（二）测量资料的统计图表

1.测量资料统计表的设计与绘制

测量资料统计表是由表格列和行的排列，将有关数据之间的统计指标和基本涵义以及数量关系明确而精炼地表示出来的一种应用形式。它是表达测试工作中有关指标数量化关系的十分重要而又简明扼要的实用工具之一。测量资料统计表的设计原则是：科学实用、直观形象、层次分明、简单明了。它的基本构成内容是：①标题，即表的名称。根据测量内容用简明扼要的语言表达出来。标题置于表格的上方。②标目，即表格的项目。用以表明表格内数字的含义，可分纵向与横向两种。③线条，分顶线、横线和底线。

2.测量资料统计图的设计与绘制

根据测量资料所绘制的图称为统计图。统计图具有具体、形象、直观和便于记忆的特点，由点、线、面、体等图形在直角坐标系上构成。其基本内容有：①图题，即图的序号和标题，在图的下方。②图目，即绘在图形基线上的类别、时间、空间等统计数字的标目。③图尺，即用来计量数值的标尺。④图形，即图的主体部分，包括图形的基线与边框线。⑤图注，即有关图的注释说明部分。

测量资料统计图设计的原则与要求：①根据研究的目的和资料的性质选择适宜的图形；②要有标题和概括说明资料的内容；③条图、线图都要有横轴、纵轴，用等距标明计量单位；④比较不同事物时，用不同的线条或颜色表示，要有图例说明。

常用测量资料统计图的类型。在体育测量资料中常用的统计图有条形图、曲线图、圆形图和直方图等类型。

常用测量资料统计图的绘制方法（以条形图为例）（图3-1）。

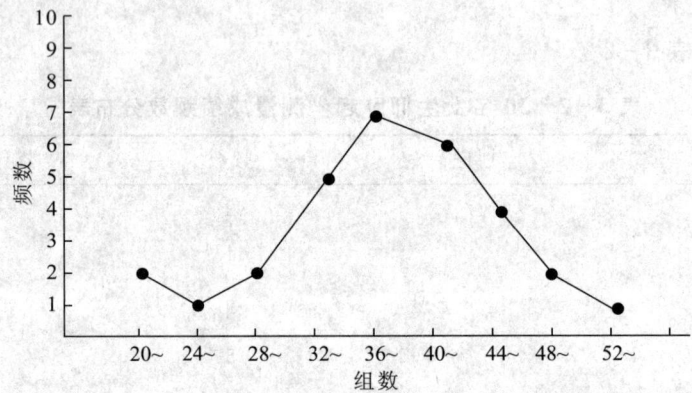

图3-1　30名女生仰卧起坐测量成绩统计图

五、测量数据的检验

（一）可靠性检验

可靠性是指在同等条件下，对同一批受试者重复进行测量时，其测量结果的一致程度。《国家学生体质健康标准》所采用的均是受技术因素和主观因素影响较小，且重复测试结果一致程度较高的测试项目。从理论上讲，在相同条件下（受试者本身不发生变化），对同一受试者进行两次测量，应该得到相同的测试结果。然而，即使是最严格地保证标准化的测量条件，使用最精密的仪器，测量结果也总会存在一定误差。这种误差的大小在很大程度上决定了测量的可靠性的高低。如果测试者没有熟练掌握测量方法、技巧和要领，或使用了不合格的仪器，或受试者不配合，或测试项目本身的技术要求较高等，都会降低测量的可靠性。例如立定跳远，需要准确地踏在起跳线后才能取得好成绩，如果碰了起跳线或过了线都属犯规，不能计量成绩，如果离起跳线很远起跳，则影响了跳远的成绩。相比之下，握力就不存在上述的问题，可以说握力这一测试项目比立定跳远的可靠性高。为了保证测量的可靠性，《国家学生体质健康标准》里没有设置受技术因素影响较大的测试项目。

体质测量中,常用于估算测量可靠性的方法有积差相关法和裂半法。

1. 积差相关法

积差相关法是估算测量可靠性的一种常用方法。该方法适用于两组变量的可靠性的计算。使用时应注意两点:①样本含量要相对较大。因样本含量较小时易存在抽样误差,数据存在抽样误差时是不易使用该方法的。②要观察数据的特征。看两组变量前后测量值有无规律性的增大或减少,也就是要检查其是否存在系统误差。因系统误差的存在会得出完全相关或相关程度较高的结论。

积差相关系数反映着两组变量之间的联系程度,而相关系数是描述两个变量之间线性相关程度大小的一个数量性指标。通常用符号(r)表示。$r=0$ 为完全不相关;$r=\pm 1$ 为完全相关。r 值为正的称为正相关,r 值为负的称为负相关;r 的绝对值$|r|$越接近 1 时,相关程度也就越高。在体育测量数据的相关性中,相关系数的$|r|>0.8$ 以上为高度相关,$|r|$ 在 0.5~0.79 为中度相关,$|r|<0.5$ 以下为低度相关。积差相关系数的计算公式为:

$$r = \frac{N\Sigma XY - (\Sigma X)(\Sigma Y)}{\sqrt{[N\Sigma X^2 - (\Sigma X)^2][N\Sigma Y^2 - (\Sigma Y)^2]}} \tag{3-2}$$

式中:r 为测量的可靠性系数;N 为样本含量;X 为第一次测量值;Y 为第二次测量值。

例:对某系 8 名男生实施身高-体重测验,其测验成绩见表 3-3,用积差相关法估算其测量的可靠性。

计算步骤:

(1)列表计算统计量(表 3-3)。

表 3-3 8名男生身高-体重测验成绩

受试者	身高 X	体重 Y	X^2	Y^2	$X \cdot Y$
A	166	62.6	27 556	3919	10 391.6
B	172	74.0	29 584	5476	12 728.0
C	176	72.9	30 976	5314	12 830.4
D	191	72.6	36 481	5271	13 867.0
E	182	78.9	33 124	6225	14 359.8
F	176	69.7	30 976	4858	12 267.0
G	182	77.4	33 124	5991	14 087.0
H	168	68.1	28 224	4638	11 441.0
Σ	$\Sigma X=1413$	$\Sigma Y=576.2$	$\Sigma X^2=250\ 045$	$\Sigma Y^2=41692$	$\Sigma XY=101\ 971.8$

(2)代入积差相关公式:

$$r = \frac{8 \times 101\ 971.8 - 1413 \times 576.2}{\sqrt{[8 \times 250\ 045 - 1413^2][8 \times 41\ 692 - 576.2^2]}} = 0.81$$

由计算可知,本例测量可靠性系数为 $R=0.81$。证明 8 名学生身体-体重测量有较高的可靠性。

2. 裂半法

裂半法多用于一致可靠性的计算,主要适用于估价由多次测量组成的一组测量的可靠性。该方法要求测量次数为偶数,计算时将测量结果分为奇、偶次数相等的两半,并将奇、偶测量次数的总和用积差相关法计算出半个测量长度的可靠性系数,然后将半个可靠性系数代入裂半公式,计算整个测量长度的可靠性。裂半法公式为:

$$r_{1.1} = \frac{2(r_{1/2 \cdot 1/2})}{1 + r_{1/2 \cdot 1/2}} \tag{3-3}$$

式中:$r_{1.1}$ 为全长测量可靠性系数;$r_{1/2 \cdot 1/2}$ 为裂半测量可靠性。

例:对某系 5 名学生实施 6 次握力测量(每次测量按左右手交替进行),测量数据见表 3-4。试估算其测量的可靠性。

计算步骤:

(1)列表计算奇、偶次成绩总和(表 3-4)。

表 3-4　5 名学生握力测验成绩表

受试者 N=5	握力次数						奇数次 X	偶数次 Y
	1	2	3	4	5	6		
A	47	49	46	48	47	47	140	144
B	46	45	47	47	46	48	139	140
C	55	57	56	55	59	57	170	169
D	48	47	49	49	47	49	144	145
E	57	56	58	57	55	58	170	171

(2)列表计算裂半测量可靠性(表 3-5)。

表 3-5　5 名学生握力测验成绩表

N=5	X	Y	X^2	Y^2	XY
A	140	144	19 600	20 736	20 160
B	139	140	19 326	19 600	19 460
C	170	169	28 900	28 561	28 730
D	144	145	20 736	21 025	20 880
E	170	171	28 900	29 241	29 070
	$\Sigma X=763$	$\Sigma Y=769$	$\Sigma X^2=117\ 462$	$\Sigma Y^2=119\ 663$	$\Sigma XY=118\ 300$

$$r_{1/2 \cdot 1/2} = \frac{5 \times 118\ 300 - 763 \times 769}{\sqrt{[5 \times 117\ 462 - 763^2][5 \times 119\ 633 - 769^2]}}$$

(3)代入裂半公式:

$$r_{1.1} = \frac{2 \times 0.79}{1 + 0.79} = 0.88$$

经计算,本例测量可靠性系数为 0.88,测量的可靠性很高。

3. 影响测量可靠性的因素

影响可靠性的因素来自多方面。从理论上讲,影响可靠性的因素主要来自测量的随机误差和抽样误差。也就是说,即有来自测量本身方面的,也有来自受试者方面的。为此,我们将影响可靠性的因素归纳为以下几点。

(1)测量误差。影响可靠性的因素较多,其中测量误差是影响可靠性的直接因素。测量误差越大,则可靠性就越低;反之,则可靠性越高。因此,在体质测量的实施过程中,尽可能地减少或避免测量误差,是提高测量可靠性的最有效办法。

(2)受试者的个体差异及能力水平。在体质测量实践中,若一组受试者的个体差异程度较大,其测量的可靠性系数也将随着差异的不同程度而呈现出偏高或偏低的估价。受试者的能力与水平也是影响测量可靠性的主要因素之一。因为在体育技术的测量中,某一运动技术测量对于掌握技术水平较高的受试者来说,其测量的可靠性也较高,而对于技术水平较低的受试者来说,则测量的可靠性就会较低。

(3)重复测量的时间间隔。对机能素质和身体素质的一些指标进行重复测量时,由于测量指标和测量的时间间隔不同,会使可靠性发生一定的变化。例如,某一指标在同一天内多次重复测量的变化不大,而间隔一段时间后再进行测量时,其数据有可能发生较大的变化。如果将一天内的重复测量用作多日间隔测量可靠性的话,其可靠性系数则有高估的倾向,因为它只能反映一天内重复测量的波动情况。若将间隔几日的重复测量结果,用来估价一天内重复测量的可靠性的话,又会出现可靠性系数低估的倾向。所以,实施测量、再测量的时间间隔对测量的可靠性会产生一定的影响。

(4)测验的类型与容量。测验的类型不同,可靠性系数的高低也会不一样。在体质测量中,一些定量指标(高度、远度、力量、耐力等)测量的可靠性较高,而定性指标(如心理因素、社会适应能力等)测量的可靠性则相对较低。因此,对于不同指标类型测量的可靠性应规定不同的使用水平。

测验容量的大小,对测量可靠性的高低有着直接的影响。一般而言,在相同的测量条件下,增加测验的容量,可提高测量的可靠性。但当容量达到一定限度后,再增加容量对可靠性的影响并不显著。因此,测验容量过大或过小都是影响测量可靠性高低的因素。

(二)有效性检验

有效性是指某一测试在测量某一特性时所具有的效果和准确程度。也就是说,我们想测量的和所测量到的是否一致。例如,我们想测量受试者短距离跑的速度,一般采用50m跑,其有效性是很高的。如果用50m跑测量受试者的耐力时有效性就低,甚至可以说是无效的。《国家学生体质健康标准》所采用的评价标准有很强的针对性,是针对身体形态、身体机能或身体素质中的某一方面的有效评价,能够有效地测出学生在该方面的特性。可靠性和有效性两者之间紧密联系、不可分割。一个可靠的测量项目不一定有效,但凡是有效的测量项目一定是可靠的。例如用50m跑测量耐力时,能较好地体现可靠性原则,但却不能很好地体现有效性;如果用50m跑测速度,它是很有效的,也是很可靠的。

1.逻辑分析法

逻辑分析法,对内容有效性和结构有效性来说,是一种较为简便易行的估算方法。它的依据是科学的专业知识,以及长期从实践工作中总结出来的科学的实践经验。内容有效性和结构有效性均以逻辑推理判断分析的角度来看待所选择的测量对总体属性的代表性程度,以能反映总体属性为宜。由此可见,逻辑分析法对估价内容有效性和结构有效性是最为适宜的。

2. 积差相关法

积差相关法常用于效标有效性的计算。以计算结果与所选择效标之间的相关系数的大小来确定有效性的高低。该方法在测量的可靠性中已作解释,本节不再详述。

3. 等级相关法

等级相关法是一种不涉及变量分布形态和样本含量的非参数统计方法。所选的效标为顺序量表时,可使用等级相关法进行有效性的计算。在一些以测试结果名次作为效标的运动项目中,常用等级相关法计算有效性的高低。如球类测试、身体形态测试、身体素质测试、身体机能测试等。该方法对于计数数据和计量数据均适用,并且也适用于难以判断总体属于什么分布的数据资料,尤其适用于某些指标不便准确测量,只能以名次先后的方式定出等级或次序的资料。其计算公式为:

$$r = 1 - \frac{6\Sigma D^2}{N(N^2-1)} \tag{3-4}$$

式中:r 为等级相关系数;D 为两组变量对应的等级之差;N 为样本含量。

例1:某系10名女生身高与体重两项测试成绩见表3-6,试用等级相关检验其有效性系数。

表3-6 10名女生身高与体重测试成绩统计表

编号	身高(cm) X	体重(kg) Y	等级 X	等级 Y	等级差 D=X-Y	D^2
1	172.0	59.1	1	4	-3	9
2	171.5	66.5	2	1	1	1
3	171.4	59.0	3	5	-2	4
4	167.8	59.3	4	3	1	1
5	167.0	60.1	5	2	3	9
6	164.8	53.0	6	9	-3	9
7	164.0	56.2	7	7	0	0
8	162.3	57.9	8	6	2	4
9	162.1	55.5	9	8	1	1
10	160.6	49.8	10	10	0	0
Σ						$\Sigma D^2=38$

计算步骤:

(1)定等级。将两项测试成绩按从小到大的顺序定出等级,先将其中的一项按等级大小排列好,由于一个人的两项成绩必须排列在一起,所以另一项成绩就不能按大小排列了。

(2)若遇相同数值时,则应将相应的等级求平均数。因本例没有相同的测量数据,可直接按数据的大小排列顺序。

(3)计算每对测量值的等级差 D、D^2 和 ΣD^2。

(4)将计算值代入公式:

$$r = 1 - \frac{6 \times 38}{10 \times (10^2-1)} = 0.77$$

经计算,身高和体重两项成绩的有效性系数为 0.77,两个项目测量有相关性。

4. 影响测量有效性的因素

(1)测量的可靠性。一项有效性高的测量,可靠性也一定较高。如果某项测量的可靠性本身就不够理想的话,其测量的有效性也一定不会很高。因为一项测量有效性系数的最大值等于这项测量可靠性系数的平方根,也就是说,测量的有效性被它的可靠性所限制。由此可见,测量的可靠性是有效性的必要前提,我们在检查测量的有效性时,首先要对测量指标本身的可靠性进行检查。只有这样才能使测量的有效性得到提高。

(2)样本含量及代表性。样本是指从被测试的总体中按一定法则抽出的一部分个体所组成的小群体单位。样本含量则是样本中所包含的个体数,通常用字母"N"表示。在统计学中,凡样本个数在 30($N>30$)以上的定为大样本,样本个数少于或等于 30($N\leqslant 30$)的则定为小样本。但确切的划分样本含量应相对于总体的大小而言。一般而言,样本含量大不仅可以提高对总体的代表性,而且可使随机误差减小,使得测量的可靠性得到提高。由于扩大了样本含量,使得个体差异范围增大,测量的有效性也随之得到了提高。除样本含量对有效性会产生影响外,抽样办法也是很重要的,坚持随机抽样原则是提高样本对总体代表性的最有效的办法。

(3)效标的选择。效标有效性是以所选择的测量指标与效标之间的关联程度来检验被测事物是否有效或有效程度高低的,所以,对效标的选择极为重要。体育测量的实践活动中,既有选择最佳体育成绩作为效标的,也有选择平均成绩作为效标的。无论选择哪种作为效标,都会对有效性产生影响。因此,效标的选择应视测量指标的特点、测量目的与要求等具体情况而定,选择适宜的且可靠性高的效标,可以提高测量的有效性。

(4)测量的区分度与难度。测量的区分度是对受试者个体差程度的分辨能力。区分度越高,有效性也就越高,而区分度的高低取决于测验的难度,测验难度过高或过低都会影响区分度,均会对测量的有效性做出过高或过低的估价。因此,在体育测量过程中,选择适宜的测验难度,不仅可使测量对个体区分程度达到要求,同时也是提高测量有效性的重要方法。

第二节 体质评价方法

评价是以测量的原始数据为基础,以参照标准为依据,通过一定的评价方法来确定测量结果的价值的。评价与测量是两个紧密相关、互为依存的概念,测量是评价的基础,是收集所需各种资料信息的过程;评价则是测量的结论,是将所收集到的各种资料信息进行价值判断的过程。如果测量缺乏可靠性、有效性和客观性,就难以对测量结果作出准确的价值判断。因此,评价过程中的价值判断是建立在以测量为前提的基础上的,只有不断提高测量的精确性,才能使评价作出科学的价值判断。

一、体质评价

体质评价是对照某些特定的评价标准对个体或群体的体质状况和水平进行判断的过程。体质测量的结果只能反映现实,通过定性或定量的评价后,才能对其现状的意义、价值和未来发展的趋势加以判断。

评价实质上就是一种测定目标达到程度的过程。当前我国学校教育正在贯彻落实"健康第一"的指导思想,学校体育教学正在从"技能教学"向全面发展学生身心健康素质的教学方向转化,《学生体质健康标准》的评价就是要与体育教学目标保持一致,使评价有利于转变传统的体育教学思想、教学内容和教学手段并起到积极的导向作用。评价既是学生形成正确的体育意识和态度、实现"健康第一"教学目标的积极因素,又是产生心理压力、胆怯、退缩或放弃体育教育的消极因素。因此,《国家学生体质健康标准》按照"健康第一"的指导思想并结合我国的国情,制定出科学的、切实可行的、操作性强的评价方法和指标体系,将评价所产生的消极因素尽量减少到最低限度,旨在培养学生形成终身追求健康的意识,促进学生形成正确的行为习惯和健康的生活方式。

随着体质研究的不断深入和普及,在实践中根据需要制定、参照和使用有关体质评价的标准是异常丰富的。其常用的标准有:①适用不同对象(不同地区、性别、年龄)的评价标准;②评价个体和群体的不同标准;③评价现状的相对评价标准和判断形式的理想标准;④剖面式的静态评价标准和跟踪形式的动态评价标准;⑤单一指标和多指标的综合评价标准。

总之,有关体质的评价标准种类繁多,制订的方法各异。在制订、选择运用时,要根据使用或研究的目的、对象特征而合理地确定。切忌不分对象,在研究目的任务不明确的情况下乱用标准。为此,制订和选用体质评价标准时应注意以下几个问题。

1. 样本含量

规范化的评价标准,一般是在较大规模抽样调查研究的基础上制订的。既然是抽样调查,就会产生抽样误差。样本的数量越小,抽样误差就会越大,对总体的代表性也越差。因此,在制订评价标准时,必须考虑要有足够的样本数量和合理的样本分布。

2. 年龄特点

机体能力随着年龄而变化,尤其是在生长发育阶段,年龄的特点就更加明显。各个年龄组之间都存在着显著的差异。因此,必须充分考虑年龄特点,按年龄组分别制订不同的标准。

年龄分组的方法有两种:一种是按日历年龄分组;另一种是按生物年龄分组(选材)。使用哪种分组方法,主要取决于评价的目的、任务和评价指标的特点。在儿童少年阶段,年龄组的划分要比成人细,一般可以一岁一个年龄组;在对青春发育期进行科学研究中,采用的年龄分组一般不超过二个月;在要求特别精确的情况下,年龄组可减少到二个月。年龄以测试日期为准进行计算。

3. 地区和种族特点

由于人体受遗传、地理环境、区域经济发展水平、文化物质生活水平及不同地区种族的影响,人体的机能能力存在着显著的差异。因此,在制订使用评价标准时,必须结合本地区的实际情况和种族特点,制订出切实可行的体质评价标准。若随意套用或生搬硬套,都将使评价结果毫无意义。

4. 形态特征

人体的形态特征、生理特征与运动能力有着十分密切的关系。例如,肺活量与体重,胸围与身高,最大摄氧量与体重,引体向上与体重等。因此,在评价这些能力、制订评价标准时,应尽量排除因体型差异对评价标准和评价结果产生的影响。用身体指数和分组指数制订的评价标准,就是以排除某些体格、体型的影响为基本出发点。

5. 适用范围

(1)标准是为一定的总体而制订的,因而在使用评价标准时必须适用于所研究对象的总体。

(2) 如果制订标准时的样本是从某一总体中随机抽取的,并以此作为该总体的标准,那么这个标准对于该总体中的任何一个个体也是适用的。

(3) 随着时间的推移和时代的发展,人的机能能力也在不断地发展变化。任何一种标准制订以后,不能一成不变,而应定期予以修改。一般情况下,一种标准只适用五年左右,若超出这个期限则应考虑修改。

二、体质评价方法

评价方法是指在评价过程中所采用的确定价值高低的手段和途径。

1. 体质的单一评价

体质健康的单一评价方法在实践中较为常用。该方法的特点是简单易行,评价意义明确。

单一评价,首先是按照测量设计的要求对数据进行收集,为了确保数据资料的准确性和完整性,对收集到的大量测量数据必须进行整理。在体育测量中所获取得的测量数据均为原始的数据资料,这种原始的数据资料一般都是无序的,这就要求我们通过归纳整理后,使无序变为有序,并使之呈现出一种规律性。常用的测量数据整理方法有频数分布法、百分位数法、分组法、指数法等,本节重点介绍百分位数法在体质评价中的应用,并以此制订单一评价标准的方法。

百分位数法制订单一评价标准的运用。百分位数法就是将所有变量值按从小到大的次序排列起来,把所有变量值的个数分为100等份,每一个分点的值就是一个百分位数。该方法既适用于正态分布资料,又适用于非正态分布资料,用符号 P_x 表示。如第10百分位数或第50百分位数,可表示为 P_{10} 或 P_{50}。其计算公式为:

$$P_x = L_x + \frac{I}{f_x}\left(\frac{x \cdot N}{100} - C_x\right) \tag{3-5}$$

式中:P_x 为所求的第 x 百分位数;L_x 为第 x 百分位数所在组的下限;I 为组距;f_x 为第 x 百分位数所在组的频数;x 为所求百分位数的秩次($x=1,2,3,\cdots,100$);C_x 为小于 L_x 各组的累计频数(即所求百分位数的上一组的累计频数);N 为样本含量。

运用百分位数法制订单一评价标准,首先是将测试数据整理成频数分布表,频数分布表是进行数理统计的常用表格。频数是指在一次测试过程中某事件发生的次数。

例:某系40名学生立定跳远测验数据见表3-7,试用频数分布表进行分组整理。

表3-7 40名学生立定跳远测验数据

2.65	2.45	2.29	2.35	2.40	2.44	2.30	2.38	2.50	2.47
2.46	2.32	2.39	2.40	2.45	2.48	2.46	2.50	2.55	2.50
2.44	2.45	2.45	2.50	2.54	2.58	2.55	2.45	2.33	2.35
2.40	2.25	2.35	2.43	2.46	2.73	2.50	2.57	2.63	2.46

频数分布表的编制步骤:

(1) 求极差(全距)。在全部测量值中,最大值与最小值之差的极差,用 R 表示。本例中最大值为2.70m,最小值为2.25m。

$$R = X_{\max} - X_{\min} \tag{3-6}$$

$$R = 2.73 - 2.25 = 0.48(\text{m})$$

(2)确定组数与组距。分多少组要视具体情况而定。本例 $N=40, R=0.48$，若分为 10 组 ($K=10$)，每组间的组距为：

$$I = \frac{R}{K} = \frac{0.48}{10} = 0.048(\text{m})$$（为了计算上的方便，把计算结果按四舍五入原则变为整数，因此 $I=0.05\text{m}$）。

(3)确定组限。组限一般由最小测量值向最大测量值由上到下排列。在每一组中，数值小者为下限，数值大者为上限。但最后一组必须包含该测量数据的最大值。本例中，最小值为 2.25，加上组距 I 为它的上限，第一组的下限为 2.25，其上限为 $2.25+0.05=2.30$，因第二组的下限为 2.30 时，其第一组的上限就只能为 2.29。以此类推，得出各组组限为 2.25～2.29, 2.30～2.34, 2.35～2.39, 2.40～2.44, 2.45～2.49, 2.50～2.54, 2.55～2.59, 2.60～2.64, 2.65～2.69, 2.70～2.74 共 10 组。

(4)列频数分布表见表 3-8。

表 3-8 40 名学生立定跳远测量成绩频数分布表

分组	划记	频数	累计频数
2.25～	//	2	2
2.30～	///	3	5
2.35～	/////	5	10
2.40～	//////	6	16
2.45～	//////////	10	26
2.50～	//////	6	32
2.55～	////	4	36
2.60～	/	1	37
2.65～	//	2	39
2.70～	/	1	40

(5)确定 P_x 所在的组（由 $x \cdot N/100$ 确定）

$P_{10}=10\times 40/100=4$，即 P_{10} 在 2.30～组内，由此可知：$L_x=2.30, f_x=3, I=0.05, x=10, N=40, C_x=2$。

(6)代入公式(3-6)得：

$$P_{10} = 2.30 + \frac{0.05}{3}\left(\frac{10\times 40}{100} - 2\right) = 2.33$$

(7)按此方法依次计算 $P_{20} \sim P_{100}$ 的百分位数，然后列出评价标准表(表 3-9)。

表 3-9 立定跳远百分位数评价标准

评价等级	差(P_{30}以下)	下(P_{30-60})	中(P_{60-80})	良(P_{80-90})	优(P_{90}以上)
成绩	2.44 以下	2.45～2.50	2.51～2.59	5.60～2.74	2.75 以上

2.体质综合评价

体质综合评价是指对构成体质成分的各类指标进行定量描述，并对其价值作出全面的综合判断。在体质的综合评价中,最为关键的有三个方面:①所选择的体质指标必须是合理有效的;②各项指标的权重必须是合适的;③通过对大量样本的测试,建立起相应年龄、性别的体质评价的数学模型,运用大样本建立数学模型,制订科学的评分体系。只有三个方面都符合要求并科学合理,体质的综合评价结果才会真实而可信。

对体质水平进行综合评价是一项十分复杂的工作,它涉及体质的基本概念和基本要素、测试与评价指标的选择、各类指标的权重、评价标准的制订和评价方法等诸多问题。因此,对体质的全面综合评价问题,不论是在理论上,还是在实际运用中,都是需要进行深入研究的课题。近年来,我国不少学者从多方面对这一问题进行了广泛而深入的探索研究,并取得了一些明显的成果。随着体育科学研究的不断发展,构成体质的各种成分和内在的规律性及其相互依存性、相互影响和相互制约的错综复杂的关系已逐步被人们所认识,为体质的综合评价提供了客观依据。

(1)体质综合评价的基本原则。综合评价指标应有较高的可靠性、有效性和客观性,并能全面、准确而有效地反映个体或群体的体质状况,应充分考虑评价对象的性别、年龄特点及其指标的连续性,以便进行横向或纵向的分析研究,应能准确地测量,并可用一定计量单位进行定量描述,便于记录和评价。身体素质和运动能力项目的测验,应尽可能避免选用那些易受主观因素和技术因素影响较大的项目。除此之外,应考虑当前我国的实际情况,评价指标要少而精,简单易行,尽可能做到与现行有关测验制度保持一致,如《国家学生体质健康标准》等。

(2)年龄组指标在综合评价中的"权重"。"权重"是指指标的相对重要程度。它是根据各类、各项指标在体质总体中所起作用的大小来确定它们在体质综合评价中所占有的比例。在1985年全国学生体质测试中,专家组通过对数十个指标进行主成分分析后,最后确定了男、女各六个指标,并分析确定了各项指标的权重系数(表3-10)。

表3-10 各年龄组项目权重系数表

	项目	年龄(岁)						平均数	%
		7～9	10～11	12～13	14～15	16～17	18～		
男生	体重/身高×1000	0.437	0.377	0.425	0.407	0.446	0.487	0.417	21
	肺活量/体重	0.406	0.377	0.413	0.442	0.453	0.367	0.400	20
	50m跑	0.282	0.367	0.234	0.277	0.312	0.237	0.298	15
	立定跳远	0.303	0.342	0.277	0.278	0.326	0.236	0.308	15
	引体向上	0.323	0.262	0.366	0.276	0.227	0.392	0.306	15
	耐力跑(1000m)	0.248	0.275	0.285	0.257	0.236	0.282	0.272	14
女生	体重/身高×1000	0.435	0.428	0.496	0.348	0.428	0.445	0.435	22
	肺活量/体重	0.435	0.396	0.482	0.382	0.418	0.459	0.426	21
	50m跑	0.302	0.325	0.269	0.342	0.363	0.335	0.315	16
	立定跳远	0.324	0.363	0.236	0.327	0.281	0.305	0.306	15
	仰卧起坐	0.252	0.228	0.254	0.284	0.151	0.160	0.228	11
	耐力跑(800m)	0.251	0.259	0.262	0.272	0.358	0.295	0.289	15

(3)体质综合评价方法(标准分)。标准分公式为:

$$标准分 = \left[70 + \frac{(X_i - \overline{X}) \times 10}{S}\right] \times 权重系数(非计时跑指标) \quad (3-7)$$

$$标准分 = \left[70 + \frac{(\overline{X} - X_i) \times 10}{S}\right] \times 权重系数(计时跑指标) \quad (3-8)$$

式中:X_i 为受试者的测量值;$\overline{X}$ 为全国同类别、同年龄组、同指标的均值;S 为全国同类别、同年龄组、同指标标准差。

全国学生男、女各类指标均值见表 3-11 和表 3-12。体质综合评价标准(分)见表 3-13。

表 3-11 各类指标均值表(男生)

项 目	$\overline{X}$、S	年龄(岁)						
		7~8	9~10	11~12	13~14	15~16	17~18	19~
体重/身高×1000	$\overline{X}$	182.97	204.61	230.02	277.61	315.53	333.10	338.18
(kg/cm)	S	17.18	21.71	27.90	34.64	30.63	28.80	27.80
肺活量/体重	$\overline{X}$	65.96	67.56	66.99	67.55	70.62	72.17	73.65
(mL/kg)	S	10.74	10.12	9.46	8.64	8.64	8.64	8.38
50m 跑	$\overline{X}$	10.58	9.73	9.20	8.48	7.90	7.63	7.51
(s)	S	0.90	0.75	0.70	0.67	0.58	0.53	0.47
立定跳远	$\overline{X}$	132.20	150.30	165.00	189.60	211.00	220.70	224.70
(cm)	S	16.21	16.61	18.29	21.74	20.29	19.52	18.20
引体向上	$\overline{X}$				3.2	6.2	7.9	7.9
(次/分钟)	S				3.10	3.88	4.05	3.86
耐力跑(1000m)	$\overline{X}$				255.34	239.25	234.3	233.90
(s)	S				24.34	21.93	23.09	24.54

表 3-12 各类指标均值表(女生)

项 目	$\overline{X}$、S	年龄(岁)						
		7~8	9~10	11~12	13~14	15~16	17~18	19~
体重/身高×1000	$\overline{X}$	178.33	201.95	237.14	283.61	308.45	318.51	317.77
(kg/cm)	S	17.37	22.93	31.73	32.61	30.99	30.97	30.57
肺活量/体重	$\overline{X}$	61.70	62.47	60.57	58.14	56.95	56.84	58.68
(mL/kg)	S	10.77	10.14	9.58	8.63	8.18	8.13	7.96
50m 跑	$\overline{X}$	11.09	10.20	9.68	9.47	9.42	9.38	9.30
(s)	S	1.00	0.84	0.80	0.78	0.81	0.82	0.71
立定跳远	$\overline{X}$	124.90	141.1	153.4	159.7	161.4	163.2	165.3
(cm)	S	15.64	16.38	17.62	18.17	18.17	18.8	17.27
仰卧起坐	$\overline{X}$	16.6	21.9	23.9	23.0	22.5	22.5	24.9
(次/分钟)	S	10.73	11.06	10.82	10.04	10.16	10.20	9.59
耐力跑(800m)	$\overline{X}$				234.94	235.29	236.65	235.84
(s)	S				24.78	24.4	26.07	25.16

表 3-13 体质综合评价标准(分)

差	下	中	良	优
63.0 以下	63.1~66.6	66.7~72.8	72.9~76.9	77.0 以上

3. 综合评价示例

对某 16 岁男生测得身高 175cm,体重 62kg,肺活量 4200mL,50m 跑 7.5s,立定跳远 210cm,引体向上 8 次,1000m 跑 210s。依据表 3-11 中的数据,代入标准分公式计算该男生的标准得分。

(1) 体重/身高×1000：

$$标准分 = \left[70 + \frac{(62/175 \times 1000 - 315.5) \times 10}{30.63}\right] \times 21\% = 17.4$$

(2) 肺活量/体重：

$$标准分 = \left[70 + \frac{(4200/62 - 70.62) \times 10}{8.64}\right] \times 20\% = 13.33$$

(3) 50m 跑：

$$标准分 = \left[70 + \frac{(7.90 - 7.50) \times 10}{0.58}\right] \times 15\% = 11.53$$

(4) 立定跳远：

$$标准分 = \left[70 + \frac{(210 - 211) \times 10}{20.29}\right] \times 15\% = 10.42$$

(5) 引体向上：

$$标准分 = \left[70 + \frac{(8 - 6.2) \times 10}{3.88}\right] \times 15\% = 11.19$$

(6) 1000m 跑：

$$标准分 = \left[70 + \frac{(239.25 - 210) \times 10}{21.93}\right] \times 14\% = 11.66$$

计算结果表明,该学生六项合计得分为 75.5 分。查体质综合评价标准分表,该生属于良好体质水平。

第四章 体质测量与评定标准

体质可以综合反映某个群体或个人在某个时期内身体生长发育、生理机能和身体素质的基本状况和发展变化趋势。因此,国民体质的增强不仅为国家发展提供了丰富的人力资源,而且也从另一个侧面反映了国家社会和经济等方面的变化。为此,了解中国学生体质与健康的动态变化特征和规律,不仅为国家教育、体育和卫生等部门制定相应的政策提供科学的依据,同时也为不同时期中国国民体质与健康状况的测量、评价与研究确定了方向。体质测试内容分三类,即身体形态、身体机能和身体素质。体质测试指标主要内容包括:①身体形态指标,即身高、体重、身体成分(体脂率);②身体机能指标,即肺活量、骨密度;③身体素质指标,即力量、柔韧、灵敏、速度等。与传统的体检不同,体质测试是通过运用专业的体质测试设备,对受测人员的心肺功能、肌肉力量、柔韧度、耐力、爆发力、敏捷度等指标进行综合测试和评估,以量化形式反映受测人员的体质状况。

第一节 身体形态测量与评定标准

人体形态检测是指应用检测量具和仪器对人体外形和结构进行的测量。根据"国际体力测定标准化委员会"(ICPFR)和"国际生物学规划"(IBP)组织制定的测定方案中规定人体形态测量的主要内容包括:体格测量、体形测量、身体成分测量、身体姿势测量四大方面。

一、身体形态基本测量点

在人体形态测量中,必须按照人体测量的规范特点与人体形态结构的关系,对人体各部位标准的解剖学姿势位置进行准确的定位。标准的解剖姿势是身体直立、两眼平视、两脚并拢、足尖向前、两上肢垂直于躯干两侧、手掌相对。常用于人体形态测量的定位术语有:正中面和正中线、上与下、前与后、内侧与外侧、近端与远端、矢状面、额状面、水平面、矢状轴、额状轴、垂直轴等。实施测量时,只有严格按照人体形态的定位进行测试,才能获得准确的测量数据。人体形态正、侧面示意图、测量点引自邵象清编著的《人体测量手册》。

基本测量点是根据人体的骨性标志、皮肤皱褶和皮肤的特殊结构以及肌性标志而确定的主要测量位置。体育测量中,常用的人体主要测量点有:头顶点、耳屏点、眶下点、颏下点、胸上点、胸中点、胸下点、脐点、耻骨联合点、乳头点、颈点、肩峰点、茎突点、指尖点、髂嵴点、髂前上棘点、大转子点、胫骨点、内踝点、跟点、趾尖点等。各基本测量点见图4-1。

二、身体形态测量与评定标准

身体形态是反映人体外表结构和生长发育水平的重要指标,这些指标包括:身高、坐高、体重、胸围、肩宽、骨盆宽、臂围、上肢长、下肢长、腰围等,是国民体质健康监测的主要测量内容。

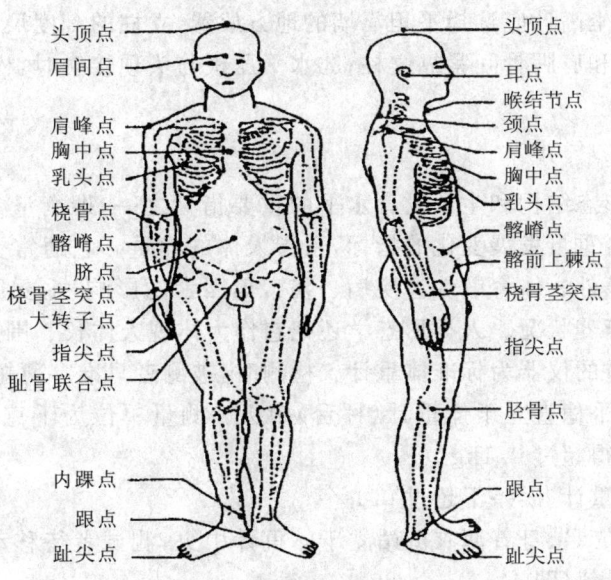

图 4-1 人体形态基本测量点
（引自邵象清《人体测量手册》）

1. 身高

身高亦称"空间整体指标"，是反映人体形态结构和生长发育水平，尤其是纵向发育水平的重要指标之一。人体从站立底面到头顶点的垂直距离，通常受遗传、年龄、性别、种族、地区、营养、体育锻炼等各种因素的影响。测量仪器采用标准的身高计立柱进行检测。测量单位为厘米（cm），精确到小数点后一位，其测量误差不得超过0.1cm。

测量仪器：标准身高坐高计。测量误差不得超过0.1cm。

测量方法：受试者赤足，以立正姿势站立于底板上，背靠身高坐高计，足跟、骶骨和两肩胛间与立柱接触，耳眼处水平位。测试者将水平压板下滑至头顶点，在两眼与压板呈水平位时读数并记录测量值（图4-2）。

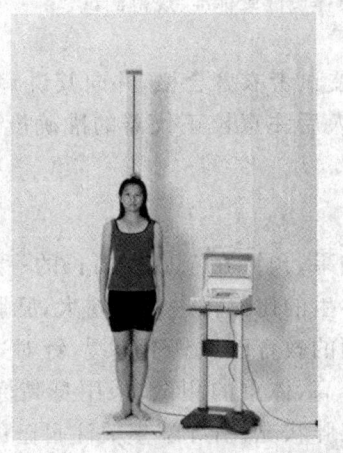

图 4-2 身高测量方法
（引自张一民《国家学生体质健康标准》规范测试）

注意事项：①身高坐高计应选择平坦靠墙的地方放置，立柱的刻度尺面向光源；②测量时，要特别注意足跟、骶骨和肩胛骨间紧靠立柱；③水平压板与头顶接触时，松紧要适度，有发髻者应放下。

2. 体重

体重是反映人体形态结构和生长发育水平的重要指标之一，即衡量人体骨骼、肌肉、皮下脂肪及内脏器官等综合重量发展变化的指标，系指人体的净重。它通常受到遗传、年龄、性别、季节、经济生活条件、体育锻炼、疾病、伤害等因素的影响，主要用来说明人体肌肉骨骼的生长发育水平和营养状况。人类形态学还把它作为体现人体长、围、宽、厚度发展的整体度量标志。测量体重的仪器为标准体重计。检测时，被测者只准穿薄短裤（女性加一乳罩），排尽大小便，身体保持平稳直立于体重计（秤台）中央。测量单位为千克（kg），精确到小数点后一位，其测量误差不得超过0.1kg。

测量仪器：标准体重计，误差不超过0.1%。

测量方法：受试者赤足、身着薄衣裤站立于体重计中央，测试者待移动刻度尺稳定在水平位后读数并记录其重量值（图4-3）。

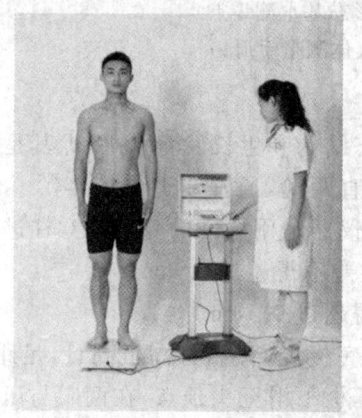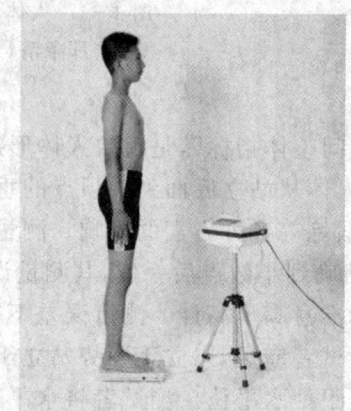

图4-3 体重测量方法
（引自张一民《国家学生体质健康标准》规范测试）

注意事项：①测量前预先检查仪器，要求受试者衣着合格，并向其讲解测试时姿势；②测量时间最好在上午10时左右为宜；③每测50人后注意校正仪器的准确度，测试完毕要检查仪器，以备后用。

3. 身高标准体重（身高/体重）

根据2014年国民体质监测报告的分析结果，预计在今后相当长的一段时期内，我国儿童青少年的体重还有进一步增加的趋势，肥胖学生的比例将进一步增大，肥胖将会成为影响学生体质健康的主要因素之一，对学生进行这方面的教育已经刻不容缓，针对这一状况，《国家学生体质健康标准》规定从小学到大学都要进行身高、体重的测试，采用身高标准体重评价学生身体的匀称度，间接地反映学生的身体成分及肥胖状况，引导学生关注自己的身体形态和肥胖状况。身高标准体重是指身高与体重两者的比例应在正常的范围内。它通过身高与体重一定的比例关系，反映人体的围度、宽度、厚度以及密度。身高标准体重是评价人体形态发育水平、营养状况及身体匀称度的重要指标。它可以间接地反映人体的身体成分,其测量方法简便易行。

"体重-身高指数"或"肥胖指数",在人类学研究和人体测量与评价中被广泛应用。它表示每厘米身高的体重,作为一个相对体重或等长体重来反映人体的围度、宽度、厚度以及人体组织的密度,是评价人体形态发育水平和匀称度的重要复合指标。教育部2014年新修订的《国家学生体质健康标准》身高-标准体重评定标准见表4-1和表4-2。

表4-1 男生体重指数(BMI)单项评分表　　　　　(单位:kg/m²)

等级	单项得分	一年级	二年级	三年级	四年级	五年级	六年级
正常	100	13.5~18.1	13.7~18.4	13.9~19.4	14.2~20.1	14.4~21.4	14.7~21.8
低体重	80	≤13.4	≤13.6	≤13.8	≤14.1	≤14.3	≤14.6
超重		18.2~20.3	18.5~20.4	19.5~22.1	20.2~22.6	21.5~24.1	21.9~24.5
肥胖	60	≥20.4	≥20.5	≥22.2	≥22.7	≥24.2	≥24.6

等级	单项得分	初一	初二	初三	高一	高二	高三	大学
正常	100	15.5~22.1	15.7~22.5	15.8~22.8	16.5~23.2	16.8~23.7	17.3~23.8	17.9~23.9
低体重	80	≤15.4	≤15.6	≤15.7	≤16.4	≤16.7	≤17.2	≤17.8
超重		22.2~24.9	22.6~25.2	22.9~26.0	23.3~26.3	23.8~26.5	23.9~27.3	24.0~27.9
肥胖	60	≥25.0	≥25.3	≥26.1	≥26.4	≥26.6	≥27.4	≥28.0

注:体重指数(BMI)=体重(kg)/身高²(m²)

表4-2 女生体重指数(BMI)单项评分表　　　　　(单位:kg/m²)

等级	单项得分	一年级	二年级	三年级	四年级	五年级	六年级
正常	100	13.3~17.3	13.5~17.8	13.6~18.6	13.7~19.4	13.8~20.5	14.2~20.8
低体重	80	≤13.2	≤13.4	≤13.5	≤13.6	≤13.7	≤14.1
超重		17.4~19.2	17.9~20.2	18.7~21.1	19.5~22.0	20.6~22.9	20.9~23.6
肥胖	60	≥19.3	≥20.3	≥21.2	≥22.1	≥23.0	≥23.7

等级	单项得分	初一	初二	初三	高一	高二	高三	大学
正常	100	14.8~21.7	15.3~22.2	16.0~22.6	16.5~22.7	16.9~23.2	17.1~23.3	17.2~23.9
低体重	80	≤14.7	≤15.2	≤15.9	≤16.4	≤16.8	≤17.0	≤17.1
超重		21.8~24.4	22.3~24.8	22.7~25.1	22.8~25.2	23.3~25.4	23.4~25.7	24.0~27.9
肥胖	60	≥24.5	≥24.9	≥25.2	≥25.3	≥25.5	≥25.8	≥28.0

注:体重指数(BMI)=体重(kg)/身高²(m²)

4.皮褶厚度测量与评定标准

皮褶厚度是身体成分测量的一种方法,包括对人体所含脂肪、水和固体成分(蛋白质、矿物质和碳水化合物)三大组成部分的测量与评价。在体育测量中,身体成分测量主要是对人体脂肪的检测和计量,对于水和固体成分的测量通常由运动医学进行检测和分析。

皮褶厚度测量法是用皮褶厚度计测量身体某些部位的皮褶厚度,再计算出体密度、体脂百分比及体脂重和瘦体重的测量方法。该方法简便易行,易于操作,适宜于对群体身体成分的测量。因此,在体质测量中被广泛应用。

测量仪器:皮褶厚度计(压强在 $10g/mm^2$,测量前将校验码挂于钳口,将指针调至红色标记刻度的 15~25mm 范围内。每次测试前将指针调至零点(图 4-4)。

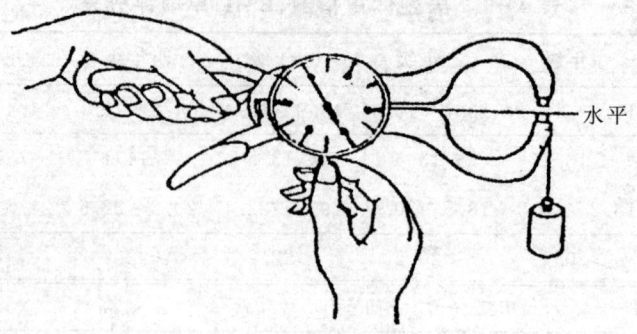

图 4-4 皮褶厚度计压力校正图

测量方法:受试者自然站立,暴露身体测量部位。测试者选准测量点,用左手拇指和食指、中指将皮下脂肪捏起,右手持皮褶厚度计将卡钳张开,卡在捏起部位下方约 1cm 处,待指针停稳,立刻读数并记录。测量三次取中间值或中间两次相同的值。测量单位为 mm,测量误差不得超过 5%,保留一位小数。

测量部位:
(1)上臂部:肩峰与上臂后面鹰嘴连线的中点。皮褶走向与肱骨平行。
(2)肩胛下部:肩胛骨下角点下约 1cm 处。皮褶走向与脊柱成 45°角,方向斜下。
(3)腹部:脐水平线与锁骨中线相交处。皮褶走向水平。
皮褶厚度评价标准见表 4-3。

表 4-3 皮下脂肪厚度评价肥胖程度标准

性别	年龄(岁)	轻度肥胖		中度肥胖		高度肥胖	
		皮脂厚(mm)	体脂肪(%)	皮脂厚(mm)	体脂肪(%)	皮脂厚(mm)	体脂肪(%)
男	6~8	20	20	30	25	40	30
	9~11	23	20	32	25	40	30
	12~14	25	20	35	25	45	30
	15~18	30	20	40	25	50	30
	成人	35	20	45	25	55	30
女	6~8	25	25	36	30	45	35
	9~11	30	25	37	30	45	35
	12~14	35	25	40	30	50	35
	15~18	40	30	50	35	55	40
	成人	45	30	55	35	60	40

注:皮脂厚=臂部+肩胛部

第二节　身体机能测量与评定标准

身体机能是指人的整体及其组成的各系统、器官表现的生命活动。在体育测量学中,身体机能测量的目的,就是应用人体机能测试和医学检查方法,来检测与计量人体在安静时和作定量运动负荷时机体主要器官系统机能水平的状况,并对所获取的各种生理机能指标作出客观的评价。

一、肺活量测量与评价

肺活量是指在不限时间的情况下,一次最大吸气后再尽最大力量所呼出的气体量。它是反映人体生长发育水平的重要机能指标之一。肺活量因性别和年龄而异,男性明显高于女性。在20岁前肺活量随着年龄增长而逐渐增大,20岁后增加量并不明显。体育锻炼可以明显地提高肺活量,如中长跑运动员和游泳运动员的肺活量可达6000mL以上。为了鼓励学生积极地参加长跑等耐力锻炼,改善心血管和呼吸系统的功能,《国家学生体质健康标准》将肺活量的测试列为必测项目。肺活量的大小与身高、体重、胸围的关系密切,故在评价时应充分考虑这些因素对肺活量大小产生的影响,因此,在对学生进行评分时采用了肺活量体重指数来进行评价。

《国家学生体质健康标准》规定计算肺活量体重指数时,肺活量的单位为毫升,测试时保留整数;体重的单位为千克,测试时保留1位小数,计算出指数后,舍去小数,用整数查表评分。例如肺活量指数为58.6,按58查表评分。

1.肺活量测量

肺活量是指受试者最大吸气之后,再做最大呼气时所排出的气量。其大小反映了肺的容积和呼吸机能的潜力,它是评价人体生长发育水平和体质状况的常用指标。

测量仪器:肺活量计(0～10 000mL)。

测量方法:受试者面对肺活量计取站立姿势,做1～2次深呼吸准备活动后,手握吹气嘴,做最大吸气,然后对准口嘴向肺活量计内做最大的呼气。每人测两次,每次间隔15秒钟,取两次测量中最佳值为成绩(图4-5)。

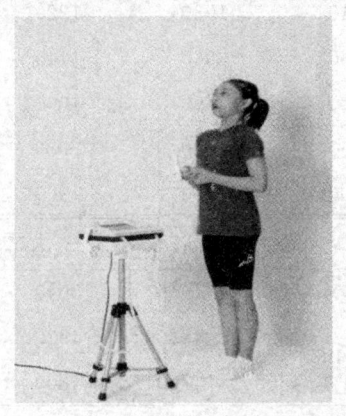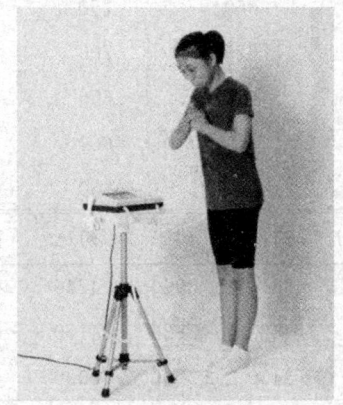

图4-5　肺活量测量方法
(引自张一民《国家学生体质健康标准》规范测试)

注意事项：①肺活量计在使用前必须进行检验,仪器误差不得超过2%。②测试前应向受试者讲解测试方法和动作要领,并做示范,受试者可试吹一次。③受试者吸气和呼气均应充分,呼气不可过猛,防止因呼吸不充分、漏气,特别要防止用鼻子反复吸气影响测试结果。④测试必须用一次性吹嘴。如果解决确有困难,对重复使用的吹嘴,使用前需进行严格消毒。⑤对个别始终不能掌握要领的受试者,要在记录数字旁注明,不予统计。

2. 肺活量评定标准

肺活量评定标准见表4-4和表4-5。

表4-4　男生肺活量单项评分表　　　　　　　　（单位：mL）

等级	单项得分	一年级	二年级	三年级	四年级	五年级	六年级
优秀	100	1700	2000	2300	2600	2900	3200
	95	1600	1900	2200	2500	2800	3100
	90	1500	1800	2100	2400	2700	3000
良好	85	1400	1650	1900	2150	2450	2750
	80	1300	1500	1700	1900	2200	2500
及格	78	1240	1430	1620	1820	2110	2400
	76	1180	1360	1540	1740	2020	2300
	74	1120	1290	1460	1660	1930	2200
	72	1060	1220	1380	1580	1840	2100
	70	1000	1150	1300	1500	1750	2000
	68	940	1080	1220	1420	1660	1900
	66	880	1010	1140	1340	1570	1800
	64	820	940	1060	1260	1480	1700
	62	760	870	980	1180	1390	1600
	60	700	800	900	1100	1300	1500
不及格	50	660	750	840	1030	1220	1410
	40	620	700	780	960	1140	1320
	30	580	650	720	890	1060	1230
	20	540	600	660	820	980	1140
	10	500	550	600	750	900	1050
等级	单项得分	初一	初二	初三	高一	高二	高三	大一、大二	大三、大四
优秀	100	3640	3940	4240	4540	4740	4940	5040	5140
	95	3520	3820	4120	4420	4620	4820	4920	5020
	90	3400	3700	4000	4300	4500	4700	4800	4900
良好	85	3150	3450	3750	4050	4250	4450	4550	4650
	80	2900	3200	3500	3800	4000	4200	4300	4400

续表 4-4

等级	单项得分	初一	初二	初三	高一	高二	高三	大一、大二	大三、大四
及格	78	2780	3080	3380	3680	3880	4080	4180	4280
	76	2660	2960	3260	3560	3760	3960	4060	4160
	74	2540	2840	3140	3440	3640	3840	3940	4040
	72	2420	2720	3020	3320	3520	3720	3820	3920
	70	2300	2600	2900	3200	3400	3600	3700	3800
	68	2180	2480	2780	3080	3280	3480	3580	3680
	66	2060	2360	2660	2960	3160	3360	3460	3560
	64	1940	2240	2540	2840	3040	3240	3340	3440
	62	1820	2120	2420	2720	2920	3120	3220	3320
	60	1700	2000	2300	2600	2800	3000	3100	3200
不及格	50	1600	1890	2180	2470	2660	2850	2940	3030
	40	1500	1780	2060	2340	2520	2700	2780	2860
	30	1400	1670	1940	2210	2380	2550	2620	2690
	20	1300	1560	1820	2080	2240	2400	2460	2520
	10	1200	1450	1700	1950	2100	2250	2300	2350

表 4-5 女生肺活量单项评分表　　　　　　　　　　（单位：mL）

等级	单项得分	一年级	二年级	三年级	四年级	五年级	六年级
优秀	100	1400	1600	1800	2000	2250	2500
	95	1300	1500	1700	1900	2150	2400
	90	1200	1400	1600	1800	2050	2300
良好	85	1100	1300	1500	1700	1950	2200
	80	1000	1200	1400	1600	1850	2100
及格	78	960	1150	1340	1530	1770	2010
	76	920	1100	1280	1460	1690	1920
	74	880	1050	1220	1390	1610	1830
	72	840	1000	1160	1320	1530	1740
	70	800	950	1100	1250	1450	1650
	68	760	900	1040	1180	1370	1560
	66	720	850	980	1110	1290	1470
	64	680	800	920	1040	1210	1380
	62	640	750	860	970	1130	1290
	60	600	700	800	900	1050	1200
不及格	50	580	680	780	880	1020	1170
	40	560	660	760	860	990	1140
	30	540	640	740	840	960	1110
	20	520	620	720	820	930	1080
	10	500	600	700	800	900	1050

续表 4-5

等级	单项得分	初一	初二	初三	高一	高二	高三	大一、大二	大三、大四
优秀	100	2750	2900	3050	3150	3250	3350	3400	3450
	95	2650	2850	3000	3100	3200	3300	3350	3400
	90	2550	2800	2950	3050	3150	3250	3300	3350
良好	85	2450	2650	2800	2900	3000	3100	3150	3200
	80	2350	2500	2650	2750	2850	2950	3000	3050
及格	78	2250	2400	2550	2650	2750	2850	2900	2950
	76	2150	2300	2450	2550	2650	2750	2800	2850
	74	2050	2200	2350	2450	2550	2650	2700	2750
	72	1950	2100	2250	2350	2450	2550	2600	2650
	70	1850	2000	2150	2250	2350	2450	2500	2550
	68	1750	1900	2050	2150	2250	2350	2400	2450
	66	1650	1800	1950	2050	2150	2250	2300	2350
	64	1550	1700	1850	1950	2050	2150	2200	2250
	62	1450	1600	1750	1850	1950	2050	2100	2150
	60	1350	1500	1650	1750	1850	1950	2000	2050
不及格	50	1310	1460	1610	1710	1810	1910	1960	2010
	40	1270	1420	1570	1670	1770	1870	1920	1970
	30	1230	1380	1530	1630	1730	1830	1880	1930
	20	1190	1340	1490	1590	1690	1790	1840	1890
	10	1150	1300	1450	1550	1650	1750	1800	1850

(引自教育部2014年新修订的《国家学生体质健康标准》)

3. 肺活量体重指数

肺活量-体重指数是人体测量的复合指标之一。指数评定是利用各种有关指数来综合评价人体生长发育水平与机能水平的一种方法。它可有效地弥补单一指标评定时带来的局限性。主要通过人体自身的肺活量与体重的比值,亦即每千克体重的肺活量的相对值来反映肺活量与体重的相关程度,用于对不同年龄、性别的个体与群体进行客观的定量的比较分析。在体质综合评价中有一定的参考作用。

计算公式:肺活量体重指数=肺活量/体重。

计量单位:肺活量用毫升(mL),体重用千克(kg)。

评价标准见表4-6。

表 4-6　肺活量-体重指数评价标准

性别	优		良		及格		不及格
	15 分	13 分	12 分	11 分	10 分	9 分	8 分
男	68 以上	67～63	62～54	53～46	45～42	41～29	28 以下
女	59 以上	58～54	53～47	46～38	37～34	33～18	17 以下
男	69 以上	68～64	63～55	54～47	46～42	41～30	29 以下
女	61 以上	60～56	55～48	47～40	39～35	34～21	20 以下
男	70 以上	69～65	64～57	56～49	48～45	44～34	33 以下
女	60 以上	59～55	54～48	47～41	40～37	36～24	23 以下
男	71 以上	70～67	66～58	57～50	49～46	45～33	32 以下
女	59 以上	58～55	54～49	48～41	40～36	35～22	21 以下
男	73 以上	72～68	67～61	60～53	52～48	47～38	37 以下
女	60 以上	59～56	55～49	48～42	41～39	38～27	26 以下
男	73 以上	72～69	68～61	60～54	53～49	48～36	35 以下
女	60 以上	59～55	54～48	47～41	40～38	37～26	25 以下
男	71 以上	70～66	65～58	57～50	49～46	45～35	35 以下
女	59 以上	58～54	53～48	47～41	40～37	36～26	25 以下
男	75 以上	74～70	69～64	63～57	56～54	53～44	43 以下
女	61 以上	60～57	56～51	50～46	45～42	41～32	31 以下

二、台阶试验测量与评价

台阶试验是一项定量负荷机能试验,主要用以测定心血管系统的功能,也可以间接推断机体的耐力。由于台阶的高度和频度是固定的,因此相对于每个受试者来说,台阶试验是在固定时间(180s)内完成固定的负荷,根据恢复期心跳频率的恢复的快慢计算指数来反映心脏对运动负荷的承受能力,在运动负荷相对等同的情况下来比较心功能的优劣。在完成同样运动负荷时,动用心输出量潜力越多,心跳频率(脉搏频率)越快,指数越低,心功能水平也越低,反之越高。

台阶试验是人体测量复合指标,是重要的人体心血管机能指数。该试验通过有节律的登台阶运动持续时间(s)与规定的脉搏次数之比值来量化评定心血管的机能水平,较之静态的心血管机能检查更有实用价值。指数越大,说明心血管机能水平越高。在体育运动中因训练水平高,心血管机能强的人在完成定量负荷工作时表现为心跳次数少,脉搏频率低,由此可客观地了解和评定心血管机能工作状况和工作效率。

1. 台阶试验测量

测试仪器:电子台阶试验仪,台阶高度为:男子 50cm,女子 42cm。

测试方法:受试者站立在台阶前方,按照节拍器(测试仪含节拍器)发出的 30 次分频率的提示音上下台阶。即从预备姿势开始,当听到第一声响时一只脚踏在台子,第二响时踏台腿伸直另一只脚跟上成台上站立,第三响时先踏台的脚下来,第四响时另一只脚下地还原成预备姿势。在测试中采用 2 秒上、下踏台一次的速度,连续做 3 分钟。运动完毕后,令受试都立刻静坐在椅子上，将测试仪的指脉夹夹在受试者的中指前方，测试仪将自动采集受试者的三次脉搏数。整个测试结束后将运动时间及三次心率值填入卡片。如果受试者在运动中坚持不下去或跟不上上、下台阶频率三次者，测试人员应立即停止受试者运动，同时按下功能键，然后以同样方法测取脉搏数并记录。人工测试脉搏的方法，测试运动停止后1分到1分半钟、2分到2分半钟、3分到3分半钟的三次脉搏数。

注意事项：①受试者必须严格按照节拍器的节奏完成上下台阶的运动；②受试者在每次登上台阶时，姿势要正确，腿必须伸直，尤其是膝关节不得弯曲；③测试人员必须严格按照测试方法的要求准时、准确地记录三次 30 秒的脉搏数；④受试者在测试前不得从事剧烈活动。心脏功能不良或有不同程度心脏疾患者，不能进行此项测试；⑤测试人员在仪器测试脉搏时应经常用手号脉，与测试仪器进行对比，如果 10 次脉搏误差超过两次的可视为仪器不准，及时改用人工测试方法。

2. 台阶试验评价

计算公式为：

$$台阶指数 = \frac{运动持续时间(s) \times 100}{(f_1 + f_2 + f_3) \times 2} \qquad (4-1)$$

评价标准见表 4-7。

表 4-7 台阶试验评价标准

性别	优		良		及格		不及格
	20 分	17 分	16 分	15 分	13 分	12 分	10 分
男	70 以上	69~64	63~57	56~51	50~48	47~41	40 以下
女	69 以上	68~62	61~54	53~48	47~46	45~40	39 以下
男	64 以上	63~59	58~53	52~48	47~46	45~40	39 以下
女	63 以上	62~57	56~50	49~45	44~43	42~38	37 以下
男	64 以上	63~58	57~52	51~47	46~45	44~40	39 以下
女	59 以上	58~55	54~49	48~45	44~43	42~39	38 以下
男	61 以上	60~57	56~52	51~47	46~45	44~41	40 以下
女	58 以上	57~54	53~49	48~45	45~44	43~40	39 以下
男	64 以上	63~59	58~53	52~49	48~47	46~41	40 以下
女	59 以上	58~55	54~50	49~46	45~44	43~40	39 以下
男	63 以上	62~59	58~53	52~49	48~46	45~41	40 以下
女	58 以上	57~54	53~49	48~45	44~42	41~39	38 以下
男	61 以上	60~57	56~51	50~47	46~45	44~41	40 以下
女	57 以上	56~54	53~49	48~45	44~43	42~39	38 以下
男	59 以上	58~54	53~50	49~46	45~43	42~40	39 以下
女	56 以上	55~52	51~48	47~44	43~42	41~25	24 以下

第三节　身体素质测量与评定标准

身体素质是国民体质监测的重要组成部分，其强弱可直接反映人体体质与健康状况。身体素质是人体在体育运动中所表现出来的速度、力量、耐力、灵敏和柔韧等机能能力。作为衡量人体体质强弱和运动机能能力好坏的身体素质，一方面与肌肉工作的效率有关，另一方面也反映了人体各器官系统的机能能力。因此，身体素质不仅与人的健康水平、工作能力相关，而且在体育锻炼中与人的运动能力密不可分，它是掌握体育技术和提高运动成绩的基础。可以说，优异的运动成绩是建立在身体素质高度发展的基础上的。在体质监测与评定中，身体素质的测量与评价有着非常重要的作用。具体表现为：①通过测量可以全面了解国民身体素质的发展状况；②可以客观地评价体育锻炼的效果；③可以作为诊断各种运动损伤的一种手段。

一、速度素质测量与评价

速度素质是指人体或人体某一部位快速运动的能力。它可分为反应速度、动作速度和位移速度三种类型。速度素质的测量形式包括定距计时、定时计距和速率三种。

1. 反应速度测量与评价

反应速度是指人体对各种信号刺激（如声、光等）的快速应答能力。这种能力取决于信号通过神经传导所需时间的长短。体质测量中常用于测量反应速度的项目主要是选择反应时。

测量仪器：电子反应时测试仪。

测量方法：受试者坐桌边，测试臂放松平放在桌子上，手指伸出桌边约8~10cm，大拇指与食指间距不超过2.5cm，大拇指与食指在上缘呈同一水平，做好准备。测试人员捏住尺子的上端，置尺下端于受试者拇指与食指之间（不要碰到手指），尺子的0点基线与拇指上缘呈同一水平线上。受试者两眼凝视反应尺的下端，不得看测试人员的手，听到"预备"口令后，视尺子下落时急速将尺子捏住，记录大拇指上缘尺子的刻度。测试5次，去掉最高值和最低值，计算中间3次的平均值。记录以秒为单位，取两位小数，第三位小数四舍五入。

注意事项：①要在能使受试者注意力集中的环境中测试；②正式测试前要练习3~4次；③几次测试，喊"预备"后到落尺的间隔时间要多变化，应保持在1.5~2s左右；④发现受试者有明显的预抓动作，该次无效。

评价标准见表4-8和表4-9。

2. 位移速度测量与评价

50m跑是国际上通用的位移速度测试项目，通过较短距离的高强度跑测试速度素质。速度素质的测试可以反映人体中枢神经系统的机能状态和神经与肌肉的协调机能，也可以综合地反映人体的爆发力、灵敏度、反映力、柔韧性等素质。速度素质有明显的性别和年龄差异。男性在20岁前、女性在18岁前一般是随着年龄增长而提高。体重过大或肥胖都会影响速度。《国家学生体质健康标准》中50m跑的测试和评价以秒为单位，保留1位小数，小数点后第二位数非"0"时则进1，例如9.01s，按9.1s查表评分。

测量目的：测量受试者快速跑的能力。

测验对象：小学至大学男女学生。

表 4-8　选择反应时 1　　　　　　　　　　　　　　（单位：s）

性别	年龄	P_{10}	P_{25}	P_{50}	P_{75}	P_{90}	P_{97}
男	20~24	0.38	0.41	0.46	0.52	0.60	0.69
	25~29	0.38	0.42	0.47	0.54	0.62	0.73
	30~34	0.40	0.43	0.49	0.56	0.65	0.76
	35~39	0.40	0.45	0.50	0.57	0.66	0.78
	40~44	0.41	0.46	0.52	0.61	0.69	0.84
	45~49	0.42	0.47	0.54	0.63	0.72	0.86
	50~55	0.43	0.49	0.56	0.65	0.76	0.90
	55~	0.44	0.50	0.59	0.68	0.79	0.93
女	20~24	0.40	0.44	0.49	0.57	0.66	0.79
	25~29	0.41	0.45	0.51	0.59	0.68	0.82
	30~34	0.42	0.47	0.53	0.61	0.70	0.86
	35~39	0.43	0.47	0.54	0.62	0.73	0.86
	40~44	0.43	0.48	0.56	0.65	0.75	0.90
	45~49	0.44	0.50	0.58	0.68	0.80	0.94
	50~55	0.45	0.51	0.60	0.70	0.84	0.96
	55~	0.47	0.54	0.62	0.72	0.87	0.97

表 4-9　选择反应时 2　　　　　　　　　　　　　　（单位：s）

性别	年龄	P_{10}	P_{25}	P_{50}	P_{75}	P_{90}	P_{97}
男	20~24	0.21	0.23	0.26	0.29	0.34	0.43
	25~29	0.21	0.23	0.27	0.30	0.35	0.45
	30~34	0.22	0.24	0.27	0.31	0.37	0.47
	35~39	0.22	0.24	0.28	0.31	0.38	0.48
	40~44	0.22	0.25	0.28	0.33	0.42	0.54
	45~49	0.23	0.26	0.29	0.34	0.43	0.56
	50~55	0.23	0.26	0.30	0.36	0.46	0.59
	55~	0.24	0.27	0.30	0.38	0.48	0.60
女	20~24	0.21	0.23	0.27	0.30	0.37	0.49
	25~29	0.22	0.24	0.28	0.31	0.38	0.50
	30~34	0.22	0.24	0.28	0.32	0.40	0.51
	35~39	0.22	0.25	0.29	0.33	0.41	0.51
	40~44	0.23	0.26	0.29	0.35	0.45	0.58
	45~49	0.24	0.27	0.30	0.38	0.49	0.63
	50~55	0.24	0.27	0.31	0.40	0.50	0.64
	55~	0.24	0.28	0.32	0.41	0.51	0.66

场地器材:400m径场取100m跑道。
测量方法:按径赛竞赛规则进行测量(图4-6)。
评价方法:记录跑完全程的时间(精确至0.1s),取最好成绩。评价标准见表4-10和表4-11。

图4-6 位移速度测量方法
(引自张一民《国家学生体质健康标准》规范测试)

表4-10 男生50m跑单项评分表　　　　　　　　　　　　　　　　(单位:s)

等级	单项得分	一年级	二年级	三年级	四年级	五年级	六年级	初一	初二	初三	高一	高二	高三	大一、大二	大三、大四
优秀	100	10.2	9.6	9.1	8.7	8.4	8.2	7.8	7.5	7.3	7.1	7.0	6.8	6.7	6.6
	95	10.3	9.7	9.2	8.8	8.5	8.3	7.9	7.6	7.4	7.2	7.1	6.9	6.8	6.7
	90	10.4	9.8	9.3	8.9	8.6	8.4	8.0	7.7	7.5	7.3	7.2	7.0	6.9	6.8
良好	85	10.5	9.9	9.4	9.0	8.7	8.5	8.1	7.8	7.6	7.4	7.3	7.1	7.0	6.9
	80	10.6	10.0	9.5	9.1	8.8	8.6	8.2	7.9	7.7	7.5	7.4	7.2	7.1	7.0
及格	78	10.8	10.2	9.7	9.3	9.0	8.8	8.4	8.1	7.9	7.7	7.6	7.4	7.3	7.2
	76	11.0	10.4	9.9	9.5	9.2	9.0	8.6	8.3	8.1	7.9	7.8	7.6	7.5	7.4
	74	11.2	10.6	10.1	9.7	9.4	9.2	8.8	8.5	8.3	8.1	8.0	7.8	7.7	7.6
	72	11.4	10.8	10.3	9.9	9.6	9.4	8.7	8.5	8.3	8.2	8.0	7.9	7.8	7.8
	70	11.6	11.0	10.5	10.1	9.8	9.6	8.9	8.7	8.5	8.4	8.2	8.1	8.1	8.0
	68	11.8	11.2	10.7	10.3	10.0	9.8	9.4	9.1	8.9	8.7	8.6	8.4	8.3	8.2
	66	12.0	11.4	10.9	10.5	10.2	10.0	9.6	9.3	9.1	8.9	8.8	8.6	8.5	8.4
	64	12.2	11.6	11.1	10.7	10.4	10.2	9.8	9.5	9.3	9.1	9.0	8.8	8.7	8.6
	62	12.4	11.8	11.3	10.9	10.6	10.4	10.0	9.7	9.5	9.3	9.2	9.0	8.9	8.8
	60	12.6	12.0	11.5	11.1	10.8	10.6	10.2	9.9	9.7	9.5	9.4	9.2	9.1	9.0
不及格	50	12.8	12.2	11.7	11.3	11.0	10.8	10.4	10.1	9.9	9.7	9.6	9.4	9.3	9.2
	40	13.0	12.4	11.9	11.5	11.2	11.0	10.6	10.3	10.1	9.9	9.8	9.6	9.5	9.4
	30	13.2	12.6	12.1	11.7	11.4	11.2	10.8	10.5	10.3	10.1	10.0	9.8	9.7	9.6
	20	13.4	12.8	12.3	11.9	11.6	11.4	11.0	10.7	10.5	10.3	10.2	10.0	9.9	9.8
	10	13.6	13.0	12.5	12.1	11.8	11.6	11.2	10.9	10.7	10.5	10.4	10.2	10.1	10.0

(引自教育部2014年新修订的《国家学生体质健康标准》)

表 4-11　女生 50m 跑单项评分表　　　　　　　　　　（单位：s）

等级	单项得分	一年级	二年级	三年级	四年级	五年级	六年级	初一	初二	初三	高一	高二	高三	大一、大二	大三、大四
优秀	100	11.0	10.0	9.2	8.7	8.3	8.2	8.1	8.0	7.9	7.8	7.7	7.6	7.5	7.4
	95	11.1	10.1	9.3	8.8	8.4	8.3	8.2	8.1	8.0	7.9	7.8	7.7	7.6	7.5
	90	11.2	10.2	9.4	8.9	8.5	8.4	8.3	8.2	8.1	8.0	7.9	7.8	7.7	7.6
良好	85	11.5	10.5	9.7	9.2	8.8	8.7	8.6	8.5	8.4	8.3	8.2	8.1	8.0	7.9
	80	11.8	10.8	10.0	9.5	9.1	9.0	8.9	8.8	8.7	8.6	8.5	8.4	8.3	8.2
及格	78	12.0	11.0	10.2	9.7	9.3	9.2	9.1	9.0	8.9	8.8	8.7	8.6	8.5	8.4
	76	12.2	11.2	10.4	9.9	9.5	9.4	9.3	9.2	9.1	9.0	8.9	8.8	8.7	8.6
	74	12.4	11.4	10.6	10.1	9.7	9.6	9.5	9.4	9.3	9.2	9.1	9.0	8.9	8.8
	72	12.6	11.6	10.8	10.3	9.9	9.8	9.7	9.6	9.5	9.4	9.3	9.2	9.1	9.0
	70	12.8	11.8	11.0	10.5	10.1	10.0	9.9	9.8	9.7	9.6	9.5	9.4	9.3	9.2
	68	13.0	12.0	11.2	10.7	10.3	10.2	10.1	10.0	9.9	9.8	9.7	9.6	9.5	9.4
	66	13.2	12.2	11.4	10.9	10.5	10.4	10.3	10.2	10.1	10.0	9.9	9.8	9.7	9.6
	64	13.4	12.4	11.6	11.1	10.7	10.6	10.5	10.4	10.3	10.2	10.1	10.0	9.9	9.8
	62	13.6	12.6	11.8	11.3	10.9	10.8	10.7	10.6	10.5	10.4	10.3	10.2	10.1	10.0
	60	13.8	12.8	12.0	11.5	11.1	11.0	10.9	10.8	10.7	10.6	10.5	10.4	10.3	10.2
不及格	50	14.0	13.0	12.2	11.9	11.3	11.2	11.1	11.0	10.9	10.8	10.7	10.6	10.5	10.4
	40	14.2	13.2	12.4	11.9	11.5	11.4	11.3	11.2	11.1	11.0	10.9	10.8	10.7	10.6
	30	14.4	13.4	12.6	12.1	11.7	11.6	11.5	11.4	11.3	11.2	11.1	11.0	10.9	10.8
	20	14.6	13.6	12.8	12.3	11.9	11.8	11.7	11.6	11.5	11.4	11.3	11.2	11.1	11.0
	10	14.8	13.8	13.0	12.5	12.1	12.0	11.9	11.8	11.7	11.6	11.5	11.4	11.3	11.2

（引自教育部 2014 年新修订的《国家学生体质健康标准》）

二、力量素质测量内容与评价

力量素质是指人的机体或机体的某一部分肌肉工作时克服内外阻力的能力。它是人体运动的基本素质，是衡量身体训练水平的重要指标，同时也是掌握运动技能，提高运动成绩的基础。

1. 握力体重指数

握力体重指数反映的是肌肉的相对力量，即每公斤体重的握力。握力主要反映人前臂和手部肌肉的力量，同时也与其他肌群的力量有关，而且还反映肌肉总体力量的一个很好的指标（表 4-12）。握力指数评价：

$$握力体重指数 = 握力(kg)/体重(kg) \times 100$$

表 4-12 握力指数评价标准

项 目		优		良		及格		不及格
		20 分	17 分	16 分	15 分	13 分	12 分	10 分
小学 5~6 年级	男	64 以上	63~58	57~49	48~40	39~36	35~24	23 以下
	女	57 以上	56~52	51~45	44~38	37~33	32~20	19 以下
初中一年级	男	73 以上	72~66	65~56	55~46	45~41	40~30	29 以下
	女	59 以上	58~54	53~47	46~40	39~36	35~27	26 以下
初中二年级	男	77 以上	76~70	69~60	59~50	49~46	45~32	31 以下
	女	58 以上	57~53	52~46	45~40	39~35	34~26	25 以下
初中三年级	男	79 以上	78~72	71~63	62~54	53~49	48~35	34 以下
	女	60 以上	59~55	54~48	47~40	39~33	32~27	26 以下
高中一年级	男	77 以上	76~71	70~61	60~53	52~50	49~40	39 以下
	女	61 以上	60~55	54~48	47~40	39~38	37~29	28 以下
高中二年级	男	81 以上	80~76	75~67	66~58	57~52	51~41	40 以下
	女	62 以上	61~56	55~50	49~42	41~40	39~30	29 以下
高中三年级	男	81 以上	80~74	73~66	65~58	57~54	53~41	40 以下
	女	59 以上	58~55	54~49	48~43	42~40	39~30	29 以下
大 学	男	75 以上	74~70	69~63	62~56	55~51	50~41	40 以下
	女	57 以上	56~52	51~46	45~40	39~36	35~29	28 以下

2. 仰卧起坐

仰卧起坐是测试腹肌力量和耐力的一个项目。测试方法简单易行,多年来在学校体育的锻炼和测验中一直受到重视,尤其是女生的腰腹肌力量对她们将来在生育等方面有着十分重要的作用。通过仰卧起坐的测试,促使她们在青少年时期积极地发展腰腹肌力量。因此,《国家学生体质健康标准》设置了仰卧起坐为女生的可选测试项目。

测量目的:测量受试者腰腹肌肉力量。

测验对象:初中至大学女学生。

场地器材:电子测试仪。

测量方法:受试者全身仰卧于铺放平坦的软垫上,两腿稍分开,屈膝呈 90°左右,两手指交叉抱头贴于脑后。同伴压住受试者两侧踝关节处,以固定下肢。受试者起坐时两肘关节触及或超过双膝为完成一次(图 4-7)。仰卧时两肩胛必须触垫。测试人员发出"开始"口令的同时开表计时,记录一分钟内受试者完成次数。一分钟时间结束时,受试者虽已坐起但两肘关节未触及或超过双膝关节者不计该次数。计数填入方格内。

注意事项:①如发现受试者借用肘部撑垫或臀部上挺的力量完成起坐时,不记成绩;②测试过程中,测试人员或负责计数人员要随时向受试者报告完成的次数;③测者双脚必须放于垫上,并由同伴固定。

图 4-7 仰卧起坐测试方法
（引自张一民《国家学生体质健康标准》规范测试）

评价方法：受试者正确完成仰卧起坐的次数，评价标准见表 4-13。

表 4-13 女生 1 分钟仰卧起坐单项评分表 （单位：次）

等级	单项得分	三年级	四年级	五年级	六年级	初一	初二	初三	高一	高二	高三	大一、大二	大三、大四
优秀	100	46	47	48	49	50	51	52	53	54	55	56	57
	95	44	45	46	47	48	49	50	51	52	53	54	55
	90	42	43	44	45	46	47	48	49	50	51	52	53
良好	85	39	40	41	42	43	44	45	46	47	48	49	50
	80	36	37	38	39	40	41	42	43	44	45	46	47
及格	78	34	35	36	37	38	39	40	41	42	43	44	45
	76	32	33	34	35	36	37	38	39	40	41	42	43
	74	30	31	32	33	34	35	36	37	38	39	40	41
	72	28	29	30	31	32	33	34	35	36	37	38	39
	70	26	27	28	29	30	31	32	33	34	35	36	37
	68	24	25	26	27	28	29	30	31	32	33	34	35
	66	22	23	24	25	26	27	28	29	30	31	32	33
	64	20	21	22	23	24	25	26	27	28	29	30	31
	62	18	19	20	21	22	23	24	25	26	27	28	29
	60	16	17	18	19	20	21	22	23	24	25	26	27
不及格	50	14	15	16	17	18	19	20	21	22	23	24	25
	40	12	13	14	15	16	17	18	19	20	21	22	23
	30	10	11	12	13	14	15	16	17	18	19	20	21
	20	8	9	10	11	12	13	14	15	16	17	18	19
	10	6	7	8	9	10	11	12	13	14	15	16	17

（引自教育部 2014 年新修订的《国家学生体质健康标准》）

3. 引体向上

测量目的：测量学生上肢肌肉的力量耐力。

测验对象：中学至大学男女学生。

三性检验：可靠性为0.95，具有内容有效性、客观性为0.98。

场地器材：高单杠、记录表等。

测量方法：受试者跳起双手正握杠，两手与肩同宽成直臂悬垂姿势，然后两臂同时用力向上引体至下颌过杠为完成一次（图4-8）。按此方法反复做至力竭为止。记录正确完成动作的次数，测验1次。

图4-8 引体向上测试方法

（引自张一民《国家学生体质健康标准》规范测试）

评价方法：以受试者正确完成动作的次数记录成绩。评价标准见表4-14。

表4-14 男生1分钟仰卧起坐、引体向上单项评分表　　（单位：次）

等级	单项得分	三年级	四年级	五年级	六年级	初一	初二	初三	高一	高二	高三	大一、大二	大三、大四
优秀	100	48	49	50	51	13	14	15	16	17	18	19	20
	95	45	46	47	48	12	13	14	15	16	17	18	19
	90	42	43	44	45	11	12	13	14	15	16	17	18
良好	85	39	40	41	42	10	11	12	13	14	15	16	17
	80	36	37	38	39	9	10	11	12	13	14	15	16
及格	78	34	35	36	37								
	76	32	33	34	35	8	9	10	11	12	13	14	15
	74	30	31	32	33								

续表 4-14

等级	单项得分	三年级	四年级	五年级	六年级	初一	初二	初三	高一	高二	高三	大一、大二	大三、大四
及格	72	28	29	30	31	7	8	9	10	11	12	13	14
	70	26	27	28	29								
	68	24	25	26	27	6	7	8	9	10	11	12	13
	66	22	23	24	25								
	64	20	21	22	23	5	6	7	8	9	10	11	12
	62	18	19	20	21								
	60	16	17	18	19	4	5	6	7	8	9	10	11
不及格	50	14	15	16	17	3	4	5	6	7	8	9	10
	40	12	13	14	15	2	3	4	5	6	7	8	9
	30	10	11	12	13	1	2	3	4	5	6	7	8
	20	8	9	10	11		1	2	3	4	5	6	7
	10	6	7	8	9			1	2	3	4	5	6

注:小学三年级至六年级:1分钟仰卧起坐;初中、高中、大学:引体向上(引自教育部 2014 年新修订的《国家学生体质健康标准》)

4. 立定跳远

立定跳远是测试爆发力的项目,爆发力要求在最短时间内发挥最大的力量。爆发力的大小不仅取决于力量,而且取决于力量和速度的结合。立定跳远的测试多年来一直被广泛使用,一方面体现了该项目对于体质健康的重要性,另一方面在体育锻炼中对于人体体质的提高具有明显的效果。

测量目的:测量受试者向前跳跃时腿部肌肉快速收缩的能力。

测验对象:小学至大学男女学生。

场地器材:跳远沙坑、量具或立定跳远电子测试仪。

测量方法:受试者双脚平行站立于起跳线后,屈膝摆臂双脚起跳落入测试区(图 4-9)。

注意:受试者起跳前身体任何部位不得触及起跳线,不得穿钉鞋参加测验。评价标准见表 4-15 和表 4-16。

图 4-9 立定跳远测试方法
(引自张一民《国家学生体质健康标准》规范测试)

表 4-15　男生立定跳远单项评分表　　　　　　　　　　（单位：cm）

等级	单项得分	初一	初二	初三	高一	高二	高三	大一、大二	大三、大四
优秀	100	225	240	250	260	265	270	273	275
	95	218	233	245	255	260	265	268	270
	90	211	226	240	250	255	260	263	265
良好	85	203	218	233	243	248	253	256	258
	80	195	210	225	235	240	245	248	250
及格	78	191	206	221	231	236	241	244	246
	76	187	202	217	227	232	237	240	242
	74	183	198	213	223	228	233	236	238
	72	179	194	209	219	224	229	232	234
	70	175	190	205	215	220	225	228	230
	68	171	186	201	211	216	221	224	226
	66	167	182	197	207	212	217	220	222
	64	163	178	193	203	208	213	216	218
	62	159	174	189	199	204	209	212	214
	60	155	170	185	195	200	205	208	210
不及格	50	150	165	180	190	195	200	203	205
	40	145	160	175	185	190	195	198	200
	30	140	155	170	180	185	190	193	195
	20	135	150	165	175	180	185	188	190
	10	130	145	160	170	175	180	183	185

表 4-16　女生立定跳远单项评分表　　　　　　　　　　（单位：cm）

等级	单项得分	初一	初二	初三	高一	高二	高三	大一、大二	大三、大四
优秀	100	196	200	202	204	205	206	207	208
	95	190	194	196	198	199	200	201	202
	90	184	188	190	192	193	194	195	196
良好	85	177	181	183	185	186	187	188	189
	80	170	174	176	178	179	180	181	182
及格	78	167	171	173	175	176	177	178	179
	76	164	168	170	172	173	174	175	176
	74	161	165	167	169	170	171	172	173
	72	158	162	164	166	167	168	169	170
	70	155	159	161	163	164	165	166	167
	68	152	156	158	160	161	162	163	164
	66	149	153	155	157	158	159	160	161
	64	146	150	152	154	155	156	157	158
	62	143	147	149	151	152	153	154	155
	60	140	144	146	148	149	150	151	152
不及格	50	135	139	141	143	144	145	146	147
	40	130	134	136	138	139	140	141	142
	30	125	129	131	133	134	135	136	137
	20	120	124	126	128	129	130	131	132
	10	115	119	121	123	124	125	126	127

注意事项：①力量测量前，受试者要做好充分的准备活动，以免受伤；②力量测量时，受试者应根据自己的实际能力选择适当负荷量进行测试，以免因负荷过重或过轻而使测量无效，并要经常检查测试仪器设备；③测量后，要组织受试者做放松练习，以免肌肉损伤。

三、耐力素质测量内容与评价

耐力素质是指人体在长时间运动中克服疲劳的能力。它是反映人体健康水平或体质强弱的重要标志。体育测量与评价中，耐力素质可分为一般耐力、速度耐力、力量耐力和静力性耐力四种。由于耐力是衡量人的体质健康状况和劳动工作能力的基本因素之一，是从事各项运动必不可少的一种运动素质。因此，耐力水平测试对于评价国民体质健康状况有着非常重要的意义。

耐力测试作为一种手段，用以引导学生更多地关注自己的耐力和心肺功能，使学生明白怎样用适宜的运动负荷控制跑的速度和持续时间，怎样用多种方法发展自己的耐力，从而更加主动地参加长跑等体育锻炼，发展体能，增强耐力，提高体质健康水平。《国家学生体质健康标准》中设置50m×8往返跑、1000m跑（男）、800m跑（女）的测试。

1. 50m×8往返跑

50m×8往返跑是400m跑的替代项目，是有效反映学生灵敏及耐力素质发展水平的常用指标。其成绩与学生参加体育锻炼程度有关。该指标测试仅适用于小学五、六年级学生。

测量目的：测量受试者在规定距离内的速度耐力（定距计时）。

测验对象：小学5~6年级男女学生。

场地器材：400m田径场、秒表、发令枪（旗）、记录表等。

测量方法：受试者站于起跑线，听到信号即以站立式起跑，以最快速度跑完规定的距离（图4-10）。测验1次。

图4-10　50m×8往返跑测试方法
（引自张一民《国家学生体质健康标准》规范测试）

2. 1000m跑（男）

测量目的：测量受试者中长距离耐力跑的能力。

测验对象：中学至大学男女学生。

场地器材：400m 田径场、发令枪（旗）、秒表、记录表等。

测量方法：受试者站于起跑线，听到信号即以站立式起跑，以最快速度跑完规定的距离。测验1次。

评价方法：记录受试者完成测验的时间（分）。评价标准见表 4-17。

表 4-17　男生耐力跑单项评分表　　　　　　　　　　（单位：分·秒）

等级	单项得分	五年级	六年级	初一	初二	初三	高一	高二	高三	大一、大二	大三、大四
优秀	100	1′36″	1′30″	3′55″	3′50″	3′40″	3′30″	3′25″	3′20″	3′17″	3′15″
	95	1′39″	1′33″	4′05″	3′55″	3′45″	3′35″	3′30″	3′25″	3′22″	3′20″
	90	1′42″	1′36″	4′15″	4′00″	3′50″	3′40″	3′35″	3′30″	3′27″	3′25″
良好	85	1′45″	1′39″	4′22″	4′07″	3′57″	3′47″	3′42″	3′37″	3′34″	3′32″
	80	1′48″	1′42″	4′30″	4′15″	4′05″	3′55″	3′50″	3′45″	3′42″	3′40″
及格	78	1′51″	1′45″	4′35″	4′20″	4′10″	4′00″	3′55″	3′50″	3′47″	3′45″
	76	1′54″	1′48″	4′40″	4′25″	4′15″	4′05″	4′00″	3′55″	3′52″	3′50″
	74	1′57″	1′51″	4′45″	4′30″	4′20″	4′10″	4′05″	4′00″	3′57″	3′55″
	72	2′00″	1′54″	4′50″	4′35″	4′25″	4′15″	4′10″	4′05″	4′02″	4′00″
	70	2′03″	1′57″	4′55″	4′40″	4′30″	4′20″	4′15″	4′10″	4′07″	4′05″
	68	2′06″	2′00″	5′00″	4′45″	4′35″	4′25″	4′20″	4′15″	4′12″	4′10″
	66	2′09″	2′03″	5′05″	4′50″	4′40″	4′30″	4′25″	4′20″	4′17″	4′15″
	64	2′12″	2′06″	5′10″	4′55″	4′45″	4′35″	4′30″	4′25″	4′22″	4′20″
	62	2′15″	2′09″	5′15″	5′00″	4′50″	4′40″	4′35″	4′30″	4′27″	4′25″
	60	2′18″	2′12″	5′20″	5′05″	4′55″	4′45″	4′40″	4′35″	4′32″	4′30″
不及格	50	2′22″	2′16″	5′40″	5′25″	5′15″	5′05″	5′00″	4′55″	4′52″	4′50″
	40	2′26″	2′20″	6′00″	5′45″	5′35″	5′25″	5′20″	5′15″	5′12″	5′10″
	30	2′30″	2′24″	6′20″	6′05″	5′55″	5′45″	5′40″	5′35″	5′32″	5′30″
	20	2′34″	2′28″	6′40″	6′25″	6′15″	6′05″	6′00″	5′55″	5′52″	5′50″
	10	2′38″	2′32″	7′00″	6′45″	6′35″	6′25″	6′20″	6′15″	6′12″	6′10″

（引自教育部2014年新修订的《国家学生体质健康标准》）

3. 800m 跑（女）

测量目的：测量受试者在规定距离内的速度耐力（定距计时）。

测验对象：中学至大学男女学生。

场地器材：400m 田径场、秒表、发令枪（旗）、记录表等。

测量方法：受试者站于起跑线，听到信号即以站立式起跑，以最快速度跑完规定的距离。测验1次。

评价方法：记录受试者完成测验的时间（分）。评价标准见表 4-18。

表 4-18　女生耐力跑单项评分表　　　　（单位：分·秒）

等级	单项得分	五年级	六年级	初一	初二	初三	高一	高二	高三	大一、大二	大三、大四
优秀	100	1′41″	1′37″	3′35″	3′30″	3′25″	3′24″	3′22″	3′20″	3′18″	3′16″
	95	1′44″	1′40″	3′42″	3′37″	3′32″	3′30″	3′28″	3′26″	3′24″	3′22″
	90	1′47″	1′43″	3′49″	3′44″	3′39″	3′36″	3′34″	3′32″	3′30″	3′28″
良好	85	1′50″	1′46″	3′57″	3′52″	3′47″	3′43″	3′41″	3′39″	3′37″	3′35″
	80	1′53″	1′49″	4′05″	4′00″	3′55″	3′50″	3′48″	3′46″	3′44″	3′42″
	78	1′56″	1′52″	4′10″	4′05″	4′00″	3′55″	3′53″	3′51″	3′49″	3′47″
	76	1′59″	1′55″	4′15″	4′10″	4′05″	4′00″	3′58″	3′56″	3′54″	3′52″
	74	2′02″	1′58″	4′20″	4′15″	4′10″	4′05″	4′03″	4′01″	3′59″	3′57″
	72	2′05″	2′01″	4′25″	4′20″	4′15″	4′10″	4′08″	4′06″	4′04″	4′02″
及格	70	2′08″	2′04″	4′30″	4′25″	4′20″	4′15″	4′13″	4′11″	4′09″	4′07″
	68	2′11″	2′07″	4′35″	4′30″	4′25″	4′20″	4′18″	4′16″	4′14″	4′12″
	66	2′14″	2′10″	4′40″	4′35″	4′30″	4′25″	4′23″	4′21″	4′19″	4′17″
	64	2′17″	2′13″	4′45″	4′40″	4′35″	4′30″	4′28″	4′26″	4′24″	4′22″
	62	2′20″	2′16″	4′50″	4′45″	4′40″	4′35″	4′33″	4′31″	4′29″	4′27″
	60	2′23″	2′19″	4′55″	4′50″	4′45″	4′40″	4′38″	4′36″	4′34″	4′32″
不及格	50	2′27″	2′23″	5′05″	5′00″	4′55″	4′50″	4′48″	4′46″	4′44″	4′42″
	40	2′31″	2′27″	5′15″	5′10″	5′05″	5′00″	4′58″	4′56″	4′54″	4′52″
	30	2′35″	2′31″	5′20″	5′15″	5′10″	5′08″	5′06″	5′04″	5′02″	5′02″
	20	2′39″	2′35″	5′30″	5′25″	5′20″	5′18″	5′16″	5′14″	5′12″	5′12″
	10	2′43″	2′39″	5′45″	5′40″	5′35″	5′30″	5′28″	5′26″	5′24″	5′22″

注：小学五年级至六年级：50m×8 往返跑；初中、高中、大学：800m 跑（引自教育部 2014 年新修订的《国家学生体质健康标准》

四、柔韧素质测量与评价

柔韧素质是指人体关节活动幅度的大小以及跨过关节的韧带、肌肉、肌腱、皮肤及其他组织的弹性和伸展能力。柔韧素质的好坏，取决于关节的解剖结构和关节周围软组织的体积大小及韧带、肌腱、肌肉及皮肤的伸展性。柔韧素质与健康的关系极为密切，柔韧性的提高，对增强身体的协调能力，更好地发挥力量、速度等素质，提高技能和技术，防止运动创伤等都有积极的作用。通过体育锻炼能提高关节的灵活性，改善关节周围软组织的功能以及肌肉、韧带、肌腱的伸展性，而当人们缺乏体育锻炼、体质下降时，很多都是从柔韧素质的下降开始的。柔韧性从其与专项的关系上，可分为一般柔韧性和专项柔韧性；从其运动状态的表现上，可分为动力性柔韧性和静力性柔韧性；从其练习的形式上，可分为主动柔韧性和被动柔韧性；从身体不同部位的表现上，可分为上、下肢柔韧性，腰部柔韧性，肩部柔韧性等。

1. 立位体前屈

测量目的：测量受试者髋、腰背弯曲和大腿后部的伸展能力。

测验对象：小学至大学男女学生。

场地器材：木凳（高 40cm）、以凳面为零点、刻度尺、记录表等。

测量方法：受试者站在木凳上，足跟并扰，足尖自然分开，两腿伸直，上体前屈，两手触及刻度尺，中指尖尽量向下触摸。测验 3 次。

评价方法：记录受试者中指尖向下触摸的最大值为测验成绩。评价标准见表 4-19。

表 4-19　立位体前屈测验评价标准　　　　（单位：cm）

性别	年龄	P_{10}	P_{25}	P_{50}	P_{75}	P_{90}	P_{97}
男	7	-1.5	1.0	4.1	7.3	10.0	13.0
	8	-1.5	1.3	4.4	7.5	10.5	13.5
	9	-2.0	1.1	4.5	7.7	10.5	13.5
	10	-2.4	1.0	4.0	7.5	10.4	13.4
	11	-2.8	1.0	4.1	7.6	10.8	14.0
	12	-2.9	1.0	4.5	8.0	11.5	14.8
	13	-2.0	1.4	5.2	9.1	12.5	16.0
	14	-1.2	2.4	6.8	10.9	14.4	18.1
	15	0.5	4.0	8.3	12.4	16.1	20.0
	16	0.8	4.9	9.8	14.0	18.0	21.5
	17	1.0	5.7	10.5	15.0	18.8	22.2
	18	1.2	6.0	10.6	15.4	19.5	23.3
	19	0.8	4.0	10.0	15.0	19.5	23.0
女	7	0.5	3.0	6.3	9.8	13.0	15.7
	8	0.5	3.1	6.5	9.9	13.0	16.0
	9	0.2	3.0	6.4	9.8	13.0	16.0
	10	0.0	2.9	6.0	9.5	12.5	16.0
	11	0.0	3.0	6.3	10.0	13.3	16.6
	12	0.0	2.9	6.8	10.4	14.0	17.8
	13	0.4	3.7	7.6	11.3	15.0	18.2
	14	0.9	4.0	8.1	12.1	15.9	19.3
	15	1.2	5.0	9.0	13.0	16.7	20.0
	16	1.2	5.4	10.0	14.0	17.8	21.0
	17	1.5	5.9	10.5	14.5	18.0	21.5
	18	1.5	6.0	10.5	14.7	18.2	21.8
	19	1.3	5.3	10.4	14.6	18.6	21.7

（引自教育部 2014 年新修订的《国家学生体质健康标准》）

2. 坐位体前屈

坐位体前屈是指人体在相对静止状态下，躯干、髋、膝等关节可能达到的最大活动幅度，是有效反映学生关节灵活性、韧带和肌肉的伸展性与弹性的常用指标。其成绩与学生参加体育锻炼程度有关。该指标的测试适用于小学至大学的各个年级。

测量目的：测量受试者髋、腰背弯曲和大腿后部的伸展能力。

测验对象：小学至大学男女学生。

场地器材：木凳（高 40cm）、以凳面为零点、刻度尺、记录表等。

场地器材：电子测试仪。

测量方法：受试者直腿坐于电子测试仪上，双足跟置于基准线，两脚相距 15cm。受试者上体前屈，两臂沿腿向前伸，用两中指将桡度尺的引尺向前推动，直至不能向前移为止（图 4-11）。

图 4-11 坐位体前屈测试方法
(引自张一民《国家学生体质健康标准》规范测试)

注意：上体不得左右摆动，双手中指不得离开引尺。测量 3 次。

评价方法：记录量尺的读数为测验成绩。评价标准见表 4-20 和表 4-21。

表 4-20 男生坐位体前屈单项评分表　　　　　　　　　　　　（单位：cm）

等级	单项得分	一年级	二年级	三年级	四年级	五年级	六年级	初一	初二	初三	高一	高二	高三	大一、大二	大三、大四
优秀	100	16.1	16.2	16.3	16.4	16.5	16.6	17.6	19.6	21.6	23.6	24.3	24.6	24.9	25.1
	95	14.6	14.7	14.9	15.0	15.2	15.3	15.9	17.7	19.7	21.5	22.4	22.8	23.1	23.3
	90	13.0	13.2	13.4	13.6	13.8	14.0	14.2	15.8	17.8	19.4	20.5	21.0	21.3	21.5
良好	85	12.0	11.9	11.8	11.7	11.6	11.5	12.3	13.7	15.8	17.2	18.3	19.1	19.5	19.9
	80	11.0	10.6	10.2	9.8	9.4	9.0	10.4	11.6	13.8	15.0	16.1	17.2	17.7	18.2
及格	78	9.9	9.5	9.1	8.6	8.2	7.7	9.1	10.3	12.4	13.6	14.7	15.8	16.3	16.8
	76	8.8	8.4	8.0	7.4	7.0	6.4	7.8	9.0	11.0	12.2	13.3	14.4	14.9	15.4
	74	7.7	7.3	6.9	6.2	5.8	5.1	6.5	7.7	9.6	10.8	11.9	13.0	13.5	14.0
	72	6.6	6.2	5.8	5.0	4.6	3.8	5.2	6.4	8.2	9.4	10.5	11.6	12.1	12.6
	70	5.5	5.1	4.7	3.8	3.4	2.5	3.9	5.1	6.8	8.0	9.1	10.2	10.7	11.2
	68	4.4	4.0	3.6	2.6	2.2	1.2	2.6	3.8	5.4	6.6	7.7	8.8	9.3	9.8
	66	3.3	2.9	2.5	1.4	1.0	−0.1	1.3	2.5	4.0	5.2	6.3	7.4	7.9	8.4
	64	2.2	1.8	1.4	0.2	−0.2	−1.4	0.0	1.2	2.6	3.8	4.9	6.0	6.5	7.0
	62	1.1	0.7	0.3	−1.0	−1.4	−2.7	−1.3	0.0	1.2	2.4	3.5	4.6	5.1	5.6
	60	0.0	−0.4	−0.8	−2.2	−2.6	−4.0	−2.6	−1.4	−0.2	1.0	2.1	3.2	3.7	4.2
不及格	50	−0.8	−1.2	−1.6	−3.2	−3.6	−5.0	−3.8	−2.6	−1.4	0.0	1.1	2.2	2.7	3.2
	40	−1.6	−2.0	−2.4	−4.2	−4.6	−6.0	−5.0	−3.8	−2.6	−1.0	0.1	1.2	1.7	2.2
	30	−2.4	−2.8	−3.2	−5.2	−5.6	−7.0	−6.2	−5.0	−3.8	−2.0	−0.9	0.2	0.7	1.2
	20	−3.2	−3.6	−4.0	−6.2	−6.6	−8.0	−7.4	−6.2	−5.0	−3.0	−1.9	−0.8	−0.3	0.2
	10	−4.0	−4.4	−4.8	−7.2	−7.6	−9.0	−8.6	−7.4	−6.2	−4.0	−2.9	−1.8	−1.3	−0.8

(引自教育部 2014 年新修订的《国家学生体质健康标准》)

表 4-21　女生坐位体前屈单项评分表　　　　　　　　　　　　（单位：cm）

等级	单项得分	一年级	二年级	三年级	四年级	五年级	六年级	初一	初二	初三	高一	高二	高三	大一、大二	大三、大四
优秀	100	18.6	18.9	19.2	19.5	19.8	19.9	21.8	22.7	23.5	24.2	24.8	25.3	25.8	26.3
	95	17.3	17.6	17.9	18.1	18.5	18.7	20.1	21.0	21.8	22.5	23.1	23.6	24.0	24.4
	90	16.0	16.3	16.6	16.9	17.2	17.5	18.4	19.3	20.1	20.8	21.4	21.9	22.2	22.4
良好	85	14.7	14.8	14.9	15.0	15.1	15.2	16.7	17.6	18.4	19.1	19.7	20.2	20.6	21.0
	80	13.4	13.3	13.2	13.1	13.0	12.9	15.0	15.9	16.7	17.4	18.0	18.5	19.0	19.5
及格	78	12.3	12.2	12.1	12.0	11.9	11.8	13.7	14.6	15.4	16.1	16.7	17.2	17.7	18.2
	76	11.2	11.1	11.0	10.9	10.8	10.7	12.4	13.3	14.1	14.8	15.4	15.9	16.4	16.9
	74	10.1	10.0	9.9	9.8	9.7	9.6	11.1	12.0	12.8	13.5	14.1	14.6	15.1	15.6
	72	9.0	8.9	8.8	8.7	8.6	8.5	9.8	10.7	11.5	12.2	12.8	13.3	13.8	14.3
	70	7.9	7.8	7.7	7.6	7.5	7.4	8.5	9.4	10.2	10.9	11.5	12.0	12.5	13.0
	68	6.8	6.7	6.6	6.5	6.4	6.3	7.2	8.1	8.9	9.6	10.2	10.7	11.2	11.7
	66	5.7	5.6	5.5	5.4	5.3	5.2	5.9	6.8	7.6	8.3	8.9	9.4	9.9	10.4
	64	4.6	4.5	4.4	4.3	4.2	4.1	4.6	5.5	6.3	7.0	7.6	8.1	8.6	9.1
	62	3.5	3.4	3.3	3.2	3.1	3.0	3.3	4.2	5.0	5.7	6.3	6.8	7.3	7.8
	60	2.4	2.3	2.2	2.1	2.0	1.9	2.0	2.9	3.7	4.4	5.0	5.5	6.0	6.5
不及格	50	1.6	1.5	1.4	1.3	1.2	1.1	1.2	2.1	2.9	3.6	4.2	4.7	5.2	5.7
	40	0.8	0.7	0.6	0.5	0.4	0.3	0.4	1.3	2.1	2.8	3.4	3.9	4.4	4.9
	30	0.0	−0.1	−0.2	−0.3	−0.4	−0.5	−0.4	0.5	1.3	2.0	2.6	3.1	3.6	4.1
	20	−0.8	−0.9	−1.0	−1.1	−1.2	−1.3	−1.2	−0.3	0.5	1.2	1.8	2.3	2.8	3.3
	10	−1.6	−1.7	−1.8	−1.9	−2.0	−2.1	−2.0	−1.1	−0.3	0.4	1.0	1.5	2.0	2.5

（引自教育部 2014 年新修订的《国家学生体质健康标准》）

柔韧素质测量注意事项：①受试者在测量前要做好充分的准备活动；②测量时动作不得过大、过猛，以免肌肉被拉伤；③测试者应于受试者紧密配合，高标准、高质量地完成测量任务。

五、感觉和协调能力测量与评价

感觉是神经系统对外界刺激的直接反应。体育运动中人体完成各种动作或改变身体姿势，都是通过本体感受器产生兴奋经传入神经到大脑皮层引起的运动感觉，再经传出神经到效应器引起肌肉运动。因此，各种感觉能力的发展是动作技能形成的重要因素。感觉机能根据刺激物所作用的感官的性质，可分为外部感觉和内部感觉两种。外部感觉接受外部刺激并反映它们的属性，如听觉、皮肤感觉等；内部感觉是反映身体各部分运动变化的感觉，如运动觉、平衡觉、机体觉等。通过感觉机能的测量，可使学生体验到在身体练习中如何更快地掌握运动技术，提高对动作技术练习的质量与效果。

1. 闭眼单脚站立测验

测量目的:测验受试者单脚支撑维持平衡的能力。

场地器材:闭眼单脚站立测试仪。

测量方法:受试者以优势单脚支撑,另一脚置于支撑腿膝部内侧,两手侧平举。当受试者非支撑腿离地,计时开始。尽可能保持长时间平衡姿势。若受试者非支撑脚触地,即刻停表。计算闭眼单脚站立维持平衡的时间。测量2次。

评价方法:取2次测试中的最佳值为测验成绩。评价标准见表4-22。

表4-22　闭眼单脚站立测验评价标准　　　　　　　　（单位:s）

性别	年龄	P_{10}	P_{25}	P_{50}	P_{75}	P_{90}	P_{97}
男	20~24	6.0	13.0	27.0	59.0	99.0	150.0
	25~29	5.0	11.0	24.0	49.0	86.0	143.0
	30~34	5.0	10.0	20.0	42.0	75.0	125.0
	35~39	4.0	9.0	18.0	38.0	69.9	117.0
	40~44	4.0	8.0	15.0	29.0	55.0	92.0
	45~49	4.0	7.0	13.0	25.0	48.0	80.0
	50~54	3.0	6.0	11.0	21.0	40.0	71.0
	55~	3.0	5.0	10.0	19.0	34.0	61.0
女	20~24	6.0	12.0	25.0	53.0	97.0	150.0
	25~29	5.0	10.0	22.0	46.0	84.4	148.0
	30~34	5.0	9.0	19.0	40.0	73.0	128.0
	35~39	4.0	8.0	16.0	32.0	63.0	111.0
	40~44	4.0	6.0	13.0	25.0	46.0	78.0
	45~49	3.0	5.0	11.0	22.0	40.0	70.0
	50~55	3.0	5.0	9.0	18.0	34.0	66.0
	55~	3.0	5.0	8.0	15.0	27.0	52.0

（引自教育部2014年新修订的《国家学生体质健康标准》）

2. 跳绳——协调能力测量评价

跳绳是一项人体在环摆的绳索中做各种跳跃动作的运动项目,能有效地综合反映学生身体的灵敏性、协调性、动作节奏感,以及下肢肌肉力量与心肺功能等,其成绩与学生参加体育锻炼的程度有关。该指标的测试适用于小学各个年级。

测试前,受试者将绳的长短调至适宜长度,双腿并拢,呈自然站立。

测试时,2人一组,其中,1名为受试者,1名为计数员。

当听到开始信号时,受试者采用前脚掌起跳,同时,手腕完成弧形摆动,身体以"正摇双脚跳"的方式,受试者每跳跃1次且摇绳1周,计数员计为1次。受试者当听到结束信号时,停止跳跃运动,同时,计数员停止计数。计数员大声报数,并记录(图4-12)。测试单位为次/分。

评价标准见表4-23和表4-24。

图 4-12 跳绳测试方法
(引自张一民《国家学生体质健康标准》规范测试)

表 4-23 男生 1 分钟跳绳单项评分表　　　　　　（单位：次）

等级	单项得分	一年级	二年级	三年级	四年级	五年级	六年级
优秀	100	109	117	126	137	148	157
	95	104	112	121	132	143	152
	90	99	107	116	127	138	147
良好	85	93	101	110	121	132	141
	80	87	95	104	115	126	135
及格	78	80	88	97	108	119	128
	76	73	81	90	101	112	121
	74	66	74	83	94	105	114
	72	59	67	76	87	98	107
	70	52	60	69	80	91	100
	68	45	53	62	73	84	93
	66	38	46	55	66	77	86
	64	31	39	48	59	70	79
	62	24	32	41	52	63	72
	60	17	25	34	45	56	65
不及格	50	14	22	31	42	53	62
	40	11	19	28	39	50	59
	30	8	16	25	36	47	56
	20	5	13	22	33	44	53
	10	2	10	19	30	41	50

(引自教育部 2014 年新修订的《国家学生体质健康标准》)

表 4-24　女生 1 分钟跳绳单项评分表　　　（单位：次）

等级	单项得分	一年级	二年级	三年级	四年级	五年级	六年级
优秀	100	117	127	139	149	158	166
	95	110	120	132	142	151	159
	90	103	113	125	135	144	152
良好	85	95	105	117	127	136	144
	80	87	97	109	119	128	136
及格	78	80	90	102	112	121	129
	76	73	83	95	105	114	122
	74	66	76	88	98	107	115
	72	59	69	81	91	100	108
	70	52	62	74	84	93	101
	68	45	55	67	77	86	94
	66	38	48	60	70	79	87
	64	31	41	53	63	72	80
	62	24	34	46	56	65	73
	60	17	27	39	49	58	66
不及格	50	14	24	36	46	55	63
	40	11	21	33	43	52	60
	30	8	18	30	40	49	57
	20	5	15	27	37	46	54
	10	2	12	24	34	43	51

（引自教育部 2014 年新修订的《国家学生体质健康标准》）

第四节　评分表的使用

（引自 2014 年新修订的《国家学生体质健康标准》）

使用评分表对学生的测试结果进行评价可分为两个部分，首先是对各项测试结果分别评分，得出相应评价指标的得分和等级；其次是对每一个学生给出一个总的得分和等级。

（1）找到对应的评分表，使用该表查出相应指标所处的档次及其得分。

例如：测得某小学三年级一位男生的身高为 141.3cm，体重为 37.5kg，50m 跑为 9s，坐位体前屈为 12cm。先找到小学三年级男生 BMI 表，计算 BMI 为 18.7，属于正常，得 100 分；再找小学三、四年级男生评分标准，查 50m 跑的得分，9s 为优秀，得 100 分；坐位体前屈为 12cm 属于良好，得分为 85。

再如：某小学五年级的一位女生的身高为 141.5cm，体重为 37kg，计算 BMI 为 18.4，在正常的 13.8~20.5 的范围内，得 100 分；测得 1 分钟跳绳成绩为 160，查表为优秀，得 100 分；测得肺活量为 1850mL,为良好,得 80 分;测得 50m 跑成绩为 8.7s,为良好,得 85 分;测得 1 分钟仰卧起坐为 38 个,属于良好,得 80 分;另外,1 分钟跳绳比满分多 2 个,再加 1 分。

通过对受试者每一项指标进行评价,我们就可以了解该生在体质健康各个方面的具体情况和等级,教师可以根据每个学生的个体差异,对于不够理想的指标,进行有针对性的锻炼,鼓励学生进步与发展,从而不断提高每个学生的体质健康水平。

(2)总体评价,对查出的分数进行计算,得出总分等级评价(表 4-25)。

表 4-25 总分等级评价表

等级评价	优秀	良好	及格	不及格
分数	90 分及以上	80~89 分	60~79 分	60 分以下

(引自教育部 2014 年新修订的《国家学生体质健康标准》)

第五章 健康理论与实践

健康是人体各器官系统发育良好、功能正常并具有良好的工作效能的状态。健康的具体表现：①身体无疾病，不虚弱，精力充沛；②对日常生活、学习和繁忙的工作不感到过分紧张和疲劳；③身体健全，体重适宜，乐观向上；④有很强的抵抗疾病和适应环境的能力；⑤在心理、体格和社会适应能力等方面均处于良好的状态。

世界卫生组织给健康下的定义为："健康是一种身体上、精神上和社会适应上的完美状态，而不是没有疾病及虚弱现象。"从世界卫生组织对健康的定义中可以看出，与我们传统对健康的理解有明显区别的是，它包涵了三个基本要素：①身体健康；②心理健康；③具有社会适应能力。具有社会适应能力是国际上公认的心理健康首要标准，而全面身心健康包括身体健康和心理健康两大部分，两者密切相关，缺一不可，无法分割。随着时代的发展，现代文明在带给人们充分物质享受的同时，也给人类的身心健康带来了新的威胁。因此，健康理念的演变是随着社会的文明与进步而发展的，而人们对身心健康的评价和理解也应是动态的。

第一节 健康概念与标准

据世界卫生组织（World Health Organization）于1948年在其宪章中提出的健康定义为："健康不仅仅是没有疾病和不虚弱，而且是保持生理、心理和社会适应的完美状态"。从健康的定义中我们可以清楚地了解到，健康是一种以"生理-心理-社会适应"的"三维"模式来反映人体的健康水平的。它把人体健康同生物的、心理的和社会的关系联系在一起认识，明确提出健康的内涵应该是身体的、心理的和社会适应能力的良好状态，也就是说，一个人只有在身体、心理、社会适应等方面保持良好的状态，才算得上是健康的。其含义表明，健康是多种构成要素所组成的有机整体，单纯的任何一个方面的健康都不是真正意义上的健康，或者说是不健全的健康。这种"三维健康观"的概念体现了"以生理机能为特征的身体健康、以精神情感为特征的心理健康和以社会生活为特征的适应健康"，三个方面相互联系、相互依存共同构建了健康内容的基本元素。也就是说，评价一个人的健康要用身体健康、心理健康和社会适应能力三种指标加以综合评价。

一、树立正确的健康观念

全面建设小康社会的重要标志之一，就是全民族具有良好的健康素质。只有拥有健康的身体，人们才能精神抖擞、心情愉快地从事各项工作，全力以赴地奔向小康社会；才能真正尽情品尝小康社会给人们带来的幸福，从而实现生命的实际意义。健康的人才是国家的宝贵财富。全面建设小康社会的出发点和最终落脚点，是提高全国人民的生活水平和质量。人民生活水平和质量的提高，除了体现在收入提高、财产增加，有接受良好教育的机会，有良好的人文环境、生态环境,还体现在人的健康水平的不断提高。

现代健康新观念认为:健康的内涵既包含人的身心全面发展,也包含人的心智全面发展,还包含个体和社会的协调统一。然而"健康"在现实生活中却不是一个人人都清楚的概念。"健康"通常会被人理解为:"没有疾病就是健康"。其实,"健康"远不是这样简单。从"健康"不仅仅是没有疾病和没有衰弱的表现,而是生理上、心理上和社会适应能力方面的一种完美状态的定义来看,它至少应该包括三个层面上的意义:首先是自然性的,人首先是一个自然体,人的组织器官、生理功能良好,这是生物意义上的健康;其次是文化性的,人不仅仅是动物,他有思维,有丰富的内心世界,他不仅要适应自然,还要改造自然,因此健康的心态和健康的行为与规范是文化意义上的健康;再次是社会性的,个人和社会不仅互为需要,而且是一种互动关系,健康活动多数是一种个体行为,但必定要受一定的社会制度、道德规范、人际关系的制约。因此,健康的心理品质(如良好的认知、意志品质、处事态度、适度的情感及表达方式、高尚的审美情趣、自尊、自信、自爱等)是社会意义上的健康。也就是说,衡量一个人是否健康,必须从生理、心理和行为等因素进行分析,不仅要看他有没有身体上的器质性或功能性异常,还要看他有没有主观不适感,有没有社会公认的不健康行为。

二、重视心理健康对身体健康的影响

当今社会,由于社会竞争的激烈和生存环境的不断恶化,一种介于健康与非健康之间的身体状态在现代人中广泛出现,这就是人们经常谈到的"亚健康"状况。青岛大学教授王育学,在全国范围内进行了大型样本调查,在被调查人群中,亚健康发生率约为58.18%,而真正患病的人群为5.62%,健康人群为20.18%。处在亚健康状态的人经常感到情绪低落、注意力难以集中、疲倦健忘、头晕目眩、失眠、抑郁等。据研究,亚健康症状中由于精神心理因素造成的占2/3以上,有专家提出心理方面的障碍是造成亚健康状态的主要原因。

心理状态的好坏会影响到生理疾病的发病率,这已被许多科学研究所证明。据美国有关的统计资料表明:每4人中有1个人在一生行为变化中会因心理方面的原因而引起躯体疾病,每12人中就会有1个人会因心理疾病而住院,每22人中就有1人在其一生中会得比较严重的心理疾病,并因此而影响正常工作与生活。我国卫生部资料显示,精神障碍在我国疾病总负担的排名居首位。目前我国精神疾病的患病率从20世纪70年代的3.2‰上升至15.56‰,有14.6%的人存在着不同程度的心理问题。

中国传统医学认为,人的情志过于激烈,或不良情绪长期存在,在一定条件下都可以造成疾病,即所谓的七情内伤致病。现代科学也已经证实内脏器官的活动都是在大脑皮层的影响下进行的。因此可以认为大脑机能的特点及状态是可以影响内脏活动的。积极的心理状态对身体健康的良好作用是任何药物补品所不能代替的,消极的心理状态对身体健康的危害不亚于病菌与病毒。

三、开展"小康体育"促进全民身体健康

全面建设小康社会的科学内涵是建设社会主义的物质文明、政治文明、精神文明和生态文明。四个文明建设囊括了一个社会形态的各个领域。党的十六大报告明确指出:"全面建设小康社会,必须大力发展社会主义文化,建设社会主义精神文明。""积极推进卫生体育事业的改革和发展,开展全民健身运动,提高全民健康水平。"从而为发展社会主义体育文化指明了方

向。随着社会的发展,人们在追求物质生活的同时,也越来越关心和注重自己的身体健康,然而从目前的情况来看,人们对健康概念的认识还不够全面与准确。因此,针对健康问题进行深入的探讨有着十分重大的意义。

小康社会的重要标志之一是全民身体健康。建设"小康体育"是实现小康社会人人健康的重要途径。"小康体育"应包含全新的健康观念、主动的健身意识、科学的锻炼方法、现代化的体育设施、良好的锻炼氛围及环境。从实践意义上说,"小康体育"应包含以下几个方面的内容:

(1)加强健康教育,传播健康意识,体育工作者肩负着做好健康教育的宣传与普及工作的重任。要富有创造性地开展工作,通过各种形式的宣传教育,使人们建立正确的健康观念,充分认识健康的内涵,了解健康对自身发展的意义,增强健康的内在需求,强化健康意识。

(2)追求科学健身,以"健身"促"健心",全民的健康水平与全面建设小康社会是紧密相连的,我们应该重视开展全民健身与全民健心的宣传教育,让广大人民群众全面了解健康的真正涵义,从而接受现代健康新观念,认识身体健康与心理健康的相互联系,既重视"健身",又重视"健心"。特别是体育工作者,更要自觉地投身到怎样将全民健身与全民健心有机地结合起来的研究和实践中,广泛传播以"健身"促进心理健康、以"调心"促进身体健康的先进文化,从而达到提高广大人民群众健康水平的目的。

四、重视心理指导,以"调心"促"健身"

实践研究表明,有规律的体育锻炼活动,可以增强体质,促进身体健康,同时对心理健康也有积极的影响。实验表明:运动后人的焦虑、抑郁、紧张和心理紊乱等状态水平显著降低,而精力和愉快程度则显著提高。特别强调一点,体育活动对人的心理不仅具有短期效应,也有长期效应。有规律地参加体育活动者比不参加体育活动者在较长时间内很少产生焦虑和抑郁情绪;经常参加体育锻炼有助于确立良好的自我概念,增加人的自信心,完善人的性格特征。

但是,并非所有的体育活动都有益于心理健康。体育活动具有多种功能和各种特征。体育活动的强度、持续时间、频率,体育活动的类型与形式都会对人的心理产生不同效应。因此,健身运动必须要以有关的科学知识为指导,遵循科学的锻炼原则,掌握科学的锻炼方法,以"健身"促"健心"。心理学认为:人的内脏器官的活动都是在大脑皮层的影响下进行的,人可以通过心理调节,改善内脏器官,调控自己的行为。

心理学博士申荷永提出了一个引人注目的公式:心理(健康)状况=(心理压力+身心疾病)/(心理应付技能+自信心+社会支持)。他在公式中特别强调了心理调节对心理健康、身体健康的作用。公式中分子上所涉及的因素,都是有害于心理健康的成分,从某种意义上说,是难以改变的客观存在,我们可以通过增加分母上的比重来降低分子上的因素对我们所产生的消极影响。公式中分母上的第一项因素就是"心理应付技能",即心理的自我调节,它提醒我们每个人都要注意培养自己的心理素质,掌握一定的心理应付技能,以努力将我们的心理调节到相对平衡的状态。公式中分母上的第三项内容"社会支持"主要是指家庭、朋友和社会的关心以及各种形式的心理帮助。

人的心理健康,不仅关系到个人的身体健康,还关系到个人的生活、工作和家庭幸福。家庭、学校、社会等都应该树立起"健心"的意识,并通过具体可操作的方法,如开展心理健康教育、开设心理咨询中心、开通心理健康保健网络、增设心理健康的专业机构等,来营造良好的全民健心的社会环境,从而增进心理健康,减少心理疾病。

五、正确处理生理健康和心理健康的关系

不少人认为生理健康和心理健康是两个没有关系的概念。实际上,这是不正确的。在现实生活中,心理健康和生理健康是互相联系、互相作用的,心理健康每时每刻都在影响人的生理健康。如果一个人性格孤僻,心理长期处于一种抑郁状态,就会影响内激素分泌,使人的抵抗力降低,疾病就会乘虚而入。一个原本身体健康的人,如果老是怀疑自己得了什么疾病,就会整天郁郁寡欢,最后导致真的一病不起。因此,在日常生活中一方面应该注意合理饮食和身体锻炼,另一方面更要陶冶自己的情操,开阔自己的心胸,避免长时间处在紧张的情绪状态中。如果感到自己的心情持续不快时,要及时进行心理自我调试,必要时到心理门诊或心理咨询中心接受帮助,以确保心理和生理的全面健康。

六、身心健康的标准

健康是每一个人所追求的目标,不同时期的人们对健康的含义有不同解释。古老的健康常以是否有病作为分界线,有病为不健康,无病则为健康。现代人对健康的概念是根据医学模式、生物医学模式发展成为生物、心理、社会医学模式提出来的。

怎样衡量一个人是否健康,世界卫生组织定出了健康的 10 条标准:①有充沛的精力,能从容不迫地担负日常生活和繁重的工作,而且不感到过份紧张疲劳;②处事乐观,态度积极,乐于承担责任,事无大小,不挑剔;③善于休息,睡眠好;④应变能力强,能适应外界环境各种变化;⑤能够抵抗一般性感冒和传染病;⑥体重适当,身体匀称,站立时,头、肩、臂位置协调;⑦眼睛明亮,反应敏捷,眼睑不易发炎;⑧牙齿清洁,无龋齿,不疼痛,牙龈颜色正常,无出血现象;⑨头发有光泽,无头屑;⑩肌肉丰满,皮肤有弹性。

这 10 条标准具体地阐述了健康的定义,体现了健康所包含的身体、心理和社会的三方面内容。首先,阐明健康的目的在于运用充沛的精力承担起社会任务,而对繁重的工作不感到过份的紧张和疲劳;其次,则强调心理健康,处处事事表现出乐观主义精神和对社会的责任感及积极的态度;第三,应该具有很强的应变能力,对外界环境(包括自然环境与社会环境)各种变化的适应能力,以保持同各种变化不断趋于平衡完美的状态;第四,又从能够明显表现体格康强的几个主要方面提出标准,诸如体重(适当的体重可表现出良好而合理的营养状态)、身材、眼睛、牙齿、肌肉等状态。

中国学者王登峰等根据各方面的研究结果,归纳起来提出了有关心理健康的几条指标。

1. 了解自我,悦纳自我

一个心理健康的人能体验到自己的存在价值,既能了解自己,又能接受自己,具有自知之明,即对自己的能力、性格、情绪和优缺点能做出恰当、客观的评价,对自己不会提出苛刻的非分期望与要求;自己给自己定出切合实际的生活目标和理想,因而对自己总是满意的;同时,努力发展自身的潜能,即使对自己无法补救的缺陷也能安然处之。一个心理不健康的人则缺乏自识之明,并且总是对自己不满意,由于所定的目标和理想不切实际,主观和客观的距离相差太远而总是自责、自卑;总是要求自己十全十美,而又无法做得完美无缺,于是就和自己过不去,结果是使自己的心理状态永远无法平衡,也无法摆脱自己感到将会面临的心理危机。

2. 接受他人，善与人处

心理健康的人乐于与人交往，不仅能接受自我，也能接受他人，悦纳他人，能认可别人存在的重要性。他能为他人所理解，为他人和集体所接受，能与他人相互沟通和交往，人际关系协调和谐，在小集体中能融为一体，乐群性强，既能在与挚友间相聚之时共欢乐，也能在独处沉思之时而无孤独之感。在与人相处时，积极的态度（如同情、友善、信任、尊敬等）总是多于消极的态度（如猜疑、嫉妒、敌视等），因而在社会生活中有较强的适应能力和较充足的安全感。一个心理不健康的人总是自别于集体，与周围的环境和人们格格不入。

3. 热爱生活，乐于工作和学习

心理健康的人珍惜和热爱生活，积极投身于生活，在生活中尽情享受人生的乐趣。他们在工作中尽可能地发挥自己的个性和聪明才智，并从工作的成果中获得满足和激励，把工作看作是乐趣而不是负担。他能把工作中积累的各种有用的信息、知识和技能贮存起来，便于随时提取使用，以解决可能遇到的新问题，能够克服各种困难，使自己的行为更有效率，工作更有成效。

4. 面对现实，接受现实

心理健康的人能够面对现实，接受现实并能够主动地去适应现实，进一步地改造现实，而不是逃避现实。对周围事物和环境能作出客观的认识和评价，并能与现实环境保持良好的接触，既有高于现实的理想，又不会沉湎于不切实际的幻想与奢望。他对自己的能力有充分的信心，对生活、学习、工作中的各种困难和挑战都能妥善处理，心理不健康的人往往以幻想代替现实，不敢面对现实，没有足够的勇气去接受现实的挑战，总是抱怨自己生不逢时，或者责备社会环境对自己不公而怨天忧人，因而无法适应现实环境。

5. 能协调与控制情绪，心境良好

心理健康的人愉快、乐观、开朗、满意等积极情绪状态总是占据优势的，虽然也会有悲、忧、愁、怒等消极的情绪体验，但一般不会长久；能适当地表达和控制自己的情绪，喜不狂、忧不绝、胜不骄、败不馁、谦逊不卑、自尊自重，在社会交往中既不妄也不畏缩恐惧，对于无法得到的东西不过于贪求，争取在社会规范允许范围内满足自己的各种需求，对于自己能得到的一切感到满意，心情总是开朗乐观的。

6. 人格和谐完整

心理健康的人其人格结构包括气质、能力、性格、理想、信念、动机、兴趣、人生观等各方面能平衡发展，人格在人的整体的精神面貌中能够完整、协调、和谐地表现出来。思考问题的方式是适中和合理的，待人接物能采取恰当灵活的态度，对外界刺激不会有偏颇的情绪和行为反应，能够与社会的步调合拍，也能与集体融为一体。

7. 智力正常

智力正常是人正常生活最基本的心理条件，是心理健康的重要标准，智力是人的观察力、记忆力、想象力、思考力、操作能力的综合。一个人智力低下的话，也不能算心理健康。

8. 心理行为符合年龄特征

在人的生命发展的不同年龄阶段都有相对应的不同的心理行为表现，从而形成不同年龄独特的心理行为模式。心理健康的人应具有与同年龄段大多数人相符合的心理行为特征。如果一个人的心理行为经常严重偏离自己的年龄特征，一般都是心理不健康的表现。

总之，我们可以参照上述标准检视自己的心理健康状况。严格意义上的心理健康则需要借助于临床心理学家的测查与诊断，不能随意给自己和他人轻易下结论。心理异常的实质就是心理异常的原因、机理和心理结构问题。心理异常是大脑的结构或机能失调或者人对客观现实反映的紊乱和歪曲，既反映了个人自我概念和某些能力的异常，也反映了社会人际关系和个人生活上的适应障碍。但是，要清晰地判别正常心理和异常心理也不是一件容易的事情。

七、身心健康标准的评价

1. 自我评价标准

如果自己认为有心理问题，这个人的心理当然不会完全正常，但一般不可能存在大问题。心理基本上正常的人完全可以察觉到自己的心理活动与以前的差别、自己的心理表现与别人的差别等。这种自我评价在精神科叫自知力。

2. 心理测验标准

心理测验通过有代表性的取样、成立常模样本、检测信度、检测效度和方法的标准化才能形成测评量表，可以在一定程度上避免专家的主观看法。但是，心理测验也存在误差，目前并不能代替医生的诊断。

3. 病因病理学分类标准

这种标准最客观，是将心理问题当作躯体疾病一样看待的医学标准。如果一个人身上表现的某种心理现象或行为可以找到病理解剖或病理生理变化的依据，则认为此人有精神疾病，其心理表现则被视为疾病的症状，其产生原因则归结为脑功能失调。

4. 外部评价标准

人的心理活动总是表现在生活的各个方面，如果大家都认为某个人有问题，一般就是正确的。即使旁人没有看出来，专业人员也可以通过各种表现判断当事人是不是有问题。

5. 社会适应性标准

在正常情况下，人体维持着生理心理的平衡状态，能依照社会生活的需要适应环境和改造环境。因此，正常人的行为符合社会的准则，能根据社会要求和道德规范行事，即其行为符合社会常模，是适应性行为。如果由于器质的或功能的缺陷使得个体能力受损，不能按照社会认可的方式行事，致使其行为后果对本人或社会是不适应的时候，则认为有心理异常。其具体表现为：

（1）忧郁。由于各种原因，青少年会出现闷闷不乐、愁眉苦脸、沉默寡言的现象。如果长期地处于这种状态，就应当予以充分重视。

（2）狭隘。心胸太狭窄，斤斤计较，不能容人，也不理解别人，对小事耿耿于怀，爱钻牛角尖。

（3）嫉妒。当别人比自己好时，表现出不自然、不舒服，甚至怀有敌意，更有甚者竟用打击、中伤手段来发泄内心的嫉妒。

（4）惊恐。对环境和事物有恐怖感，如怕针、怕暗、怕鬼怪，轻者心跳厉害、手发抖，重者睡不着觉、失眠、梦中惊叫等。

（5）残暴。有点小事自己不快便向别人发泄，摔摔打打，骂骂咧咧，有的则以戏弄别人为自己开心，对别人冷嘲热讽，没有温暖之心。

(6)敏感。神经过敏,多疑,常常把别人无意中的话、不相干的动作当做对自己的轻视或嘲笑,为此而喜怒无常,情绪变化很大。

(7)自卑。对自己缺乏信心,以为在各方面都不如他人,无论在学习上,还是在生活中,总把自己看得比别人低一等,抬不起头来。这种自卑严重影响了自己的情绪,对自己都缺乏情趣,压抑感太强。

第二节　儿童青少年健康教育与研究

我国正处在社会转型时期,社会变革必然冲击家庭、学校和社会等各个方面,而各种社会矛盾、人际关系的矛盾、成人社会的诸多心理冲突等,必然突出地从青少年的心理状态中反映出来。稚嫩的心灵承受着几代人给予的压力,社会变革中的断层和各种羁绊,束缚着孩子们的心灵和手脚,这一切不能不让人为之担忧。然而,只要我们及早加以重视和预防,现在开始努力也不迟。更重要的是,为人父母、为师长者要切实了解我们的孩子,帮助他们走出心灵的"迷津"。据2010年我国学生体质健康调查表明,我国学生体质健康水平有了较大的提高,但也存在着一些不可忽视的问题。因此,由教育部、国家体育总局共同研制了《国家学生体质健康标准》,该标准在体质测试内容上做了较大的调整。《国家学生体质健康标准》的实施,其目的在于督促学生积极参加体育锻炼,养成良好的锻炼身体的习惯,进而全面增强体质健康水平。

一、儿童青少年身心健康教育现状

在我国有关儿童青少年身心健康的教育主要有三个方面:

(1)学校体育教育。由于学校体育教育长期受应试教育的影响,其体育教育基本上是以身体运动素质的测试指标来反映学生的健康水平,在体育教学中也常以教学大纲要求考什么项目就教什么内容的局面。从如何提高学生健康水平而言,一直没能很好地解决理论上的科学性与实际操作合理性的结合问题,也就是说,在用"健康第一"的指导思想和现代健康素质教育的理念来审视目前所采用的体育教育手段和方法,还存在着其理论体系上的不完善和实践内容操作上的缺陷。

(2)儿童青少年体质健康测试。据教育部、国家体育总局、卫生部、科技部和国家民委等10多个部委,在全国31个省(区、直辖市)进行的国民体质健康研究报告来看,我国现阶段学生的健康状况还存在不少问题。所出现的问题主要反映在"体能下降明显、心肺功能越来越差、肥胖学生逐年增多、近视眼患者居高不下"等等。除此之外,其他有关对儿童青少年健康的研究也仅限于单一的身体素质、运动水平和生理机能三个方面进行,且大多只是对学生健康状况作出一些单一指标上的评价。可以说,在目前对学生健康教育众多的研究成果中,还没有对健康教育的理论体系和实践内涵作出科学而具体的系统性研究。

(3)儿童青少年心理健康研究。有专家预测,21世纪心理疾病将严重危及青少年的身心健康。世界卫生组织近年来对许多国家的调查研究证明,在全世界的人口中,每时每刻都有1/3左右的人有这样或那样的身体和心理问题。在我国最新一次全国4~16岁儿童心理健康调查发现,儿童的心理和行为问题的发生率高达13.9%。有关部门还对中、小学生做了一次抽样调查,结果发现中学生中有2/5左右的孩子有不同程度的心理障碍。这些数据表明,青少年成长过程中出现的心理疾病较成人更为严重。

二、身心健康研究内容

健康研究的内涵十分丰富,从过去一维的身体健康发展成三维的,甚至还有人提出要加上"伦理的"和"情感的"健康,变成五维的,可以说健康的定义是在不断泛化着,几乎涵盖了医学、心理学、社会学、社会心理学、伦理学、教育学、体育学等各个学科,于是针对性越来越难以把握,可操作性也逐渐成了问题。健康研究的内容主要包括:环境因素、生物学基础、锻炼因素三个方面。

1. 环境因素

环境是指周围或外部世界的条件和境况。它包括自然环境、卫生环境、营养环境和社会心理环境。

(1)自然环境。自然环境是指人类生态系统中围绕着人类周围的各种自然因素的总和(如水、土、气、光和各种生物等)。自然环境对人体的体质与健康有着直接的影响。在世界范围内,由于现代工业的快速发展,使得人类赖以生存的自然环境遭到了极大的破坏,如温室效应而导致全球性的气温上升,臭氧层的破坏导致气候异常,植被破坏导致水土大量流失、土地沙漠化和淡水资源缺乏,等等。因此,保护自然环境、维持人类生态环境的平衡发展是人类所共同面临的重要任务。

(2)卫生环境。卫生环境是人类生存环境的卫生与要求,它是客观存在于机体之外的各种物质条件的总称,包括饮食卫生、生活习惯、环境卫生、运动卫生等。生活习惯或生活方式的卫生,对人体的健康长寿有着极大的影响,许多不良的生活方式,如吸烟、酗酒、吸毒、滥用药物等,已严重威胁着人类的身心健康。正因为如此,世界各国政府正在为消除这些社会公害进行着不懈的努力。总之,卫生环境对人类的健康有着直接的影响,它对人类的健康起着重要的促进作用。

(3)营养环境。营养是构成机体组织的物质基础,合理的营养能促进人体的生长发育和健康,不合理的营养会导致人体衰弱,甚至会成为某些疾病滋生的原因。因此,改善人们的食物和营养状况,不仅可以提高人们的健康水平,而且也是促进人体自身发展的根本途径。

(4)社会心理环境。社会心理环境是指人类赖以生存的社会历史、政治、经济、文化环境和心理氛围。不同的社会制度,人们在一定社会所处的政治经济地位与人们的需要满足程度密切相关。人们所处的心理环境(或氛围)对于维护人的心理健康亦有十分重要的意义。心理健康是指在身体、智能以及情感上与他人的心理健康不相矛盾的范围内,将个人心境发展成最佳状态,其具体表现为:身体、智力、情绪十分协调;在适应环境、处理人际关系中彼此谦让;有幸福感;在工作和学习中能充分发挥自己的能力。从心理健康的定义和具体表现中可以得知,社会越是进步,文明程度越高,人的心理感受的内容也就越多、越复杂。实践证明,在人们的工作中营造良好的社会环境,在生活社区里构建健康向上的心理氛围,是提高人们身心健康必不可少的外部环境条件。

2. 生物学基础

(1)生物进化机制。生物进化是一个普遍的过程,无论这个过程所经历的时间多么漫长,变化速度是多么的缓慢,而人类在进化过程中都必须接受这种规律性的支配。因此,就人体健康的生物进化机制而言,身体各个器官的生物进化过程是一种保护性的反应,这种保护性的反应能使身体适应外界环境的变化,从而达到有效地提高人体的健康水平。

(2)遗传学机制。人类遗传学是研究遗传与变异,是既研究父母与子女之间在特征性状上相似的现象,又研究父母与子女之间在特征性状上差异现象的科学。现代科学研究表明,遗传对人体的体质与健康有着重要影响。因此,父母一代只有通过科学有效的身体锻炼,不断提高生活水平和质量,以求将其优异的遗传品质传给下一代,才有可能提高整个种族的体质健康水平。

(3)生理生化机制。人体的生理生化过程是机体耗能结构与外界进行物质、能量、信息交换的基本运动形式,它是保证生命存在的生物过程。人体内所存在的各种生理生化元素在与外界进行交换时总是保持着平衡状态,使机体耗能结构在进行物质、能量、信息交换活动中达到有序和正常。这种有序和正常的现象是人体保持健康水平的基础和前提。

(4)生长发育机制。生长发育包括两层含义,即生长和发育。生长是指人体细胞不停地繁殖增多、增大,同时细胞间质也增多,人体由小变大,由轻变重,发生着人体量变的过程;发育则是在生长这一量变过程的同时,人体各器官、组织、系统在形态学上进行分化,在机能上逐渐专门化,使其发生质的变化,逐渐走向完善与成熟的过程。生长发育的一般规律是人类群体在生长发育过程中所具有的一般现象。在人类的生长发育过程中,由于受遗传、环境等多种因素的影响,存在着明显的个体差异。这种差异会明显地表现出个体的健康水平。

3. 锻炼因素

锻炼常指与身体有关的体育活动(亦称身体锻炼)。身体锻炼是体育活动的主要形式之一,对人体有着良好的健身、健心和健美作用。通过锻炼可以促进人体机能的全面发展,提高走、跑、跳、投、攀、爬等基本活动能力,使身体保持良好的协调状态,形成和保持最佳的体型和姿势,并能增强人体对自然环境和社会环境的适应能力。人体除了身体锻炼之外,劳动锻炼也是不可忽视的因素,因为劳动是人类生存和发展的必要条件。劳动可分为脑力劳动和体力劳动两种形式,脑力劳动除了对人的智力活动和心理活动有着重要影响外,对人的精神生活和身心健康也有着至关重要的作用。而适度的体力劳动对人体的形态结构、生理机能和身体素质的全面发展则更为重要。因此,我们不能错误地认为劳动只是谋生的手段,而应当正确地理解为是人体锻炼不可缺少的内容,对提高人体健康水平是有益的。

第三节 影响身心健康的因素

由于现代科技的快速发展,工业化进程速度加快,车辆急速增多和人口大幅增加,使很多居住在城市的人群生存空间狭小,倍受噪音干扰,对人体的心血管系统和神经系统产生很多不良影响,使人烦躁、心情郁闷。而高层建筑林立,生活环境封闭,自然环境的破坏使得人们身心健康状况越来越差,因此改善生活环境,提高人们的身心健康水平已是现代社会发展的首要任务之一。

一、自然环境与健康

人类生活在自然界中,环境对人的体质有着不可忽视的影响。山清水秀、绿树成荫已是人们向往的疗养健身的好去处,因为乡间的绿色田野阳光充足、空气新鲜、水源洁净、环境幽静,这种环境空气中的负离子要比现代化城市中的多,有利于调节大脑皮层的均衡性,使肌肉中的代谢产物减少,血流质量提高。当然,工业化程度的发展会给现代环境带来危害,人流的拥挤、废气废水的排放,污染了环境,破坏了生态平衡。国家正在重视改造环境之时,在我们生活的大环境中塑造一个适宜的"小环境"是人们所追求的。

就自然环境与健康的关系而言,可以从以下几个方面来反映:

(1) 从生活的周围环境上应当幽静,空气新鲜,居室的布置协调、明朗,可达到陶冶情操、心胸舒畅的境地。因为人的一生有一半以上的时间是在居室里度过的,这一小环境与我们朝夕相处,伴随一生,它不仅是蔽体御寒场所,也是休息养生之地,住宅居室的绿化、装饰、色调、摆设等都可以唤起心灵的享受。车尔尼雪夫斯基曾说:"美的事物在人心中所唤起的感觉是明朗的欢喜近似在你亲爱的人面前所洋溢于我们心中的欢喜。"生活在一个愉快的环境里无疑有益于人的身心。科学家认为:良好的生活环境可以使人寿命增加10~25年。

(2) 从当前人居环境的条件上应该在尽可能的有限空间里安排得合理、优雅。首先是将室内的家具、用物等摆放科学整齐,充分利用空间。若东西摆放得杂乱无章,会使人烦恼、食欲减退、睡眠减少、抵抗力减弱,房间尽可能阳光充足,通风条件好,即使装空调的居室也应如此,以有益于人体健康。常言道:"室雅何须大",只要根据现有条件,设计合理,安排得井井有条、整洁大方,同样可以得到温馨和美的享受,同样会获得心灵的享受。

(3) 从工作环境上应在现有条件的基础上,也应尽量美化环境,办公用品和设备也要布局协调合理,优化环境格局,有利于人的情绪和精神的调节,并能提高工作效率和融洽人际关系。

二、人际关系与健康

社会的特征是人与人的相处和从事社会活动。每个人都有自己周围的人群,结合为各种各样的人际关系,亲属之间、同学之间、师生之间、同事之间、上级与下级之间等都有着人际关系。人际关系相处得好,会使人愉快、有力、有安全感、有信心;相反,人际关系紧张,会使人心情烦躁、体液调节失衡,因而影响人的健康。正确处理人际关系,重要的是要正确认识自己、评价自己,在了解自己的优点和长处之外,应该知道自己的缺点和不足。"人贵有自知之明"的格言是十分深刻的。了解自己越多,越知道自己的不足,越要求自己严格,因而对周围、对别人也越客观,人际关系也越会协调。自我感觉良好的人大多是估计自己过高,估计别人过低,而造成人与人之间关系紧张。

从人生处世的哲学观念来看,人际关系好像与健身不太相干,实际上人与人的交往是情感上的交织,情感与人的体质与健康是息息相关的,所以人际交往融洽能丰富生活,从而达到促进身心健康的效果。除此之外,人有各种各样的思想,这种思想也和人的体型、体力一样,只要不是心怀恶意或别有用心与人作对,通过了解他人、理解他人、尊重他人,胸怀开阔、宽容待人,人际关系就会协调。我国著名的语言学家王力先生曾说:"不斤斤计较小事,不苟求于人,这样对自己交往的上下左右的人乃至家庭,都会有一个比较和谐、亲密的气氛,而客观上反过来又促进了自己的心情舒畅,身心健康。"

三、心理调节与健康

中国医学在数千年前就早有论证,人的心理表现有喜、怒、忧、思、悲、恐、惊,简称为"七情",认为七情郁结是内伤的主要致病因素。《内经》曾指出"百病生于气也,怒则气上,喜则气缓,悲则气消,恐则气下,惊则气乱,思则气结",又论"怒伤肝,喜伤心,思伤脾,悲伤肺,恐伤肾"。从现代医学来解释，这是人的心理状态引起神经系统功能的紊乱，从而影响内分泌失去平衡，使有关器官、系统的支配和调节机能发生障碍。例如，持久忧虑会使消化液减少，肠胃蠕动减弱，易患消化性疾病；情绪过份紧张、愤怒会使肾上腺髓质素分泌增多，促使心跳加剧，血压升高，血脂含量增高；当人害羞时，会使肾上腺皮质素增多，使表皮血管扩张，出现脸红等症状。古人云："万事劳其行，百忧撼其心。"高度激烈的竞争，错综复杂的关系使人思虑过度、心绪不宁，不仅会引起睡眠不良，甚至会影响人体的神经体液调节和内分泌调节，进而影响机体各系统的正常生理功能。

根据现代医学的研究证实，人的情绪不安会影响大脑和内分泌系统的功能，刺激过度便会导致疾病发生。因为人类大脑中的下丘脑是情绪兴奋中心，又是调控各种内分泌腺体活动的枢纽，不良情绪会直接刺激下丘脑，从而影响内分泌活动，以致引起病变。相反，下丘脑经常受到良好情绪的刺激，能促进分泌的加速活动，从而对机体产生良好的作用，并提高了功效。因此，人体任何部位的机能都与心理活动有关，同时，身体各部位的机能变化也会引起强烈的心理变化，再反过来又影响机体的功能。显然心理调节有利于提高人体的健康水平。

四、生活习惯与健康

习惯是一种努力，良好的生活习惯可催人上进，促进机体健全发展；不良的生活习惯贻误了自己，也害了他人。所以习惯和人的健康也有着千丝万缕的联系。目前不良生活习惯比较突出的表现在以下方面。

（1）逆时而作。人体在进化过程中形成了固有的生命运动规律，即"生物钟"，它维持着生命运动过程中气血运行和新陈代谢的规律。逆时而作就会破坏这种规律，影响人体正常的新陈代谢。

（2）营养不全。现代人饮食往往热量过高、营养素不全，加之食品中人工添加剂过多，人工饲养动物成熟期短、营养成分偏缺，造成很多人体重要的营养素缺乏和肥胖症增多，机体的代谢功能紊乱。

（3）练体无章。生命在于运动，生命也在于静养。人体在生命运动过程中有很多共性，但是也存在着个体差异，因此练体强身应该是个体性很强的生活习惯。每个人在不同时期身体的客观情况都处在动态变化之中，如练体无章、练体不当，必然会损坏人体的健康。

除此之外，社会的开放，搞活了市场，搞活了经济，提高了生活质量，余暇时间的文化生活成为人们的需要，业余生活不可避免地成为人们生活的内容。在快节奏的工作学习之余参加一些有益于身心健康的娱乐活动，可丰富生活，调节精力和体力。但经常不节制地沉醉于娱乐场所之中，非但起不到文化娱乐的效果，反而会因精神一直处于兴奋状态而影响工作和学习，时间长了会使身体疲惫累积，使机体能力和精力下降。许多损伤身体健康的因素都与过度、过量、不爱惜自己有关。影响人体健康的因素是十分复杂的，但增强体质、促进健康的途径也十分多。所以养成良好的生活习惯是促进健康的前提条件。

五、医疗条件与健康

虽然随着21世纪高科技的发展，医疗技术不断进步，但是生活、工作环境的改变将会使疾病谱继续发生变化。世界卫生组织前总干事中岛宏博士告诫人们：大约到2015年，发达国家和发展中国家中人的死亡原因大致相同，而行为、生活方式导致的疾病将成为头号杀手。预防影响健康的多方面因素的不良作用,已远非单纯应用生物医学的方法所能解决,而还需要注意致病的社会心理等因素。有关改变不良生活方式的措施、疾病发现的早晚、病人与医生合作的程度以及自我保健等方面都会对健康起着重要作用。

由此可知,保持和促进每个人的健康,以达到最佳的健康状态,关键在于医务人员与个人、家庭和社会的密切合作。积极开展健康教育,把健康知识教给每一个人,让每一个人都能懂得和掌握保持健康的技能,不断增强自我保健意识,才能提高人的身心健康。

第六章 亚健康

亚健康理论是国际医学界20世纪80年代后半期的医学新思维,亚健康状态是近年来医学界提出的新概念。经过国内外科学家近10年来的研究与探索,认为在健康与疾病之间确实存在着一种非健康也非疾病的中间状态。当处于这种状态时,人体活动能力降低,反应能力降低,适应能力降低和免疫功能下降,容易患疾病。预防和消除亚健康是世界卫生组织在21世纪的一项预防性健康策略。当前,"减少风险,延长健康寿命"已成为全世界所有国家面临的任务。

世界卫生组织在2002年世界卫生报告中指出,威胁人类健康最大的危险不是具体的疾病,而是体重过轻、不安全的性行为等十大风险因素,这些因素导致的死亡合计占世界范围全部死亡的1/3以上。在中国及中美洲和南美洲等发展程度较高的国家,烟草、酒精、血压、胆固醇和肥胖五大因素造成的疾病负担至少占总负担的1/6。报告同时指出,政府在提高健康水平方面具有指导作用,需要将大量人力物力投入风险预防,以利降低未来可避免的死亡率。世界卫生组织的《迎接21世纪挑战》中指出:21世纪的医学不应该继续以疾病为主要研究领域,应该以人类和人群的健康为主要研究方向。正确认识健康的内涵、保持人体健康状态、干预亚健康状态、降低发病率将成为全世界以后研究的重点课题。

据中国新华社北京2009年12月6日报道(记者 曾利明),中国内地城市白领人群中有76%处于亚健康,接近六成处于过劳状态,35~50岁的高收入人群中,生物年龄平均比实际年龄提前衰老10年,健康状况明显降低。这一数字由《中国城市白领健康白皮书》披露。由中国医师协会、中国医院协会、北京市健康保障协会、慈铭体检集团联合发布的这一调查报告也称:该人群中有八成饮食睡眠不规律,每天感觉比较疲倦;23.7%不能保证吃早餐;超过1/5经常吃快餐,无法保证蔬菜水果的正常摄入;超过54.4%感觉睡眠不足,另外有32.4%睡眠质量不高;只有46%偶尔运动。此外,还有超过半数感到烦躁,20%心理孤独,七成以上缺乏快乐和满足感。北京市健康保障协会会长韩小红认为,不健康的生活方式是心血管和糖尿病等疾病年轻化的主要因素之一。此次调查表明,该人群健康意识已普遍提升,68%被调查者认为健康体检可提早发现潜在疾病,很有必要定期体检,48%保存体检报告并针对异常指标加以解决。以北京、上海、广州、深圳、南京、大连、武汉等15个城市300万健康体检数据为基础,面向白领人群健康大调查,历时6个月,累计调查了51.3万人次;调查生活方式、健康观念、易患疾病、健康投资等60个问题。

第一节 亚健康概述

健康是人们生活、学习和工作的基础,同时也是生活质量的保证。由于现代科学技术的发展和社会文明程度的提升,人们对于健康的认识已从单纯生物学的观点转向为结合社会学、心理学等综合科学来研究人的健康状况。这种认识上的改变,使人们对人体健康的理解发生了深刻的变化。基于新观念的形成，人们同时也认识到人体健康的标准对于大多数人来说并未达到，而是处在一种并不是疾病状态的"亚健康"状态。这种亚健康状态在国外亦称"第三状态"或"灰色状态"。

一、亚健康概念

1977年，世界卫生组织将健康概念确定为"不仅仅是没有疾病和身体虚弱，而是身体、心理和社会适应的完善状态"。这就充分表明，健康在生物属性方面不单纯指人体没有病痛，而是强调人在气质、性格、情绪、智力等方面的完好状态。还在社会属性方面要求人们的社会活动、人际关系、社会地位、生活方式正常，在环境、物质和精神生活的满意度等方面也属正常。20世纪80年代以来，我国医学界对健康、疾病也开展了一系列的研究，其研究表明，当今社会有一庞大的人群，身体有各种不适，而上医院检查又未能发现器质性病变，医学没有更好的办法来治疗，这种状态称为"亚健康状态"。"没有疾病但却感觉不健康，处在健康和疾病之间"这就是"亚健康"的定义。

亚健康是指机体并没有发生器质性的改变，但呈现出机体活力降低，适应性呈不同程度减退的一种生理状态，即机体结构退化和机体各系统生理功能减退的低质与心理失衡状态所导致的介于健康与疾病之间的一种状态。1994年美国疾病控制中心将亚健康状态命名为慢性疲劳综合症，其症状的表面形式多种多样，但主要表现为生理性和心理性两个方面。生理性症状为：困倦易睡、浑身无力、面容憔悴、胸闷气短、四肢麻木、面部浮肿、虚汗、功能减退、心律不齐等；心理性症状为：注意力不集中、记忆力下降、烦躁不安、萎靡不振、多梦易惊、紧张恐惧等。

众多研究表明，亚健康状态主要由四大要素构成：①排除疾病原因的疲劳和虚弱状态；②在健康与疾病之间的中间状态或疾病前状态；③在生理、心理和社会适应能力上欠缺完美的状态；④个体表现出与年龄不相称的组织结构和生理功能的衰退状态。处于亚健康状态的人尽管没有明显的器官、组织和功能上的病症和缺陷，但常常自我感觉不适、疲劳乏力、反应迟钝、活力降低、适应力下降，并经常处在失眠、抑郁、焦虑、烦躁、无聊和无助的状态中。因此，亚健康状态使人徘徊在健康与疾病的边缘，生理功能处于低下的状态，而不良情绪使机体处于一种持久和过度的应激状态中，如不加以预防和改善，长此以往将会导致肌体整体功能的改变，使人体进入疾病状态。

二、亚健康的表现形式

根据医学专家以世界卫生组织（WHO）新的健康理念为依据，亚健康状态可划分为四种类型：①生理亚健康。主要表现为过度疲劳造成的精力、体力透支。由于竞争激烈，使人们用心、用脑过度，导致身体主要器官长期处于入不敷出的非正常负荷状态，疲劳乏力、虚弱、失眠、头昏、周身不适、性功能下降和月经周期紊乱等。②心理亚健康。主要表现为由于心理压力过大而产生的脑力疲劳、情感障碍、精神萎靡、记忆力减退、焦虑烦躁、思维紊乱、自卑以及神经质、冷漠、孤独、轻率，甚至产生自杀念头等。③社会适应性亚健康。主要表现为对工作、生活、学习等社会环境难以适应，对人际关系难以协调。④道德品行亚健康。主要表现为世界观、人生观和价值观上存在着明显的损人利己的偏差，工作、学习上不思进取，嫉妒心强。因此，亚健康的表现形式见表6-1。

表 6-1　亚健康状态的具体表现形式

序号	形式	序号	形式	序号	形式
1	精神紧张,焦虑不安	11	久站头昏,眼花目眩	21	口舌溃疡,反复发生
2	孤独自卑,忧郁苦闷	12	肢体酥软,力不从心	22	味觉不灵,食欲不振
3	注意分散,思考肤浅	13	体重减轻,体虚力弱	23	发酸嗳气,消化不良
4	容易激动,无事自烦	14	不易入眠,多梦易醒	24	便稀便秘,腹部饱胀
5	记忆减退,熟人忘名	15	晨不愿起,昼常打盹	25	易患感冒,唇起疱疹
6	兴趣变淡,欲望骤减	16	局部麻木,手脚易冷	26	鼻塞流涕,咽喉疼痛
7	懒于交往,情绪低落	17	掌腋多汗,舌燥口干	27	憋气气急,呼吸紧迫
8	易感乏力,眼易疲倦	18	自感低烧,夜有盗汗	28	胸痛胸闷,心区压感
9	精力下降,动作迟缓	19	腰酸背痛,此起彼伏	29	心悸心慌,心律不整
10	头昏脑涨,不易复原	20	舌生白苔,口臭自生	30	耳鸣耳背,易晕车船

三、亚健康状态调查问卷的研制与应用

目前,我国已在许多大中城市开展了健康问卷评定量表等形式的调查。据北京、上海、长沙、无锡、深圳、成都、泸州等城市的调查表明,不同人群的亚健康发生率不同,成年人群(30～50岁)发生率最高,女性发生率高于男性。职业分布多见于高级知识分子、大中学生、企业管理者、脑力劳动强度大的白领阶层;越是大城市、经济发达、生活节奏快的地区和行业,亚健康状态的发生率越高。在一些地区的特定人群(如教师、高级知识分子、企业管理经营者)中,亚健康发生率已经达到60%以上。处于亚健康状态的人在我国城市总人口中不少于30%,超过其他疾病总和,亚健康已经成为国内预防医学、临床医学、社会医学等领域广泛关注的问题,亚健康是处于疾病和健康之间的状态,严重影响着人们的生活质量。

1. 亚健康问卷调查的研制

中国中医科学院在2001年到2005年间所承担的北京市科委立项的"亚健康人群中医基本证候流行病学调查研究"课题组所研制并应用的一个亚健康状态的测量调查——《中医基本证候流行病学"亚健康状态调查问卷"》(见附录6)。其测量调查是采用问卷与量表研制的方法,在我国知名的临床流行病学专家、循证医学专家、数理统计专家、中医学和西医学等领域专家的参与下,由核心小组负责,通过对亚健康状态问卷测量命题,分析亚健康人群概念操作化而确定出来的。经过建立条目池、条目优化筛选、答案确定、多次预调查、信度效度初步检验、问卷修订、卷首语、编码、填写说明等程序,最终形成正式的调查问卷,因此具有良好的信度和效度。在研制过程中,经过伦理委员会的内容审核,制定了详细的使用说明书与培训教材。我们应用本问卷调查获得了包括健康和亚健康人群在内的近4000人的数据,用多次样本聚类分析发现,该样本可区分为健康人群、典型亚健康人群与处于二者之间的模糊人群三类。通过对亚健康人群的研究还提出了亚健康分期、分类、常见表现以及中医基本证候、中医主要病因病机等初步结果,同时建立了亚健康与健康人群区分的方法和模型。研究结果得到了学术界的认可,也在其他一些项目中得到了应用。

(1) 亚健康概念理解与测量。对亚健康的定义是:"持续三个月以上反复出现的不适状态或适应能力显著减退,但无明确疾病诊断,或有明确诊断但所患疾病与目前状态没有因果关系"。所以亚健康的测量是在排除疾病诊断后,主要测量"不适状态和能力减退"的情况,同时考虑到亚健康的产生与人的秉赋、环境(自然、社会)有关,所以增加了相关的域。此问卷所建立的亚健康测量域体系包括不适状态、能力减退、禀赋、环境 4 个方面,并进一步分为躯体状况、情志状况、生活状况、精力状况、禀赋状况、社会环境状况 6 个域结构,共 124 个条目。

(2) 亚健康问卷中引入了 WHO 生存质量简表条目的积极意义。问卷在建立条目时吸纳了世界卫生组织生存质量简表"卅的全部 29 个条目"(编码中的第二部分,如编码 B03,I;9.1 中的 I;9.1),此举一则丰富了相关条目,二则也为亚健康测量时的验证和对照奠定了基础,对此部分条目可以单独进行分析。

2. 亚健康问卷调查的测量与应用

亚健康问卷调查可以用于对亚健康人群的判别和亚健康程度进行说明,也可以分别对躯体、情志、精力、生活状况等进行测量以及亚健康原因的初步分析,还可用于身心健康不同方面进行深入论证,进而对亚健康或健康状况生存质量的判断以及亚健康的分期、分类等。该问卷调查内容已经建立了相关的数学模型,以被测者自填为主,在计算机中输入该问卷调查内容,问卷条目编码和相应的测量数据通过模型计算,可对某些疾病与当前状态的因果关系作出判断。如果在应用时不需要中医证候研究,则可以去掉此部分内容,不会影响对健康状态的测量。

第二节　亚健康状态研究

一、亚健康状态研究概述

亚健康状态在经济发达、社会竞争激烈的国家和地区中普遍存在,人数一直呈逐年增加的趋势,成为国际上医学界研究的热点之一,亚健康概念的提出并非偶然,正是现代人注重健康,重视在疾病前防范其发生、发展的健康新思维的充分体现。虽然亚健康在症状上表现的是医学领域的问题,但从整体看,它与社会环境、经济文化、心理因素及自身体质密不可分。亚健康状态是在不断变化发展的,既可向健康状态发展,也可向疾病状态转化。究竟向哪个方面转化,取决于自我保健措施和自身的免疫力水平。向疾病状态转化是亚健康状态的自发过程,而向健康状态转化则需要采取自觉的防范措施,如加强自我保健,合理调整膳食结构等。需要指出的是,亚健康过程有着较大的时空跨度,现今对它的研究还处于起步阶段,若干问题还有待于探索。由于人们在年龄、适应能力、免疫力、社会文化层次等方面所存在的差异,亚健康状态的表现错综复杂,较常见的是活力、反应能力、适应能力和免疫力降低,出现躯体疲劳、易感冒、稍动即累、出虚汗、食欲不振、头痛、失眠、焦虑、人际关系不协调、家庭关系不和睦、性功能障碍等。亚健康的表现形式主要有慢性疲劳综合征、信息过剩综合征、神经衰弱、肥胖症等若干种。

20 世纪 70～80 年代,美国对疲劳综合症进行流行病学调查,发现人群中 14% 的成年男性和 20% 的妇女表现有明显的疲劳,人数约为 300 万～500 万人,其中 1/8 发展为慢性疲劳综合症。英国的调查结果表明,约 20% 的男性与 25% 的女性总感觉疲劳,其中约 1/4 可能为慢性疲劳综合症。目前,慢性疲劳综合症的发病人数呈逐年增加的趋势,美国发病人群多在社会经济地位较高的年轻白人中,其中医务人员,尤其是护士群体,其发病率高于一般人群。日本国立公共卫生院最近在政府支持下，进行了一次有史以来规模最大的有关疲劳的专题调查研究。在全国5000余名15~65岁人士中，表示目前正感到"非常疲劳"的竟高达60%，其中因学习压力过重、工作量大、家务重、精神紧张的占了44%，还有36%说不出原因。目前日本的自杀率、离婚率和暴力犯罪居高不下，与人群中普遍又持续的亚健康息息相关。在国内，广东省教育工会报告的一项调查显示：广东省高校教师中有七成处于亚健康状态。亚健康人群常存在"六高一低"的倾向，即存在接近疾病水平的高负荷（体力和心理）、高血压、高血脂、高血糖、高血黏度、高体重，以及免疫功能偏低。

由于亚健康问题的研究刚刚起步，目前还面临着许多问题，其中最突出的有以下几点：

（1）对导致亚健康状态的确切病因、发病机理、危险因素没有达成共识。现在的研究表明，亚健康是多种致病因素综合作用的结果，既有社会学、心理学因素，也有环境、生活方式和遗传学因素的不良影响。然而具体的发生机理、危险因素仍不明确。

（2）诊断标准未统一。关于亚健康状态，尤其是慢性疲劳综合征的诊断，美国和澳大利亚于1988年，英国于1991年，日本于1993年相继制定出了诊断标准。各国在诊断标准上都有一定的区别。我国亚健康研究起步晚，各地关于亚健康的诊断没有统一，如若照搬国外的标准，不符合中国国民的身体素质特点，有可能在诊断上存在偏差。因此，有必要达成全国范围的统一标准，这样有利于更好地开展研究和治疗。

（3）治疗上缺乏针对性。现在有关亚健康的研究多数局限于高等教育人群和高收入人群，而对整个社会人群亚健康状态的研究仍然较少。对亚健康的干预与治疗仍缺乏规范的、行之有效的治疗方案。

二、高校大学生亚健康状态的调查

1. 躯体亚健康的调查

在生活中躯体亚健康是"亚健康"的主要表现形式。因为躯体亚健康的特征个人较容易感觉和体验，所以首先引起注意的就是躯体的亚健康。其主要表现为身体没有疾病但感觉不舒服，具体表现为过度疲劳造成的精力、体力透支。由于竞争激烈，人们用心、用脑过度，使得身体主要器官长期处于入不敷出的非正常负荷状态。导致躯体亚健康的内容主要见图6-1。

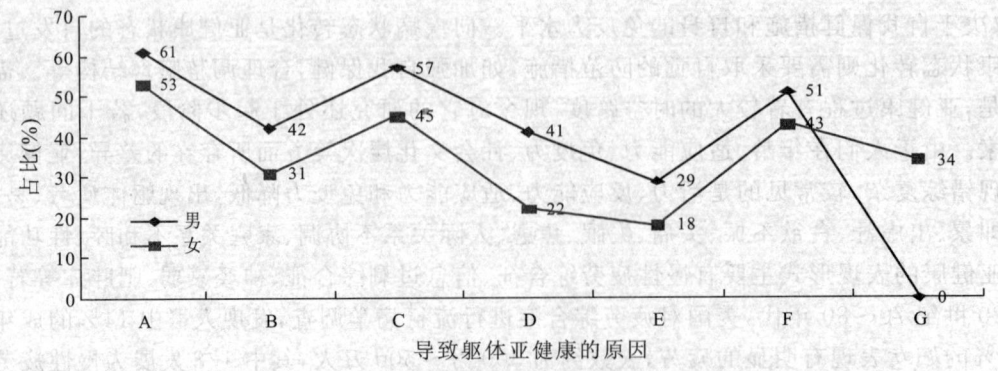

图6-1 躯体亚健康调查统计结果

A.疲劳乏力；B.身体虚弱；C.失眠；D.头昏；E.虚汗；F.周身不适；G.月经周期紊乱（女）

调查结果表明,导致高校学生躯体亚健康的原因主要是:①身体疲劳乏力,男女学生分别占调查总人数的61%和53%;②失眠,男女学生分别占调查总人数的57%和45%;③周身不适,男女学生分别占调查总人数的51%和43%。另外,在被调查的7个项目中,竟有5个项目的亚健康状态达到40%以上,说明高校学生存在的躯体亚健康状态较为普遍。

2. 心理亚健康的调查

由于高校学生的阅历和自控制能力有限,如果接受一些不健康的内容,不仅不能接受正面思想教育,而且还影响学习。另外,有些大学生在现实中达不到自己理想的状态,满怀失意,便在网络上寻找、寻求一种虚拟的成功,频繁地释放压抑的心情,久而久之必造成认知麻木、情感匮乏和冷淡、多疑、懒散、焦虑的后果,形成网络综合症、网瘾、互联网狂躁症、互联网孤独症等。除此之外,许多大学生从小生活在父母的羽翼下,他们心理成熟往往更落后于生理成熟,拥挤的宿舍环境以及在图书馆、宿舍产生的利益冲突都会使他们感到焦虑、烦恼,另外学习压力、择业压力、恋爱的压力、人际关系中的压力等,使不少大学生表现为脑力疲劳、情感障碍、精神萎靡、记忆力减退、自卑、思维紊乱、焦虑烦躁、神经质、冷漠、孤独轻率,甚至产生自杀念头等心理亚健康状态(图6-2)。这种状态的存在和发展客观上影响着人们的人生态度和人生实践,使人们对自己的生活实践表现出明显的片面性,甚至对自己、对他人、对社会整体产生损害性。

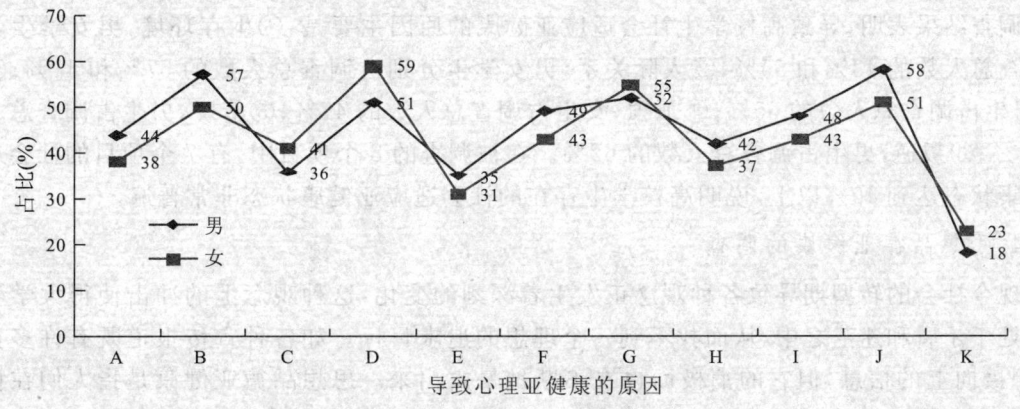

图6-2 心理亚健康调查统计结果

A.脑力疲劳;B.情感障碍;C.精神萎靡;D.记忆力减退;E.自卑;F.思维紊乱;G.焦虑烦躁;H.神经质;I.冷漠;J.孤独轻率;K.自杀念头

调查结果表明,导致高校学生心理亚健康的原因主要是:①情感障碍,男女学生分别占调查总人数的57%和50%;②记忆力减退,男女学生分别占调查总人数的51%和59%;③焦虑烦躁,男女学生分别占调查总人数的52%和55%;④孤独轻率,男女学生分别占调查总人数的58%和51%。在被调查的11个项目中,有4个项目的心理亚健康状态达到50%以上,说明高校学生存在的心理亚健康状态非常严重。

3. 社会适应亚健康的调查

现代大学生对社会环境的突出表现为适应能力差和人际关系不稳定,对工作、生活、学习等环境难以适应,对人际关系难以协调,使个体不能融入群体,不能获得群体的援助,出现孤独、冷漠、猜疑、自闭以及行为偏离,还可能诱发各种身心疾病。大学生主要表现在不服从父母意愿，顶撞父母、老师，甚至为了自己所谓正确的想法离家出走，喜欢捉弄、愚弄别人等一些不适应社会的个性表现，更有甚者出现欺骗、赌博、盗窃甚至犯罪行为。导致社会适应亚健康的内容主要见图6-3。

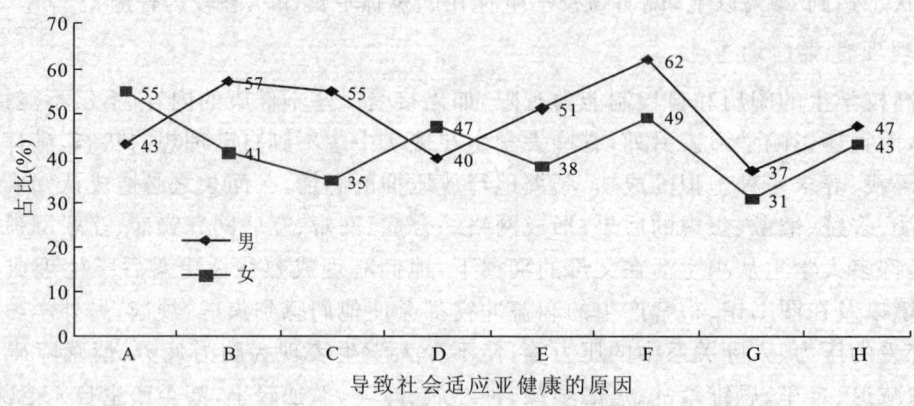

图6-3 社会适应亚健康调查统计结果
A.生存环境；B.人际关系；C.冷漠；D.孤独；E.猜疑；F.叛逆；G.自闭；H.愚弄

调查结果表明，导致高校学生社会适应亚健康的原因主要是：①生存环境，男女学生分别占调查总人数的43%和55%；②人际关系，男女学生分别占调查总人数的57%和41%；③冷漠，男生占调查总人数的55%；④孤独，女生占调查总人数的47%；⑤猜疑，男生占调查总人数的51%；⑥叛逆，男生占调查总人数的62%。在被调查的8个项目中，有7个项目的社会适应亚健康状态达到40%以上，说明高校学生存在的社会适应亚健康状态非常普遍。

4.思想品德亚健康的调查

现今社会的转型期导致各种观念正发生着深刻的变化，这种观念上的冲击使得大学生的思想处于矛盾和迷茫之中，从而找不到一个理想的追求目标。如各种宣传报道既有许多正面的、积极向上的信息，但它的消极面也在不断地暴露出来。思想品德亚健康是指人们在世界观、人生观、价值观上存在着不利于自己和社会发展的偏差等。导致思想品德亚健康的内容主要见图6-4。

调查结果表明，导致高校学生思想品质亚健康的原因主要是：①个人信仰，男女学生分别占调查总人数的61%和52%；②远大理想，男女学生分别占调查总人数的58%和50%；③助人为乐，男女学生分别占调查总人数的53%和47%；④积极向上，男生占调查总人数的55%。在被调查的8个项目中，有5个项目的思想品质亚健康状态达到50%以上，说明高校学生存在的思想品质亚健康状态非常严重。

三、高校学生亚健康状态成因的分析

调查结果表明，普通高校学生亚健康状态形成的因素虽然是多方面的，但概括起来主要是由自身和外界两种原因引起的，其具体表现在以下几方面。

1.特定社会环境的影响与分析

现代社会竞争激烈，高校学生作为社会中的一个特殊群体，自然也会承受着各种各样的压

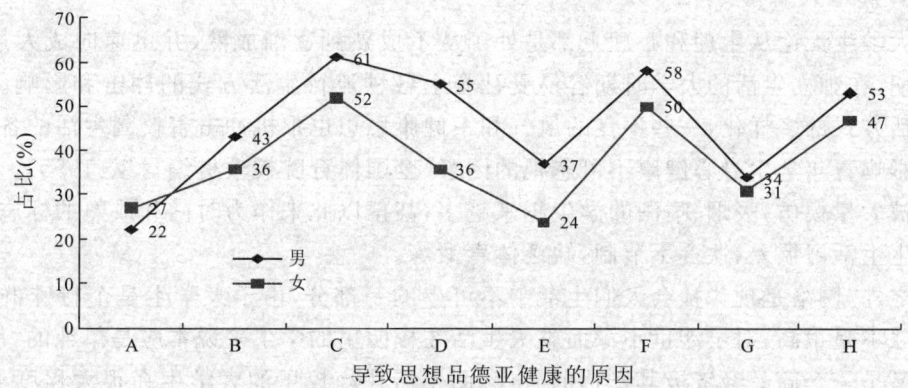

图6-4 思想品质"亚健康"调查统计结果
A. 思想观念;B. 团结互助;C. 个人信仰;D. 积极向上;
E. 社会责任感;F. 远大理想;G. 进取精神;H. 助人为乐

力。压力是指内外刺激事件对人在身心上所构成的困惑和威胁(高师体育测量学编写组,1988),具体表现为身心紧张与不适,这些与现代社会快速的生活节奏、激烈的竞争以及复杂的社会人际关系等有着直接的关系。另外,高校学生正处在身心不断成熟的阶段,青春期的独生子女面对长辈的过高期望和个性发展受阻的双重矛盾冲突,导致他们在这个年龄段常与社会现实出现不和谐的现象,使得在思考社会生活的许多问题上,在很大程度上要面对父母的包办或全权代理,使其在许多问题上不能表现出自身应有的主观能动性。由于过多地压抑自己的情绪而表现出对社会环境的不适应。究其原因,主要表现在以下两个方面。

首先,当今的大学生正处在科技发展、竞争激烈、情绪过重的社会生存环境里。生活节奏的加快以及错综复杂的人际关系使得精神压力日趋增大。在校学生学习上的激烈竞争和严峻的就业压力,迫使他们需要不断进行知识更新。各种等级考试、奖学金的评定等,都是大学生最为关心的问题,若考试成绩不理想,则更会感到过度压抑、沉默,从而给学生带来了沉重的身心负担。除此之外,学校在教学科研的高标准和父母高期望的双重压力下,使学生长期处于一种高压状态,这种状态便是导致大学生社会环境亚健康状态的最重要的因素之一。

其次,情感生活是人的社会属性的主要表现,在过去的任何时代都不会像现代社会这样,让我们建立情感对象的途径更多,情感影响的范围更广、更深刻,情感生活的更加自由、更有意味。但与此相伴的却是大量存在情感生活中出现亚健康状态的主要原因。因为现代大学生情感生活丰富且内容广泛,他们可以选择更多的途径来建立自己的情感对象,但是不少大学生在心理上还尚未成熟,使得自己经常容易处于情感生活矛盾的状态。譬如,在与别人建立情感关系的同时又担心受到伤害,在某些情况下会错误地把友情当作爱情,曲解同学之间、师生之间的情感联系,而单方面体验爱情感受,造成烦恼、悲伤、痛苦和压抑。另外,由于部分学生的自卑、孤傲,不易向他人表达自己正常的情感,特别是现在社会情感生活的潜商业化,使不少大学生在情感上表现为冷漠、无奈、疲惫等。正因为如此,特定的社会环境也就造成了学生身心亚健康快速形成与发展。

2.流行生活方式的影响与分析

现代大学生无论从生理和心理上都是处于从不成熟到逐渐成熟,并迅速向成人过渡的动态变化时期,在独立生活的大学时期容易受社会上各种流行生活方式的冲击和影响。由于现代社会生活方式的多样化,一些不良的风气和不健康思想也乘机冲击着校园生活的各个方面,并已成为影响青年学生身心健康不可忽视的因素(全国体育院校教材编写组,1995)。例如,不良的嗜好被大量模仿,吸烟、嗜酒的学生越来越多,甚至以此来作为时尚和成熟的标志。另外,大多数学生生活习惯差,饮食不节制,缺乏体育锻炼。

除此之外,网络是现代社会人们生活中不可少的一部分,由于大学生是个特殊群体,对网络的认识并不是很高,对于涉世不深而整天生活在校园里的学生来说本应是单纯的,但现在的社会生活又是一个商品经济极其发达的时代,而生活在高校里的大学生在很大程度上都与社会现实脱节,为了逃避现实生活、躲避现实中复杂的人际交往,他们只得在网络上寻找脱离现实的快乐,并以牺牲真实生活中的人际关系为代价来发展虚伪的、脆弱的网络人际关系。因为只有孤独的人更容易被网络所吸引,从而导致了网络成瘾。这种流行的生活方式是造成高校学生身心亚健康状态形成的直接原因。

3.现代教育思想和观念的影响与分析

新时代的高校学生,由于多元文化的渗透,使他们面对社会各种思想、观念时缺乏正确的判断和分辨能力。传统的教育思想观念总认为教育是学校的事情,社会和家庭很少关心学生身心健康的形成与发展,他们所注重的是学习成绩的进步与否。在大多数情况下,家长都不是从自己子女的天赋和能力考虑,而是从自己的兴趣和愿望出发为子女打造理想世界,希望子女成为"全才""能人"甚至是"神童"。这种"望子成龙、望女成凤"的教育方式从一开始就是错位的。因为他无情地剥夺了子女营造自己理想教育思想的权利。更有一些想入非非的家长们,为了使子女认同自己的理想教育,简直无所不用其极,由此酿成许多悲剧。从表面上看,这种理想世界的错位源于父母高尚的责任感和良好的愿望,实际上这是父母虚荣心的最典型的表现(邢文华等,1983)。正因为如此,大多数学生在思想上对现代教育思想的价值持怀疑态度。

我国现代学校教育由于受到"应试教育"观念的影响,在教育观念上存在着严重偏差。在大学教育过程中注重各种通级考试的通过率、达标率等,已成为评价办学质量高低的标准,从而忽视了学生健康素质的教育,即使开了健康素质教育课也只是流于形式、形同虚设,造成学生健康知识缺乏。在青少年教育中,学校在市场经济的冲击下,"经商潮""炒股风""出国热"等各种潮流在校园泛滥成灾,作为教育者的教师队伍也陷入了不稳定的状态中。坚守教育岗位的教师,也因受到"应试教育"观念的影响,不知不觉地淡化了学生道德品质、法律法规、思想情感等方面的教育。大量的事实证明,一些"精英"学子进了大学,甚至是读了研究生也会出现各种各样的问题,归结起来就是人格的缺陷。从教育思想和观念的影响来看,高校学生在思想上所形成的亚健康状态是不可避免的。

上述研究结果表明,高校学生亚健康状态的形成与众多因素密切有关。如遗传因素的影响、社会环境的影响、生活节奏的加快、心理压力过大、生活习惯不良、工作与学习过度疲劳等,这些因素都可以使健康的身心逐渐转变为亚健康状态。作为高校学生如何采取积极主动的措施阻拦亚健康状态的形成与发展。研究表明,加强学生身心健康的教育,使其保持健康的心理状态;加强体育锻炼,以缓解由于紧张学习而带来的身心压力;提高思想素质,以科学的人生观、价值观面对社会的变革与发展;克服不良生活习惯,摒弃有损于健康的生活方式是预防亚健康发生的有效办法。因为现代社会竞争激烈,学习、工作节奏加快,必然会使人们的身心压力和精神负担增大,所以对现代大学生加强身心健康教育,保持健康的身心状态,提高身心素质,是抵御学生亚健康状态形成的有力武器。

四、亚健康状态研究的展望

1. 人群及个体亚健康状态评估将成为未来研究的热点

2003年10月,美国NIH公布了全球健康的14大挑战,其中"发展可以量化评估人口健康状态的技术""发展能够评估个体多种状态和病原体的临床检测技术(Point-of-care test)"被列为其中。

2. 亚健康的干预及治疗将向多样化、专业化方向发展

健康状态是机体在无器质性病变情况下发生了一些功能性改变,因其主诉症状多种多样,且不固定,也被称为"不定陈述综合征",大体有以躯体症状为主的躯体性亚健康状态,以心理症状为主的心理性亚健康,以人际交往中的不良症状为主的人际交往性亚健康状态。1997年5月2日,中国首次召开了关于亚健康状态的研讨会,同时,中国药学会成立了研究亚健康状态的专门机构。全国首家亚健康康复中心于2000年12月在天津第一中心医院东院成立。该中心设有身心健康评估、心理治疗、生物-物理治疗科目,集治疗和康复为一体,通过漂浮疗法、音乐疗法、大肠水疗、生物反馈疗法等先进手段,对前来检查的人们实施未病先治。北京东华医院采用星状神经节阻滞疗法治疗亚健康也取得了一定疗效,它能使过度兴奋的交感神经系统的兴奋性降低,改善血液循环,促进自然治愈能力,增强防御机能,起到抗炎、调整血压、治疗便秘、改善睡眠、增加食欲的作用,大部分人做12次治疗就能显著改善症状。同时中医药对亚健康的影响正在广泛调查研究之中。

3. 人群亚健康状态评估及医疗保健预防将成为重点

亚健康状态的卫生保健工作研究与社会的可持续发展有着密切的关系。了解亚健康的发生机理,使人们在亚健康状态时就进行疾病预防,切断亚健康向疾病进展的途径,使其向健康方向转化,良好有效的医疗卫生保健工作不仅可以提高亚健康状态人群的生活质量,而且可以大幅度地减少人到中年、老年的疾病发病率,减少社会对老年照料的投入,使这部分投入能转向社会发展的其他领域中,产生间接效应。

我国作为发展中国家,虽然卫生条件有了明显的改善,平均寿命明显延长,但群体健康水平仍然不高,卫生部1997年的抽样调查结果表明,非传染性疾病的患病率呈逐年增加趋势。全体人群中慢性病的患病率为32.3%,老年人中高达71.4%。疾病、早残、早亡在减少人力资源的同时,还带来巨大的经济损失。

按市场经济规律开展多样化的针对有关亚健康状态人群的服务,如健康评估、医疗护理、精神护理、生活护理等,建立多种形式的服务模式,为亚健康人群提供包括身体、心理、家务等多领域服务,将可以为社会增加更多的就业机会,潜在的社会、经济效益巨大。亚健康状态研究适应中国国情,是一种社区、家庭保健的新概念,通过对它的研究、认同、完善,赋予它更多的新内涵,将成为现代医学研究的一个新兴领域。

第三节 青少年思想道德"亚健康"问题

青少年是祖国的希望、民族的未来。加强和改进青少年思想道德教育工作,促进青少年一代的健康成长,培养"四有"新人,是实施"以德治国"基本方略的必然要求,事关建设中国特色社会主义事业的大局。江泽民同志在《关于教育问题的谈话》中语重心长地指出:"抓好教育和青少年学生的思想工作,直接关系到我们实施科教兴国战略能否取得成功,关系到我国社会主义现代化建设能否取得成功,大家都要从这样的高度来认识问题,开展工作。"因此,在全面建设小康社会的新进程中,正确把握经济、社会发展带来的复杂而深刻的变化,科学审视、思考当代青少年思想道德亚健康问题,解决青少年思想教育面临的新情况、新问题显得十分迫切。

一、当代青少年思想道德亚健康的主要表现

改革开放以来,随着教育改革的不断深入,我国的教育事业更加生机勃勃。广大青少年爱党爱国、思想活跃、充满热情、渴望成才,表现出政治上积极上进、学习上刻苦勤奋、生活上丰富多彩的主流精神风貌。但是,我们必须清醒地看到,今天青少年成长的外部环境和他们的身心发展特点都发生了很大变化,当前青少年思想道德也表现出了一些亚健康的不良倾向,主要集中体现在以下方面。

1. 个人信仰偏差

世界政治多极化、经济全球化的发展趋势日益明显,国际社会主义运动处于低潮,西方敌对势力对我"西化""分化"之心不死,越来越把意识形态的渗透当作全球战略的重要内容,极力通过多种途径加紧进行思想和文化渗透,同我们争夺思想阵地,争夺青少年一代。由于外来思潮的腐蚀和社会不正之风的影响,部分青少年不同程度地存在着信仰危机,缺乏健康的精神信仰。如一些青少年政治信仰消极,对西方的某些政治观念、政治形式的本质认识不深;有的迷信命运鬼神,有的甚至信奉"伪科学"。

2. 享乐主义抬头

当今的青少年一代是伴随着祖国综合国力日益强盛、人民生活水平不断提高的脚步成长起来的,相对缺乏艰苦生活的磨练,缺乏吃苦耐劳的精神。特别是生活在经济条件宽裕富庶家庭的青少年,往往习惯于"衣来伸手,饭来张口",满足现状,贪图安逸,追求享乐。近年来,受拜金主义、享乐主义等不良社会风气的影响,一些青少年幼小的心灵里种上了贪慕虚荣的种子,讲排场、讲穿戴、讲吃喝,好逸恶劳,不思进取,这已成为诱发青少年盗窃、抢劫的主要原因。中国青少年犯罪研究会的统计资料表明,近年来青少年犯罪总数占全国刑事犯罪总数的70%以上,其中十五六岁少年的犯罪案件又占青少年刑事案件总数的70%以上。因贪慕虚荣、求享乐而走向犯罪是近几年青少年犯罪最突出的特点,特别值得警惕和关注。

3. 自我意识膨胀

在改革不断深化、开放不断深入的时代背景下,一方面青年的竞争意识、效率意识、创新意识、科技意识、自立意识等思想意识得到了强化,从而激发了积极性和创造性,成为推动社会发展和进步的强大动力;另一方面,对个人价值、个人利益、个人需求的片面夸大,也造成了个人主义的蔓延和人生观、价值观、道德观的偏斜,在一定程度上限制了人生理想的升华,自我意识

不断膨胀。以自我为中心、个人私利为中心的利己主义的思想倾向不同程度地存在于青年身上。一部分人无视他人、无视道德、个人至上、自私自利,成为社会发展中的离心力。

4. 社会责任淡薄

近年来,有不少学者、专家作过深入的调查研究,普遍认为当代青少年缺乏应有的社会责任感,责任观念淡薄。《文汇报》2003 年 9 月 22 报道,由国家哲学社会科学基金资助的"转型期大学生的价值取向及其整合对策研究"项目,在全国的六个大区选择了 37 所大学,对 10 000 个样本进行深入调查。有近半数的老师(43.97%)认为现在大学生的责任意识不强,需要进一步加强引导。同时,有 61.21% 的老师"非常同意"或"比较同意"现在的大学生"只关心个人利益,不太关心社会事务"的说法。某中学的一位心理学老师在琴房里做过这样一个实验,他将一袋垃圾放在钢琴旁边,一周内从钢琴旁经过的学生达 200 余人,却无一人"理睬"垃圾。在传染性疾病发生(如非典、H1N1 等)期间,有一部分高校学生身患疑似病症,却无视他人和社会的安危擅自逃离隔离区的现象也充分证明了这一点。

二、当代青少年思想道德"亚健康"产生的主要原因

1. 社会环境因素的影响

当代青少年的生活环境是一个开放式的环境,经济成分、组织形式、就业方式、利益关系、分配方式、生活方式等方面多样化产生的一些不良风气和不健康思想,以及形形色色的思潮冲击着校园,如个人主义、拜金主义、极端主义等,成为影响青少年健康成长的不可忽视的因素。江泽民同志在《论"三个代表"》中一针见血地指出:"我们实行对外开放,有利于人们开阔眼界、增加见识、活跃思想,但国外资产阶级的腐朽思想文化也会乘机而入。"

2. 学校教育导向的偏差

在青少年教育中,学校特别是中小学教育本身也受到市场经济的冲击。在"经商潮""炒股风""出国热"等各种潮流的推动下,作为教育者的教师队伍也陷入了不稳定的状态中。坚守教育岗位的教师,由于受到"应试教育"的影响,也不知不觉地弱化了道德、法律方面的理想教育,而强化了升学率方面的理想教育,追求高升学率就成了教师理想世界中的核心观念。由于片面追求升学率,使一些学校在升学率的指挥棒下,抓智育和德育一手硬一手软,使学生缺少一个丰富有效的德育课堂。被选拔出来的一些精英进了大学,甚至读了博士也会出问题,归结起来就是人格的缺陷。北京某大学两个博士生,住一个宿舍却不能和睦相处,你看我不顺眼,我瞅你别扭,结果其中的一个用棍子把另一个打死了,而他自知罪责难逃,也跳楼自杀了。作为国务院表彰的有突出贡献的教育科学研究专家孙云晓,对中国教育的问题直言不讳:"真正的教育被忽略了,它使教育被扭曲为升学教育、选拔教育、淘汰教育,它使许多人成为失败者。这违背了九年义务教育的宗旨。"

3. 家庭教育导向的错位

传统的思想总认为教育是学校的事情,家长只负责学生的生活,因而很多家长很少关心青少年思想的成长,只注重成绩的进步与否。很多家长都不是从自己的子女的天赋、能力、兴趣和愿望出发,而是从自己的兴趣和愿望出发,为子女打造理想世界,希望孩子成为"全才""能人",却忽视了教育孩子为人处世的基本准则和社会公德。这种"望子成龙"的打造方式从一开始就是错位的。因为他无情地剥夺了子女营造自己的理想世界的权利,而把父母的理想世界

强加到子女的身上。从表面上看,这种理想世界的错位源于父母高尚的责任感和良好的愿望,实际上这是父母虚荣心的最典型的表现。

4. 社会教育体系的缺位

全社会"教育社会化"的理念还没有真正形成,有些部门及社会有关方面对青少年思想教育工作的重视不够、力量分散、各行其事,没有形成齐抓共管的良好局面。如有些地方街头书摊上渲染色情和暴力的书刊屡见不鲜,却无人禁止;不少录像放映厅、歌舞厅、卡拉 OK 厅、网吧等场所进行不健康的活动,为青少年敞开大门却无人理会;不少青少年宫、博物馆、科技馆这些本应大力开展青少年教育活动的地方,却办起了家具展览、展销等。近年来未成年人犯罪逐年增加,青少年吸毒问题也有发展趋势,这不能不令人警醒和深思。事实告诉我们,教育不仅是教育部门的事情,也是全社会的共同责任,需要各方面与教育部门一道努力,齐抓共管,为青少年健康成长营造良好的社会环境。

三、加强和改进青少年思想教育的对策

党的十六大报告明确指出:"认真贯彻公民道德建设实施纲要,弘扬爱国主义精神,以为人民服务为核心,以集体主义为原则,以诚实守信为重点,加强社会公德、职业道德和家庭美德教育,特别要加强青少年的思想道德建设,引导人们在遵守基本行为准则的基础上,追求更高的思想道德目标,加强和改进思想政治工作,广泛开展群众性精神文明创建活动。"当前,加强和改进青少年思想道德教育工作必须坚持贯彻"百年大计,教育为本"的基本国策,以党的十六大精神为指引,按照江泽民同志提出的"坚持学习科学文化与加强思想修养的统一,坚持学习书本知识与投身社会实践的统一,坚持实现自身价值与服务祖国人民的统一,坚持树立远大理想与进行艰苦奋斗的统一""四个统一"原则,切实加强以下四个方面的工作。

1. 改进学校思想教育工作,发挥好学校教育的中心环节作用

学校教育是青少年思想教育正式的、系统的、最有效的渠道,它是青少年思想教育的中心环节,应当从以下几个方面进行改进。

(1)全面推进素质教育。应试教育表面上把教育抓得很紧,实际上忽视了人格教育。真正的教育应该是"做人"的教育,教育的核心是做人,是人格的完善。我们的教育片面到只抓升学率、只抓分数,考什么教什么,教什么学什么,这种教育连知识的传授都是不完整的,这种方式教育出来的孩子高分低能、心理素质差、不懂得"做人"、不懂得合作。当前,各级各类学校应全面推进素质教育,努力探索新时期青少年学生思想教育工作的新路子,改进大、中、小学思想教育课程的教学内容和方法;积极支持和引导学生开展内容健康向上、形式丰富多彩、喜闻乐见的课外活动;努力探索将说理教育与品德践行相结合、情感陶冶与榜样示范相结合、教育疏导与严格管理相结合、指导教育与自我教育相结合的多样化途径;重视研究并充分发挥现代教育技术手段在德育工作中的特殊作用。

(2)加强师资队伍建设。师资队伍建设是提高学校教育水平的关键所在。各级各类学校都应该在建设一支以班主任、任课教师、少先队、共青团和学生管理干部为骨干的思想教育队伍上下功夫。当前,特别要加大学校人事制度改革的力度,建立教师管理的有效机制,狠抓师德建设,优化教师队伍,不断提高政治思想素质和业务素质,使广大教师真正成为"人类灵魂的工程师",教好书,育好人,在各个方面都为人师表。

(3)发挥学校群团作用。要加强对学校共青团组织和少先队组织建设的领导,充分发挥共青团、学生会、少先队的优势,密切联系青少年思想实际,开展丰富多彩的主题教育活动,在活动中使学生受到教育、获得知识,促进青少年思想政治教育工作。组织学生广泛开展各种社会实践活动,丰富学生的社会阅历和才干。近年来,由中央宣传部、教育部以及团中央组织的暑期大中学生科技、文化、卫生"三下乡"活动,不仅在全社会引起良好反响,在青少年教育方面也取得了良好的效果,受到学校、社会、青年学生的普遍欢迎,为我们探索和总结当前学校思想教育工作提供了很好的经验。另外,一些地方和学校组织学生参加志愿者活动,参加社区援助活动等,都在青少年教育中起到积极的作用。

2.丰富社会实践教育,发挥好社会教育的思想道德导向作用

(1)改革传统教育方式。传统德育过程主要是围绕青少年的道德认知展开的,注重对道德现象、道德关系的感知及道德概念、道德准则的解释与说明,要求青少年无条件地接纳和认同既定的道德价值、道德规范和道德理想。在调查中,很多老师反映现在的中学生思想固执,逆反心理严重,不愿接受老师苦口婆心的教导,这说明传统的灌输式教育已不适合当代青少年成长的需要,应当在社会中感受,在体验中认知。通过开展体验教育、社会实践活动,通过老师、家长的以身示范,通过社会风气的转变、周围环境的熏陶,使德育过程建立在直接性、动态性、体验性基础上,让青少年在体验中学习、思考、领悟,学习和实践《公民道德建设实施纲要》,从而形成社会所期待的思想道德品质。

(2)丰富社会教育内容。当代青少年具有务实、讲效率、知识面宽、创新意识强的特点,这是他们的优势。但由于生活在和平年代,成长的环境优越,在他们身上还缺乏一些优良的传统(如集体主义精神、团队精神)和良好的行为习惯。针对这一点,我们在开展理论教育的同时,可以针对不同的青少年群体开展一系列有特色的活动,让青少年在实践中接受爱国主义、集体主义教育,培养青少年敬业精神和团队意识;在动手中掌握实际应用技能,具备创造能力和继续学习的能力,学会正确做人,善于同他人合作共事。如团中央开展"保护母亲河"活动,围绕"拳拳爱国心,保护母亲河"这个主题,把生态环境保护与爱国主义教育相结合。在"手拉手捡拾一片希望,还母亲河一片绿色"的活动中,广大少年儿童通过收集无人问津的牙膏皮等废品,在集满一车后换回一棵棵小树苗,感受到了集体的力量和变废为宝的快乐,同时也从奉献中真正理解了"人生价值在于奉献"的道理。青年志愿者活动则通过服务社会、服务他人的实践,突出了"奉献、友爱、互助、进步"的精神风尚和道德内涵。

(3)培育先进社会榜样。"榜样的力量是无穷的",对于处于社会转型期中的青少年一代来说,他们正处在一个可塑性大、内心矛盾多、对外部世界变化敏感、寻求独立自主、而辨别力又不强的时期。因此,在每一个特定的历史时期,注重培育社会各方面的先进榜样(如劳动模范、杰出青年、成才标兵等),发挥先进模范的示范导向作用,对于引导和教育青少年树立正确的人生理想、奋斗目标、公德意识和社会责任,解决他们内心的矛盾和困惑起着尤为重要的作用,可以有效地补充单一说教的不足。

3.切实重视家庭教育,发挥好家庭日常教育的积极催化作用

(1)强化教育职能,提高认识水平。家庭教育是孩子接受教育的起点。要让家长们认识到家庭教育是教育的一种基本形式,是整个教育体系的重要组成部分。对于父母来说,教育子女,把子女培养成为一个有用之人才是父母爱的升华。培养、教育子女是父母应尽的责任和义

务。古人云:"子不教,父之过"。即只养不教,是父母的罪过;教子不善,是父母的失职。

(2)提高家长素质,规范家长行为。家长的不文明行为、不良嗜好、违法犯罪行为无疑是青少年思想道德不健康的诱导因素。因此,规范家长行为也是改进青少年思想教育的必要措施。为人父母者首先要自尊、自律、学法、知法、守法,不做违法乱纪的事,更不能有犯罪行为。其次,要不断加强自身的道德修养,"吾日三省吾身",不为有悖伦理之行,以免给子女造成心理上的畸形、生理上的反常和错误的认识。

(3)注重教育方法,提高家教质量。家长要加强学习,学会用正确和适当的方法去影响、教育子女,减少家教方面的偏差和失误。家长不仅要十分重视对孩子的文化教育,而且要加强对孩子进行思想道德、法制教育。可以针对孩子的实际年龄,让其了解一些与自己关系较为密切的法律法规,并有针对性地了解其中的有关条款,让孩子知道哪些事情可以做,哪些事情不能做。帮助他们树立正义感、增强责任心,让他们学会宽容与谦让,以便遇到事情时能正确判断是非,并能有分寸地处理好。

(4)改善家庭环境,增加沟通了解。有关研究表明,家庭教育方式主要有三种:压制型、溺爱型和民主型。压制型和溺爱型不能调动孩子的积极性,使孩子养成依赖、服从的习惯,创造力水平低。只有民主型的家庭教育才能使孩子更好成长。因此,在家庭中创造一种和善、温馨和民主的气氛是十分重要的。父母之间要互敬互爱、互谅互让,保持恩爱的夫妻关系;父母与长辈之间,要互相尊重、互相理解,长辈要爱护晚辈,晚辈要孝顺长辈;父母与邻里之间要和平共处、互相帮助;父母对子女要平等相待,多一分体贴,少一些训斥;多一分爱护,少一些冷淡;多一分理解,少一些专横。家庭成员间形成亲密、鼓励、支持的氛围,对培养孩子乐观、向上、自信的性格,养成"仁、信、礼、义、孝"等传统美德都是非常重要的。

4.优化社会育人环境,构筑青少年思想道德教育的社会体系

江泽民同志指出:"教育是个系统工程,就是说对教育事业,全社会都要来关心和支持。尤其是要加强对青少年学生进行爱国主义、集体主义、社会主义思想教育,帮助他们树立正确的世界观、人生观、价值观。"青少年的教育离不开社会这个大环境,优化社会育人环境,各级党委和政府责无旁贷,要切实负起责任,统筹规划,协调各方,共同探索建设多种青少年教育工作网络,建立工作更协调、机制更灵活、运作更有序、更能发挥各部门效能的青少年教育工作体系,形成有利于青少年身心健康发展的社会环境,全面推进青少年思想教育工作。

(1)大力加强青少年文化工作。多制作、生产、出版有利于学生德、智、体、美全面发展的书籍报刊精品,抓好青少年思想政治读物的出版、宣传、推荐和发行工作,为广大青少年提供丰富的精神食粮。组织青少年踊跃参与社区文化、校园文化、企业文化、村镇文化建设,走文化建设与青少年思想建设互相渗透、与经济建设同步发展之路。开辟"青少年文化广场",推介优秀的文艺作品和青年文艺人才,发挥广场的宣传、推介功能和文化的凝聚力量。通过开展具有时代气息、青少年喜闻乐见的文化活动,寓教于乐,陶冶广大青少年的道德情操,弘扬社会文明风尚,潜移默化地进行思想政治教育。

(2)改善青少年课外活动条件。要深化体制改革,改变封闭垂直管理体系所导致的资源闭塞问题,实现教育资源的共享性(互补性)。有效依托青少年宫、文化馆、图书馆、美术馆、博物馆、科技馆、体育场馆等社会公益场所,建立青少年课外活动中心,达到学校与社会衔接沟通,形成区域内大教育的互动发展新局面。使青少年有充分的空间和舞台在课外活动中受到锻炼、陶冶情操。

(3)维护青少年身心健康发展。体育、卫生部门进一步完善和实施学生健身强体的各项规划和有关标准,指导学生了解和掌握科学的生理卫生知识,养成文明的生活方式,培养健康的心理素质。有关执法部门要切实加大"扫黄打非"工作力度,铲除"黄、赌、毒"和歪理邪说,净化青少年身心健康发展的社会环境。对青少年犯罪现象要坚持惩治与教育相结合、宽严并用、刚柔齐下的原则,把青少年教育好、引导好。国运兴衰,在于教育。青少年是整个社会力量中最有热情、最有生气和创造力的力量,是祖国的未来和希望,是我国社会主义建设的强大后备军,肩负着实现我国第三步战略目标的历史重任。因此,加强青少年的思想道德教育工作是一项长期而紧迫的任务,需要全社会坚持一以贯之,共同关心关注,切实抓紧抓好。

第四节 亚健康状态的形成与预防

亚健康状态是产生疾病的前奏,因此防治亚健康也就为预防疾病的产生打下了基础。目前对亚健康状态的研究已经成为一个由社会学、医学、心理学、人文科学、体育学等多学科交叉的有关人类健康的边缘科学。也就是说,亚健康应从社会、医学、心理、生理等多方面进行综合防治。其预防方式为:平衡心理、稳定情绪;逐步缓解工作、生活和学习中过度的紧张和压力;调节休息和睡眠时间;克制不良的生活方式和习惯,达到从源头上堵住亚健康状态的发生。亚健康对人类健康产生了极大的危机,就目前而言,无论现代科学如何发展,也无法弥补由于社会的发展对健康所带来的负面影响。因此,在现代社会发展过程中,人类更需要加强体育锻炼,以增强自身免疫力和抵抗力,因为体育运动与人类文明及人类健康息息相关,并始终起着支撑和维护人类健康的独特作用,并为人类身心健康的发展提供了不可替代的内容。

一、亚健康状态的形成

亚健康状态的形成原因是多方面的,就其起因的主要因素而言,既有社会学、心理学因素,也有环境学、生活方式和遗传学因素的不良影响。虽然亚健康是由多种因素共同作用的结果,但究其原因归纳起来主要表现在以下几个方面。

1. 心理因素的影响

现代社会生活使人们普遍感到精神压力增大,具体表现为:行业竞争激烈、就业形势严峻、子女教育困难、人际关系紧张、生活压力等。人们的心理因素已成为影响身心健康的至关重要因素。据北京市的一项调查表明,门诊病人中有 65%～90% 的病人所患疾病与心理因素有关。工作过度紧张和精神压力等心理因素刺激,是心理亚健康和躯体亚健康的重要因素之一。研究表明,在我国有近半数的人患有明显的或潜在的心理疾病。长时期的精神紧张和生活压力对健康产生了多方面的影响,并直接损害心血管系统和肠胃系统,造成应激性溃疡和血压升高,加速血管硬化和心血管疾病发生,引发脑应激疲劳和认知功能下降,破坏生物系统,影响睡眠质量,造成免疫功能下降,导致恶性肿瘤和感染机会增加。因此,心理疾病正在成为现代人健康的"隐形杀手",它会造成心理障碍、心理失控甚至心理危机,引发多种身心疾患。

2. 生活方式因素的影响

人们追求丰衣足食的生活无可非议,但在现代生活越来越富裕的情况下,大吃大喝已成为人们一种不良的生活方式。由于生活方式不科学,使得高脂肪、高蛋白、高热量食物摄入过量,导致营养不合理,从而给身体健康带来了潜在的隐患。除此之外,抽烟酗酒、贪吃贪睡、废寝忘食、饮食无节制、久坐不动、生活无节律等诸如此类的生活方式已成为困扰人们健康的主要因素,也是造成亚健康的最常见原因。

3. 环境污染因素的影响

在现代社会的发展过程中,人类为了满足自身生产与生活的需要,在创造物质财富的同时,给自然环境带来了灾难性的破坏,人类赖以生存的自然环境在不断恶化,社会发展与人类健康产生了极不和谐的矛盾。如水源和大气污染、噪声、微波、电磁波及其他化学、物理因素污染更是防不胜防的健康隐性杀手。更为可怕的是,化学药品的滥用成灾,使食物中普遍存在的激素和抗生素及各种添加剂正在诱发人类各种亚健康状态的产生。

4. 生产方式因素的影响

由于科学技术的快速发展,社会生产劳动实现了现代化的生产劳作方式,使得人体在劳动过程中直接使用体力的情况越来越少,导致在现代社会生产中挤掉了人们赖以生存所必需的肌肉活动。如工作时坐位时间的增多,使颈椎病、肩周炎、腰背部疼痛等疾病倍增。这种对身体健康产生极为不利影响的工种遍布各行各业。现代研究业已证实:自20世纪70年代以来,由于人们生活中运动的不足,使人体的肌肉活动减少了60%以上,并有80%的腰、背、腿部疾病是由于肌肉活动不足而造成的。随之而来的是体能的逐步消退,器官功能的减弱,人体的适应能力、抵抗能力的普遍降低,并导致各种"文明病"的不断蔓延。由于现代社会生产方式缺乏有效的体力活动,使得心血管系统的发病率明显增多,无论现代医学如何发展也没有办法弥补由于运动不足而对人体健康所产生的危害。因此,身体运动不足而又缺乏科学有效的身体锻炼方法,是亚健康状态人群大量产生的主要原因之一。

二、亚健康状态的危害与预防

亚健康对人类身心健康的危害来自于诸多方面,归纳起来主要有以下几个方面的危害:①慢性非传染性疾病的疾病前状态,大多数恶性肿瘤、心脑血管疾病和糖尿病等均是从亚健康人群转入的;②亚健康状态明显影响工作效率和生活、学习质量,甚至危及特殊作业人员的生命安全。如从事高空作业人员和竞技体育运动员等;③心理亚健康极易导致精神心理疾患,甚至造成自杀和家庭伤害;④多数亚健康状态与生物钟紊乱构成因果关系,直接影响睡眠质量,加重身心疲劳。

1. 健康身体素质在防治亚健康中的作用

健康身体素质是指与健康密切相关的身体素质,即能反映出人体健康水平和保持各器官良好功能的身体素质(亦称健康体适能)。健康身体素质早在20世纪80年代一些发达国家就已认识到它的作用,并对健康身体素质进行了系统的研究,同时也与一般概念的身体素质进行了区分。如美国生理学家Clarke把健康身体素质称之为:"精力充沛地完成日常工作而不过度疲劳,以充足的精力度过余暇时间并且能迎接意外事件。"健康身体素质包括心血管耐力、肌肉力量、肌肉耐力和柔韧性等要素。提高健康身体素质就是增进机体各器官的功能和人体健康水平,为预防亚健康状态的发生打下基础。因为当人体缺乏体育锻炼时,就会导致健康身体素质低下,并表现出工作效率降低、易疲劳、情绪不稳定、难于放松自己、产生忧虑和抑郁等心理障碍,随之而影响到身体各器官系统的机能、抵抗能力,对环境的适应能力降低,使人体进入亚健康状态。科学研究业已证实：良好的健康身体素质对促进身心健康具有明显的作用，加之科学而合理的体育素质锻炼可以保持人体所必需的身体素质水平，防止高血压、肥胖症、糖尿病等疾病的产生。因此，提高健康身体素质对预防亚健康状态具有积极影响的作用。

2. 健康身体素质在防治亚健康中的方法

(1) 提高心血管系统的耐力性。心血管系统耐力是反映人体健康水平的一种机能能力，也是评价身体健康水平的最重要指标。人体的健康与心血管耐力水平有着直接关系，众多的科学研究表明，提高心血管耐力素质对防治慢性疾病、缓解压力、增进身体活力和身心健康均有十分重要的作用。提高心血管耐力素质的方法主要是有氧运动。一般采取心率维持在130～150次/分范围内，时间持续在20分钟以上的运动可明显改善心血管系统的功能。其中最有效、最简便的方法是健身跑与健步走。

(2) 加强肌肉力量的持久性。人体的一切活动都有赖于一定的肌肉力量水平。可以说，肌肉力量是身体健康的基础。倘若肌肉力量不足，或者是肌肉力量的持久性较差，就会表现出工作效率低下，并容易产生疲劳，而且在工作中容易出现伤害事故。常见的驼背、腰背疼痛就是肌肉力量不足或持久性差的一种表现。因此，提高肌肉耐力素质，不仅能延缓人体的疲劳，提高持续工作的能力，而且能使人体保持良好的精力和精神状态。发展肌肉力量持久性的方法主要是各种负重练习，也可以通过游泳、健身跑、仰卧起坐、登山、骑自行车、爬楼梯以及各项球类活动来提高肌肉的力量素质。

(3) 扩展各关节的柔韧性。关节的柔韧性是指身体各关节所具有的最大活动范围的能力。该健康身体素质也是常常被人们所忽视的一种素质。在现代社会中生活，人们久坐的时间远远超过活动的时间，久坐会导致肩、肘、膝、髋关节相应肌群和韧带的缩短以及关节的僵硬，导致关节活动范围减小、功能减退，产生颈肩部、腰背部的疾病。因而人体适宜的柔韧性在现代工作、学习和生活中有着独特的作用，它不仅可以减少身体各关节疼痛的发病率，保持人体各运动器官的功能正常发挥，而且还可以提高机体的整体活力。因此，选择一些专门性的伸展练习、拉伸练习、广播体操、健身操以及各种球类运动，是改善身体各关节柔韧性最有效的方法。

综上所述，为了提高现代社会的生活质量，保持人体身心健康，必须建立科学、文明和健康的生活方式，把身体锻炼作为提高生活质量的重要组成部分，养成科学锻炼的习惯，不断提高健康水平，预防和消除人体亚健康状态的存在，是人类社会所追求的最终目标。

第七章　青少年健身方法与手段

身体锻炼是体育活动的主要形式之一,同时也是提高人体体质健康水平的唯一途经。锻炼对人体有着良好的健身、健心、健美作用,其具体体现在:①促进青少年、儿童的正常发育、健康成长及全面发展,使体质增强、精神饱满、意志坚定;②促进人体各种机能的发展,提高走、跑、跳、投、攀、爬与负重等基本活动能力,使身体保持良好的协调状态;③延缓衰老,延年益寿,使中年人保持旺盛精力,使老年人精神焕发;④调剂情绪,达到积极休息的目的;⑤形成和保持良好的体型和姿势,以增进人体美;⑥可获得人体健康和卫生保健常识,并能掌握许多锻炼方法和技巧,丰富文体生活;⑦能增强人体对自然环境和社会环境的适应能力;⑧能增强体质、改善机能、防治疾病、加快康复,对消耗脂肪、控制体重有较好的作用;⑨身体锻炼要有自觉性、坚持性、自制性、果断性、充沛的精力与顽强的毅力,从而锻炼意志,培养情操。

第一节　体质健康锻炼原则与内容

一、体质健康锻炼的原则

锻炼原则即身体锻炼必须遵循的准则,是锻炼身体经验的总结和科学研究的成果,是锻炼规律性的客观反映。锻炼原则的内容包括:自觉性原则、全面锻炼原则、循序渐进原则、经常性原则、因人制宜原则、适宜运动负荷原则六个方面。

1. 自觉性原则

锻炼行为是出自锻炼者主观的实际需要,是积极自觉的行动。诸多中外名人几十年如一日,从不间断身体锻炼,保证了健康,为人类作出了贡献。这是自觉性的具体表现。毛泽东《在体育之研究》中说:"欲图体育之有效,非动其主观,促其对于体育之自觉不可。"随着人类社会的发展和科学技术的进步,人们余暇时间增多,为了丰富文化娱乐生活,减少疾病的发生,应自觉地加强身体锻炼,以达到增进健康、防治疾病和延年益寿的目的。

2. 全面锻炼原则

为了促进身体的全面协调发展而选择多样的锻炼内容和手段。人体是大脑皮层统一调节下的有机整体。人体的各部位、各器官系统的机能,各种身体素质和基本活动之间既相互联系又相互制约。合理运用此原则,可使身体各种能力互相促进、均衡发展、体态匀称、提高健康水准和工作效率。处在生长发育期的青少年和儿童尤应注意贯彻这一原则。

3. 经常性原则

身体锻炼要持之以恒,坚持不懈。人体处于不断发展变化之中,弱可以变强,强可以变弱。体质的增强是一个不断演变、逐步提高的过程,既不可能在短时间内取得成效,也不可能一劳永逸。坚持锻炼、促进新陈代谢可以使锻炼者的骨骼粗壮、韧带坚实、肌肉发达、心脏功能加强。每天的锻炼时间应固定,使之成为日常生活中不可缺少的部分,养成良好的锻炼习惯。

4. 循序渐进原则

锻炼内容、方法和负荷的安排要系统,并逐步提高要求。这是根据人体机能适应性规律和超量负荷法则提出来的。教学的循序渐进是根据知识技能形成的规律确定的。在教学中要求逐步增加知识技能的难度和数量;在身体锻炼中则要按保持同化优势、超量负荷和价值阈的标准,按照人体对运动的适应性变化,逐步增加运动量。

5. 因人制宜原则

根据每个人的具体情况确定锻炼的目的、内容、方法、时间以及运动负荷等。身体锻炼应按参加者在年龄、性别、职业、健康状况、兴趣、爱好、承受运动负荷的能力等方面的不同特点进行组织和安排。正确地运用这一原则,对于调动锻炼者的自觉性、积极性,提高锻炼效果有重要意义。例如,中老年人采用散步、慢跑、太极拳和保健操等比较适宜,便于坚持经常锻炼,以保持旺盛的精力和延年益寿;对于正在成长的青少年应强调全面性,以促进身体的全面发展。安排运动负荷一般以锻炼者的自我感觉舒适和不影响正常工作、学习与生活为准。

6. 适宜运动负荷原则

选择最有利于增强体质的运动负荷。确定运动负荷一般以参加者身体既有一定程度的疲劳、又能承受并且不影响正常工作、学习和生活为准。锻炼者的性别、年龄、体质、健康状况以及锻炼基础不同,运动负荷也不相同。负荷过小,对身体作用不大;负荷过大,会损害身体。只有适宜的运动负荷,才能有效地增强体质,提高健康水平。目前,国内外较为广泛地采用卡沃南氏法确定运动负荷。方法是某人接近极限运动负荷的脉搏次数(假如每分钟是 200 次)与安静时脉搏次数(假如每分钟是 60 次)之差的 70%,加上安静时每分钟脉搏次数的基数 60 次,是对身体影响最好的(能获得最大摄氧量和心输出量)运动负荷,即:$(200-60)\times 70\%+60=158$ 次/分。此外还有其他方法:①以每分钟脉搏次数 150 次以下(平均是 130 次)的超常态运动负荷为指标,谋求提高有氧代谢能力;②以 180 减去锻炼者的年龄数作为锻炼时的每分钟平均脉搏次数。

二、体质健康锻炼的内容

锻炼内容即锻炼身体所采用的各种具体动作的总称。锻炼内容根据不同的目的和要求可分为以下几种类型。

(1)健身运动类。指为增强体质而选用的身体锻炼内容,包括各类体育手段,如散步、慢跑、骑自行车、舞蹈、划船、游泳以及其他日常生活中有锻炼价值的动作。

(2)健美运动类。为了塑造体型和形成正确姿势而选用的身体锻炼内容。多采用举重、器械体操、徒手操、韵律操、舞蹈、艺术体操等手段。

(3)娱乐体育类。为了丰富文化生活,愉快地度过余暇时间而进行的带有娱乐性质的郊游、打台球、观看各种体育比赛等。这类活动能使人身心愉快,既锻炼了身体,又陶冶了情操。

(4)医疗、矫正和康复体育类。这是医疗体育内容之一,对象是有病或身体有缺陷的人,其目的是祛病健身与恢复功能,一般在医生、体育教师的指导下进行。常用的锻炼内容有步行、跑步、太极拳与按摩等或有选编成套的动作,如眼保健操等。

(5)自然力锻炼类。为了改善身体,提高对各种自然环境的适应能力,而在某种特殊自然环境中进行的身体活动。内容有日光浴、空气浴、冷水浴、森林浴、海水浴、风浴、雨浴、雪浴、沙浴和矿泉水浴等。

第二节 体质健康锻炼的方法与手段

锻炼方法即为了增强体质、提高健康水平所采用的具体途径和办法。锻炼方法多种多样,锻炼者可根据年龄、性别、职业、体质、健康状况、兴趣爱好、环境条件和季节气候等进行选用。除采用体育教学、运动训练常用的练习方法(包括重复法、变换法、综合法、循环法和竞赛法)外,人们在长期体育锻炼的实践中,往往将锻炼内容、方法和运动负荷结合起来运用形成健身方法。例如,①运动处方;②根据每天作息制度的要求安排锻炼,如早操、课间操和课外活动;③为了提高心肺功能,控制体重和掌握实用技能选用长跑。跑步的距离和强度应根据锻炼者的情况确定;④散步;⑤太极拳和气功。

锻炼手段即锻炼身体、增强体质、抗御疾病以及提高运动技术水平所采取的各项体育活动的内容、方法和措施的总称。它是人们在长期的实践活动中逐步形成、发展和完善的。其含义广泛,既包括体育实践中采用的单个动作、成套动作,也包括各锻炼项目中的各种锻炼方法。锻炼手段不仅是体育教学的内容,而且已成为群众性的身体锻炼、娱乐活动以及休闲运动的主要内容。

一、小学学生体质健康锻炼

(一)小学学生身体形态特点

小学学生的年龄为7~13岁,分为低年级(7~9岁)和高年级(10~13岁)两个阶段。高年级的学生在男、女生身体形态方面出现一些分化,其中女生在这一时期陆续开始进入到青春发育期,逐渐出现身高和体重快速增长。由于男生发育一般比女生晚1~2年左右,因而女生在进入青春期后,多数形态指标超过同龄男生,往往出现女生身高比男生高,体重也有超过男生的现象。而男生进入青春期后才逐渐进入快速增长期,身高增长迅速,反超过女生。这一时期城乡学生会出现一些差异,农村学生身高、体重的快速增长往往比城市学生晚一年。就总体而言,小学学生的身高年增长率约为3%~5%,绝对增长值为6~8cm,最高可达10~12cm,体重年增长率约为10%~14%,绝对值为5~6kg,最高可达8~10kg。该阶段身高的增长还是以下肢长度增长为主,随着生长发育的进行,下肢肌肉在长度增长的同时,围度有所增长。女生由于进入青春发育期较早,各项围度、宽度增长较快。随着乳房的发育,胸围迅速增长,大腿的围度和骨盆宽的增长率增加也较快。因此,下肢明显增粗,并出现脂肪堆积,体重百分比升高等现状。男生围度虽有所增长,但由于围度的增长落后于长度,往往使人感觉比较单薄,容易出现"豆芽菜"体形。由于学生骨骼的钙化和肌肉力量还正处于发育过程,生理方面还没有定型,如果不注意身体姿势的保护(如单侧用力过多或缺乏全面的体育锻炼),就比较容易引起脊柱变形,而影响到体质健康水平的发展。

(二)小学生体质健康锻炼方法

小学阶段的身体锻炼,就其锻炼内容与形式而言一定要生动活泼、形式多样,而且内容要避免与成人雷同。采用的锻炼方法有两种：①以一些游戏练习为主，以刺激学生神经兴奋性，培养学生身体锻炼的兴趣，以达到锻炼身体的效果；②选择一些适合小学学生锻炼的内容，可以结合体育课进行，也可以在课外活动或在家庭中在同伴或家长的帮助下进行练习。由于他们大脑皮层神经细胞分化尚不完善，小肌肉群发育迟缓，因而不宜要求他们做过于复杂或精细的技术动作。

（三）小学生体质健康锻炼内容

1. 身体姿势练习

小学阶段的学生，教师应立足于学生正确的坐、立、行身体姿势的培养，形成良好的身体锻炼习惯和体育锻炼意识。小学生在日常学习和生活中都能保持正确的身体姿势，这对生长发育初期的学生尤为重要。在身体姿势练习内容上，以基本队列队形练习为主，结合其他的一些步伐移动，如足尖步、小跑步等，还可以结合一些跑跳步、踏跳步、足尖步、垫步、后踢腿跑、前踢腿跑等练习。若条件比较好的学校可以进行一些集体舞蹈练习。在身体姿势练习过程中要逐步加大一些难度，如稍微增加一些手臂动作的复杂性或力度及增加步伐移动或下肢动作的难度。

小学高年级阶段男、女生开始出现身体形态发育上的差异，因而从这一阶段开始，对女生进行身体姿势练习时，可以增加一些伸展肢体的练习和跑跳练习，动作要轻柔活泼，舒展优美，以有利于下肢骨骼、肌肉的纵向生长，同时应减少下肢力量性练习，避免下肢围度增加过快而显得过于粗大。男生可增加一些伸展肢体练习，提高跳跃能力，并可通过支撑自己体重或小负荷力量的练习来增加肌肉的围度与体积，促使身体形态健康发展。除此之外，女生应多结合一些体育舞蹈动作，为身体形成优美的形体打下基础，而男生则可加入一些体操、武术动作，以增强肌肉的力量，培养其阳刚之气。由于这一时期学生的柔韧性、灵敏性和节奏感也在提高，身体姿势练习时还可配上不同的音乐，以免枯燥，同时还可以发展学生的节奏感。

2. 基本形体操练习

随着小学年级的逐步增高，文化课学习的任务将会逐渐加重。这意味着学生在教室里学习文化知识的时间增加，而课余参加体育锻炼的时间则会有所减少。如何解决文化学习与身体锻炼的矛盾，这就要求教师创编一些室内的基本形体操来解决。基本形体操练习包括头部、颈部、肩部、胸部、上肢、下肢的运动以及体操动作。既可在每日的学习之余进行练习，消除疲劳，改善不良身体姿势，也可作为雨天体育课的活动内容之一，还可作为家庭形体练习的手段。创编室内形体操的要求是省时、省地，不会影响他人，学生可以独立练习，又可统一组织练习。其作用是对于促进血液循环，保持学生良好的身体形态，消除脑力和体力上的疲劳，以达到锻炼形体、促进生长发育的目的。

3. 跳绳与跳绳体操练习

跳绳是一项既简便易行，而又能有效锻炼下肢力量的练习手段。跳绳形式多样、种类繁多，如单、双脚跳，正、反摇跳，花样跳，多人跳，行进间跳等，是小学学生十分喜爱的体育健身运动之一。跳绳体操则是将简单的跳绳动作配上音乐，按一定的节奏编成。跳绳练习时踝关节充分屈伸、前脚掌有弹性地不断蹬地起跳和落地，对改善下肢形体、促进身高增长具有十分重要的作用。

二、初中学生体质健康锻炼

(一)初中学生身体形态特点

初中学生的年龄大多在13~15岁之间,这一时期男女生均进入青春发育期,各项形态指标继续快速增长,但肌肉增长要落后于骨骼的增长。该阶段肌肉生长主要为长度的增长,肌纤维仍较细,肌肉横断面积小,肌肉收缩力量较弱。从外表上看,初中女学生身体形态比较瘦弱细长,这是由于女生各项发育指标增长值和增长率出现高峰的年龄比男生早1~2年,导致男女生各项生理指标的差距均逐渐拉大,使得身高、体重呈现明显的差异。随着初中年级的逐步增高,男生身体的围度、宽度随着年龄的增长而呈上升趋势,尤其在初一年级以后逐步明显,男生的胸围、肩宽、上臂围增长率达到高峰,小腿围度也增长较快,初步体现出男性所特有的轮廓。而女生身体的围度、宽度增长率虽有所减慢,但大腿围与骨盆宽的增长达到高峰,导致身体下肢增粗变得十分明显。这一时期女生身体中的脂肪进一步堆积,体脂百分比继续增加,乳房发育明显高出胸部,呈现出女性特有的曲线美。

(二)初中学生体质健康锻炼方法

青春期是人生最为重要的时期,该时期机体的影响比其他任何时期都要大。因此,青春期是人体形态发育的关键阶段。众多的实践研究证明,这一时期人体的重量、围度指标受后天影响程度在50%~70%之间,其中身体锻炼起着举足轻重的作用,可以说经常参加体育锻炼能促进身体的全面增长。具体表现为:能积极促进学生生长发育,增进形体健康之美。初中阶段的学生身高增长主要以躯干为主。因此,男生除了继续进行发展下肢的练习之外,还应加大躯干和上肢肌肉的练习,进行一些力量练习以促进肌肉围度增加,使得身体发展更为匀称,从而避免体形过于纤细,缺乏阳刚之气。女生既需要保持身体有适量脂肪,又要防止脂肪过度堆积。因此,女生应进行一些有氧练习,针对腰、腹、臀、腿和胸进行适度练习,以形成较优美的体形。在锻炼项目上可多安排一些伸拉性运动项目、动力性力量的运动项目以及较长时间的有氧运动等项目。

(三)初中学生体质健康锻炼内容

1.初中男生体质健康锻炼内容

初中男生在青春期时期正处于一个生长发育的高峰期,形体训练对这一阶段的男生来说显得尤为重要。因此,初中男生应加强上下肢肌肉练习,同时也要发展肩带、腰背部和腹部肌肉力量,在伸展拉长的同时进行适度的力量练习,以合理地增加肌肉围度,使身体能得到匀称的发展。该阶段的男生还可持一些轻器械进行身体锻炼,如体操棍、实心球、哑铃等。具体的锻炼内容如下。

(1)上肢肌肉群练习。上肢肌肉练习主要是针对手臂、肩带及胸部肌群的练习。常用的锻炼内容为徒手操和器械体操两种锻炼形式。采用徒手操和器械体操练习时,可以采用含胸、展胸等练习手段,还可以对体育课教材中有关器械体操的内容进行练习。练习时要注意掌握动作的力度,充分展现出男生的阳刚之气。

(2)腰腹背肌肉群练习。腰腹背肌肉群练习主要以发展腰腹背肌肉群的力量为主。常用的锻炼内容为收腹举腿、仰卧起坐和后抛实心球等。采用发展腰腹背肌肉力量练习的一些项目进行锻炼时,可随动作的熟练程度适当增加练习组数和次数,以此不断提高锻炼的效果。

(3)下肢肌肉群练习。初中男生正处于身高快速增长期,该时期发展下肢肌肉群的力量练习是十分重要的。因此,在对下肢肌肉除了进行伸拉练习之外,还应大力发展一定的腿部力量练习(如跑、跳等)。具体练习内容为下肢肌群的各种屈、伸、跑、跳跃等。在对此进行练习的过程中,可随各种动作的熟练程度增加练习的次数和练习的难度。

2. 初中女生体质健康练习内容

初中女生在此阶段内脏器官发育落后于身高和体重的增长,与此同时神经系统对运动的调节作用也有所降低。因此,该时期女生的身体锻炼内容仅适宜于一些强度小而持续时间较长的有氧运动项目的练习。另外,由于女生身体形态的特殊需要,在体质健康练习内容上主要以胸、腰背、大腿和臀等部位的练习为主。

(1)胸部练习。胸部练习主要通过胸部的含、展及波浪来增加胸肌收缩力,促进乳房发育,使得胸部挺拔。练习过程中以快慢相间、刚柔相济为宜,可采用压肩、俯卧撑等常用练习手段发展胸肌收缩力。

(2)波浪练习。波浪练习是人体以站立、跪立体位时身体做波浪式的一种运动。波浪练习是一种全身运动形式,在运动过程中使踝、膝、髋、腰、胸、颈等都能得到充分屈伸,对女生形成优美的形体有很大作用。具体练习方法为:①向前全身波浪练习从两腿直立,两臂上举开始,然后体前屈,两臂前举,做一个手臂波浪;然后低头含胸、膝、髋、腰、胸、颈依次向前挺出,手臂经前、下、后绕至上举,最后起踵立。要求各关节依次前挺要充分,动作连贯、柔和。②向后全身波浪从两腿直立、两臂上举开始,然后屈膝半蹲,上体前挺,经过屈髋、拱腰、拱背、含胸、低头至起踵立,双手以上、后、下、前绕至上举。要求踝、膝、髋、腰、胸、颈依次弯曲,向后拱起要充分,动作连贯、柔和。③向侧身体波浪(以向左侧为例)以右腿站立,左脚侧点地,右臂侧上举,左臂右前举,然后膝、髋、腰、胸、颈依次向左挺出,重心移至左脚,成左腿立,右脚侧点地,两臂经腹前侧摆至左臂侧上举,右臂左前举。

(3)腰、腹部练习。腰、腹部练习是女生形体锻炼的重要部位。女生通过腰腹部的侧屈、前后屈和收腹等练习,可改善腰、腹部的线条,并能有效地预防该部位脂肪的堆积,对形成扁平腹有很大的作用。与此同时,也能对腹腔和盆腔内器官起到很好的按摩作用。腰腹肌练习时平衡发展是关键,因此每次练习后要进行放松练习,其方法是屈膝抱腿将膝拉至胸部或轻拍腹部。常用的练习有发展腰、腹、背部肌肉力量的练习,其中有的是单人进行的练习,有的需要两人互相协助进行练习。此外,还可以利用一些基本体操动作的练习来改善腰、腹、背部的形态。

(4)臀部和腿部练习。臀部练习对固定骨盆有重要作用,同时也是体现女性美的主要部位。其练习方法主要以收缩臀部肌肉为主。臀部练习不仅有助于提高臀部重心,使臀部肌肉富有弹性,而且对改善下肢体形有积极的促进作用。作为女生下肢匀称是形体美的基础,因此通过对大小腿肌肉进行练习,既能减少腿部脂肪的堆积,使腿部肌肉结实而丰润,围度适中,也能提高小腿围的重心,使下肢显得修长。腿部练习对臀部、腹部等部位的肌肉也能起到很好的锻炼作用,而且臀肌的许多练习也能锻炼腿部肌肉。两者互为前提,相互促进。

(5)韵律操练习。身体各关节的运动配合节奏欢快的音乐,以全面发展为原则、以有氧练习为基础。动作路线、节奏、方向、速度、幅度等方面有较多变化,动作往往不是单一结构,而是复合结构,能使各肌网群都得到充分地发展。可参照体育课本中已介绍的韵律操进行教学,教师也可自编韵律操进行教学。

三、高中学生体质健康锻炼

1. 高中学生身体形态特点

高中年级学生多为16～18岁,这一阶段男、女生形态指标增长均减慢,但差距继续增大。由于此阶段男、女生下肢长度增长甚微,身高的增长主要是坐高的增长,至18岁后,身高接近成人,而围、宽度指标年增长率也很小。这一时期女生身体基本定型,皮下脂肪增厚,体重、骨盆发育也日渐成熟,髋部和大腿部明显增粗,小腿围度增长较多,但肩带窄、胸廓小,因而形成下肢粗短、上肢单薄窄细的体形,而男生则由于上体围、宽度增长较快,形成了上体宽厚、下肢细长的体形。

2. 高中学生体质健康锻炼方法

青春发育后期身体发育逐渐成熟,通过积极参加体育锻炼,可以使男生的肌肉更加健美,女生则可减少体内脂肪堆积,使体态健美匀称。这一时期女生身体形态主要的锻炼部位是胸部、腰背部、大腿和臀部,男子则主要进行肩带、上臂、胸廓和腰部以及腿部的练习,通过一些徒手或器械练习,增加肌肉力量,形成结实而健美的体形。

3. 高中学生体质健康锻炼内容

高中女生与初中高年级女生在形体上差异不太大,但由于生长发育的规律,以及喜静厌动的特点,高中女生的腰、腹、臀和腿等部位的脂肪堆积相对较多。因而这一时期女生的练习还是应以腰、腹、背、臀和腿的针对性练习为主,练习方法和手段可参照初中女生练习手段,可适当增加练习的次数和组数,如一般性练习的次数增加5～10次,组数增加1～2组。此外还可根据具体情况,参照发展腰、腹、背、臀和腿的力量练习的方法进行练习,但要注意降低强度、增加次数。

这一时期,女生可根据教学大纲或课程标准的要求,加强体操和韵律操的练习,通过各种步伐和身体姿态的组合,结合徒手操和器械操练习(如球操等),可改善形体,使之更具有女性柔美的特征,同是也可增加女生协调、柔韧等综合素质,并培养审美意识。女生还可进行一些大众健美操练习,因为这些操均以有氧练习为主,所以有助于全面消耗体内脂肪,使身体全面协调发展。可进行全国健美操大众锻炼标准1～3级的练习,通过各种步伐组合,采用手臂动作,动作由简至繁,幅度由小至大,速度由快至慢,运动量和难度逐渐增大,可以很好地达到锻炼身体、增强体质、健美形体的目的,是比较适合高中女生进行练习的内容。

男生在这一阶段主要进行一些肌肉力量练习,包括静力性和动力性力量练习,以增加肌肉体积和围度,使肌肉更结实,更具有男性的健力美。

(1)上肢练习。主要采用常见的发展力量的练习来锻炼三角肌、肱二头肌、肱三头肌、斜方肌、胸大肌。还可以采用徒手操的练习,也可持小哑铃做,如没有哑铃可用矿泉水瓶装满水或沙子代替,适当调整练习的次数和速度。

(2)腰、背、腹部练习。主要是进行腹直肌、腹斜肌、肋间、背部锻炼,除前面已介绍过的练习之外,还可以多采用一些器械、负重物和体操器械进行练习。

(3)下肢锻炼。主要是臀肌、股四头肌的练习,使下肢肌肉结实而饱满。除前面所介绍的一些方法之外,还可以采用一些蹲跳起、各种踢腿动作和跳跃练习。

(4)器械体操练习。器械体操练习可以使全身肌肉得到全面地锻炼。如双杠的支撑摆动、拉臂撑前摆上、分腿坐前滚翻成分腿坐、分腿坐慢起成肩倒立、单杠的慢翻身上成支撑、骑撑前回环、支撑后回环以及跳马的分腿腾越。

(5)课外活动与家庭锻炼。高中男女学生都有能力在课余时间自觉地进行身体锻炼,并根据自己的薄弱环节进行一些针对性练习,也可在教师指导下进行,或参加兴趣小组进行专门性练习。女生可参加健美操兴趣小组练习,进行有氧操练习,以使全身更为匀称地发展。男生则可利用学校一些器械,如单杠、双杠、肋木等进行练习,也可自制一些器械,如装满水或沙子的矿泉水瓶进行练习。当然,进行篮球、排球、足球等全身性运动也有助于改善身体形态。

因每个人的身体形态发展不一致,因而这一阶段的家庭身体练习方法应有个体差异,每个人应针对自己的需要进行练习,可从前面介绍的练习里选择一些自己家庭条件允许的方法进行锻炼。

第三节 青少年户外运动调查与研究

户外运动是一项在自然环境下进行的集体或个体以健身、休闲、娱乐、观光为目的的运动项目。它包括登山、攀岩、徒步、漂流、自行车、溜索、滑板、探险、野营、老鹰捉小鸡、丢手绢、跳格子、到下关、救人、斗鸡、熊瞎捉人、打弹子、跳皮筋、打陀螺、耍空竹、放风筝等非竞技体育的活动,具有很大的挑战性和刺激性。拥抱自然,挑战自我。

户外运动属于极限或亚极限运动项目,以自然环境为运动场地,具有回归自然、返璞归真的特点。户外运动的参与者对自然要有发自内心的热爱,这种热爱不仅是对自然环境美妙温情的一面,也包括它残酷恶劣的一面。同时,在认知上户外运动的参与者需要有自然界与人平等的人文理念,学习和自然对话的方法,只有这样才会真正感悟到这一运动所带来的乐趣。

户外运动是一门综合性的学科,不仅受地理环境的影响,还受到气候、植被、天象、水文甚至地域文化等因素的影响。不仅要求参与者具有一定运动体能方面的素质,而且还应具备各种综合知识,懂得和尊重地域文化的差别。户外运动通过组织和引导参与者在亲身实践中,自觉学习体育运动的相关理论、各种野外生存技能和技术装备的使用技巧,以及天文地理、气候水文、运动医学、动物植物乃至人文历史等具体的科学知识;同时也是将团队、坚持、自主、互助、奉献、尊重自然、环保等基本理念内化为健康的心理品格,并转化为良好的行为习惯的过程,是参与者发现和再造自我的途径。

一、户外运动对人体身心健康的影响

户外运动的特性决定了它是一项有别于传统的竞技体育运动项目的技能运动,因为参与者将会直接面对各种复杂、恶劣甚至危险的自然环境,对参与者在运动生理、应用心理、体育教育、社会文化道德等方面都有全方位的要求。可以说,户外运动是一个既包涵社会文化科学,又涉及到自然学科的综合性运动健身的体育活动。这一点可以从以下三个方面体现。

(1)在全面培养人的发展方面,人类所有能通过学习得到的知识、技能都是从自然环境中得到的。正因为如此,户外运动可从自然环境中挖掘自身内部所蕴藏的巨大潜能。因此,青少年户外运动可从自然环境中学习与运动之间平衡的重要性,并充分展示了个体和群体在这个阶段的个性特征,满足了身体对新颖刺激事物的追求,培养个人和团队的创新精神和创造能力。除此之外,青少年群体也可以根据自己的兴趣以及需要,选择运动项目、运动时间以及运

动价值，满足追求时尚和回归自然的心态。青少年在进行户外运动的过程中，最大限度地满足身体从生理到心理的各种需求，以锻炼自身的生存能力和适应能力，达到个体在团队中的认同感和组织能力。

(2)户外运动可使青少年根据自己的兴趣爱好和需求，自主选择户外运动的形式、方法、内容和手段，以此体验在自然环境下自我运动的惬意感，并领悟户外运动独特的人文教育的魅力。因此，对青少年户外运动的需求现状和特征的研究，具有一定的现实意义和实践价值。只有全面而深刻地了解青少年户外运动发展的特点和趋势，科学而具体地分析户外运动的价值，才能制定出科学的健身原理和方法。

(3)我国开展户外运动有着极其丰富的资源优势，这些资源优势包括：①陆地资源，祖国各地分布着众多的名山大川，这些名山大川资源为户外进行登山、野外生存、攀岩、山地自行车、徒步越野等户外运动健身创造了无比优越的条件；②江河水域资源，我国河网稠密，水域广阔，众多的河流资源可进行漂流、冲浪、游泳等户外运动；③海域湖泊资源，我国有着几千公里海岸线和数以万计的湖泊水库，这些海域湖泊资源可以进行潜水、滑水、游泳、帆船、赛艇、划艇等户外运动项目。因此，最大限度地利用这些户外运动资源优势，进行多种户外运动健身项目的开发，是青少年户外运动科学健身的发展趋势。

综上所述，青少年户外运动正在以它新颖的运动方式吸引着成千上万的参与者和实践者。优美的自然环境使户外运动更加形式多样，内容丰富多彩。它不仅是青少年强身健体的有效手段，同时也是提高青少年综合素质的有效载体，因此，对青少年户外运动健身的特点及科学健身指导的研究具有重要的现实意义。

二、国内外户外运动研究现状

1. 国内户外运动发展与研究现状

在国内最早开展户外拓展训练的培训机构是北京人众人拓展训练有限公司，在20世纪90年代中期，他们创办了我国第一个青少年拓展训练学校。经过20年的发展现已成为国内户外拓展培训行业标准的制定者。

2010年我国出台了《国家级青少年户外体育活动营地建设方案(试行)》。目前，我国已有25个省市都相继成立了青少年户外运动体育营地。青少年户外体育营地包含6种类型，其类型的划分是根据我国户外运动营地的性质和内容而定的，包括：①青少年教育基地(如爱国主义教育示范基地)；②农村社会实践基地；③科普教育基地青少年活动营地；④国防教育基地(如少年军校)；⑤青少年户外体育活动营地；⑥少年儿童野外营地。这些营地根据各种不同的社会和自然环境，组织开展的活动包括：夏令营、冬令营，自然知识、社会知识、国防知识等社会教育实践及户外休闲体育活动。户外营地中的设置包括：水陆定向越野、烹饪、风筝、旱冰、游泳、独木舟、滑水、攀岩、野营、露宿、探险、山地马拉松、体能耐力训练等20余种(类)青少年户外活动以及各类拓展项目。

户外运动在我国青少年群体健身活动中得到了蓬勃发展。这种发展说明我国青少年群体已经开始接受并倡导"健康生活、积极休闲"的户外运动生活形式。青少年群体由于年龄的特点、教育经历或文化特征等因素，大多对户外运动这种新颖的健身方式充满兴趣，且参与程度也在不断加强。其蓬勃发展的趋势离不开社会各界对青少年户外运动所给予的大力支持。例如，在我国新颁布的《中小学体育与健康课程标准》中，强调了学生在野外条件下需掌握的基本技能,参加野外生存活动条款。中国共青团中央的操学诚、吴祖德在2006年6月发表的《户外运动与青少年的全面发展》一文中,对中外的青少年户外教育进行了比较研究,深入地探讨了户外运动和青少年综合素质教育的关系。他们认为:中国政府和家长要充分理解和支持青少年的户外运动的开展,把户外教育作为青少年素质教育的重要途径,同时也号召要努力使户外运动成为团中央在新形势下教育青少年的重要内容和崭新载体。

  2. 国外户外运动发展与研究现状

  户外运动在欧美等发达国家非常普及。"回归大自然"的口号是早在19世纪时由西欧的某些国家倡导的。通过户外运动的形式,人们可以形成克服困难、挑战极限、磨练意志和爱护大自然、保护生态环境的意识。发达国家在学校开展户外运动较为普遍,把户外运动作为了必备的一种生活技能,在学校开展了很多利用自然环境而进行的活动,甚至作为教学内容,使学生变得充满活力,同时增强了活动中的安全意识。20世纪80年代初,户外运动从欧美等国家传入我国,是现代体育健身运动的一个新概念。该项运动是指在野外特定自然环境或自然场地进行的,并与自然界保持高度结合的一项新兴的体育运动。

  英国素有"户外运动之乡"的美称,它不仅是近代竞技运动的发源地,同时也是推行和发展户外运动的倡导者。户外活动中的一些运动项目,如狩猎、钓鱼、射箭、旅行、登山、赛艇、帆船、滑冰、板球、地滚球、曲棍球、橄榄球等,在英国作为理想的体育休闲手段,倍受英国大众的青睐。随着英国社会经济、文化的对外扩张和发展,户外运动作为一种新颖别致的休闲体育活动很快传到美国、法国及世界其他国家。英国户外运动普及面很广且深受大众人群的喜爱。随着户外运动各项目技术水平的提高,规则的制定和统一使得该项运动很快走出国门,并向世界各国传播。

  在美国,户外运动主要是对青少年进行一些探险式的身体教育活动,大多以野外活动俱乐部的形式进行,如攀岩、爬绳等。20世纪60年代后期,一位名叫皮赫的教育学家在高中年龄段开展了户外活动课程,并以此为切入点在学校首次建立了冒险式的教育模式,尝试在学校开展户外拓展训练。户外运动是必修的教育课程之一,与环境教育、社会教育等并列为教育内容。户外运动内容的设计包括:①个人胆识的冒险教育计划;②认识个人和同伴之间的协力、协调型计划;③自然与人关系的环境型教育计划;④充实教学科研内容的教育型计划等课程。可以说户外运动在美国是青少年每学期必须进行的体育教育内容之一。

  在日本,户外运动是青少年非常重视的体育教育活动之一,日本青少年群体中得到有效普及的户外运动包括野外生存、露营、定向越野、旅行、登山等。为了加强学生对自然环境的领悟和感受,日本在各地建立了类似户外活动的"青年之家""少年自然之家"和"青少年野外教室"等户外运动设施。日本政府履行教育职能的文部省将夏季的一个月定为"野外教育体验月",要求青少年以大自然为教材,并从中取得收获。

  综上所述,在国内有关青少年户外运动的研究中,虽然提出了户外运动对青少年全面发展的作用和地位,但对于广大青少年群体需要什么样的户外运动还没有进行全面而系统的探讨。通过对相关文献资料的查阅发现,目前户外运动的研究已经成为社会的一个热点,并且研究的文献量正在逐年增加,已取得了一定的研究成果,但在青少年户外运动这一领域的研究还存在一定的不足,主要表现在以下两个方面:①相关研究工作起步晚,尚未形成完整的理论体系和实践方法。由于户外拓展训练进入中国只有十几年,相关研究还不是很成熟,我国对于户外拓展训练的研究还是处在探索阶段。②研究成果相对集中,并主要集中在户外运动本身,而对青少年户外运动研究相对较少。因此,把青少年需求的户外运动作为研究内容具有一定的现实意义和实际价值。

三、青少年户外运动调查

我国是一个江、河、湖泊众多,且丘林山川广阔的国家,优越的地理环境为青少年户外运动的开展创造了得天独厚的条件。因此,青少年根据季节的变化所从事的户外运动主要有以下内容:①水上运动,主要以江、河、湖游泳和漂流为主;②陆地运动,主要以定向越野为主;③山地运动,主要以徒步行走、攀登等为主;④野营活动及猎捕,主要以拓展训练、钓鱼(塘钓、钓虾),捕鱼捉蟹为主;⑤动力活动,主要以旱冰、滑板为主;⑥娱乐休闲,主要以自行车、独轮车为主。

1. 青少年户外运动的身体体验调查

为了全面了解青少年户外运动的情况,我们设计了以青少年户外活动特点为主的问卷调查(附件4),就青少年对户外运动的喜爱程度、对文化学习的影响、目的、次数与频率、运动时的身体感觉、运动后对身体健康的影响、对人际关系及能力培养等进行了调查。根据问卷调查的统计得出的研究结果如下。

(1)青少年对户外运动的身体体验调查(图7-1)。

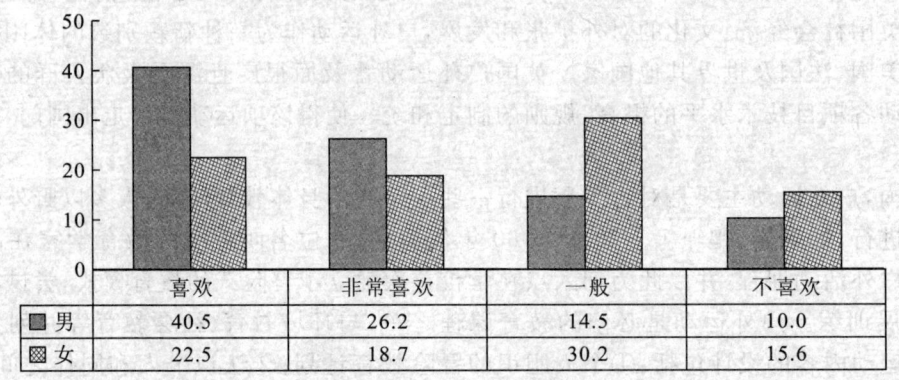

图7-1 青少年对户外运动喜爱程度统计结果

(2)青少年户外运动对文化学习影响的调查(图7-2)。

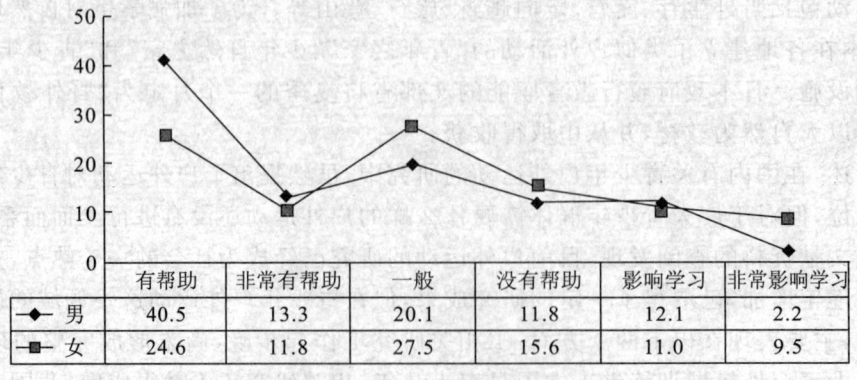

图7-2 青少年户外运动对学习影响的统计结果

(3)青少年户外运动目的的调查(图7-3)。

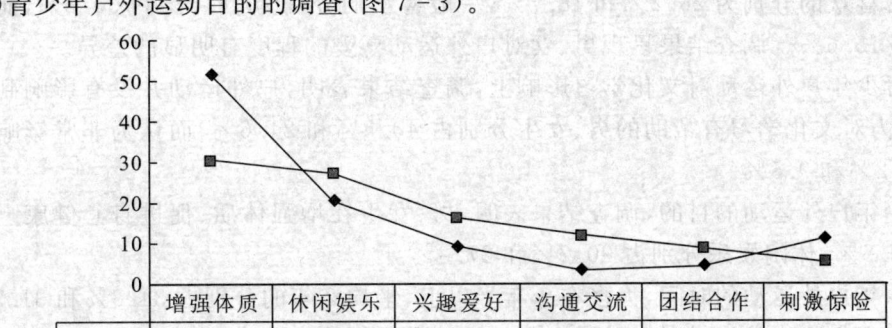

图7-3 青少年户外运动目的的统计结果

(4)青少年参加户外运动时间的调查(图7-4)。

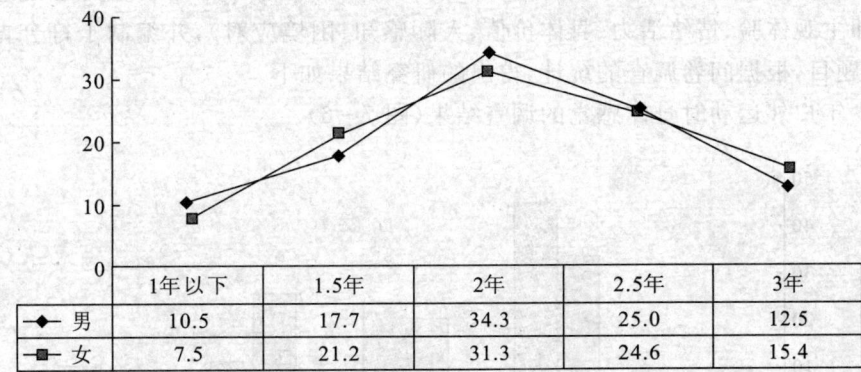

图7-4 青少年户外运动时间的统计结果

(5)影响青少年参加户外运动的原因的调查结果(图7-5)。

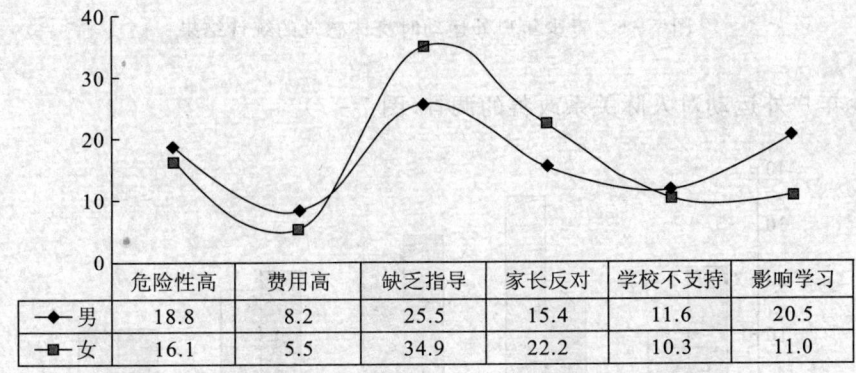

图7-5 影响青少年参加户外运动的原因的统计结果

2.青少年户外运动身体体验的分析

(1)青少年户外运动喜爱程度统计结果表明,男、女生对户外运动喜欢的分别为40.5%和

22.5%,非常喜欢的分别为 26.2% 和 18.7%,一般喜欢的分别为 14.5% 和 30.2%,而不喜欢的有 10% 和 15.6%。调查结果呈现男、女对户外运动喜爱的程度有明显的差异。

(2)在青少年户外运动对文化学习影响上,调查结果表明,户外运动并没有影响到文化成绩,相反,认为对文化学习有帮助的男、女生分别占 40.5% 和 24.6%,而认为非常影响文化学习的仅占 2.2% 和 9.5%。

(3)青少年户外运动的目的,调查结果表明,男、女生在增强体质、促进身心健康上分别占 51.3% 和 30.5%,休闲娱乐分别占 20.7% 和 27.3%。

(4)青少年户外运动的时间,大多在 1 年半以上,平均 2 年的分别占 34.3% 和 31.3%。

(5)影响青少年户外运动的因素中,缺乏科学指导的男、女生所占比例分别为 25.5% 和 34.9%,认为危险性高的男、女生所占比例分别为 18.8% 和 16.1%,认为影响文化学习的男、女生分别占 20.5% 和 11.0%。

3. 青少年户外运动心理效益调查

根据体育锻炼心理学相关研究的需要,我们确定了青少年户外运动锻炼心理感受评价的五个维度(即主观体验、情绪活力、身体价值、人际感知、困境应对),并编制了符合青少年户外运动特点的题目,根据问卷调查的统计,得出的研究结果如下。

(1)青少年户外运动时身体感觉的调查结果(图 7-6)。

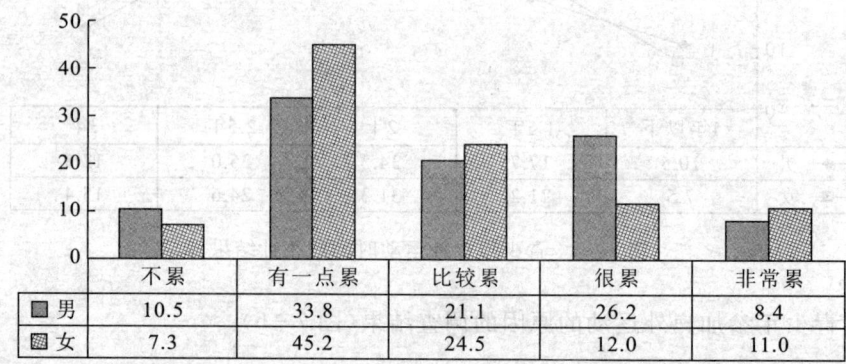

图 7-6 青少年户外运动时身体感觉的统计结果

(2)青少年户外运动对人际关系改善的调查(图 7-7)。

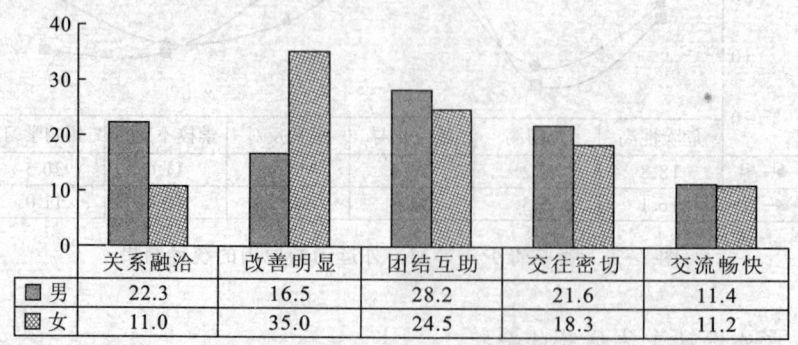

图 7-7 青少年户外运动对人际关系改善的统计结果

(3)青少年户外运动对能力培养的调查(图7-8)。

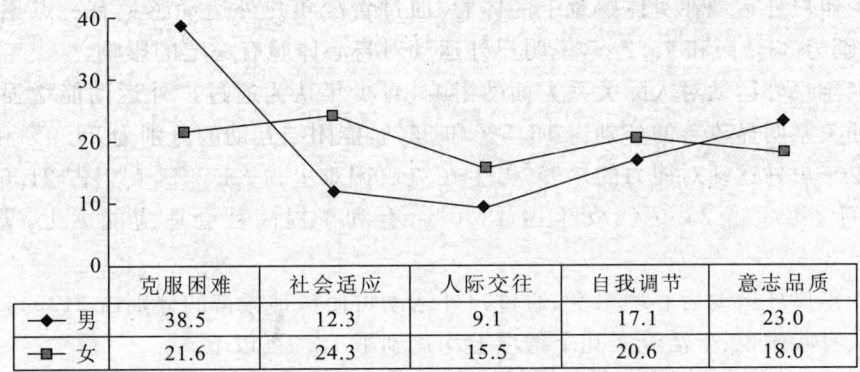

图7-8 青少年户外运动对能力培养的统计结果

(4)青少年户外运动后的心理感受的调查(图7-9)。

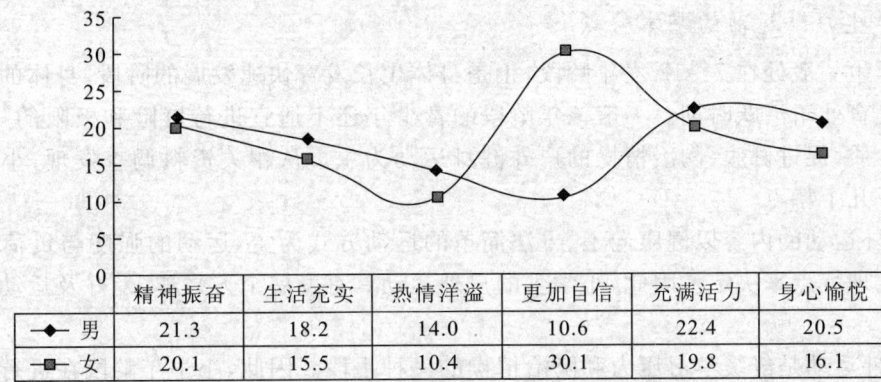

图7-9 青少年户外运动后心理感受的统计结果

(5)青少年户外运动后的身体感受的调查(图7-10)。

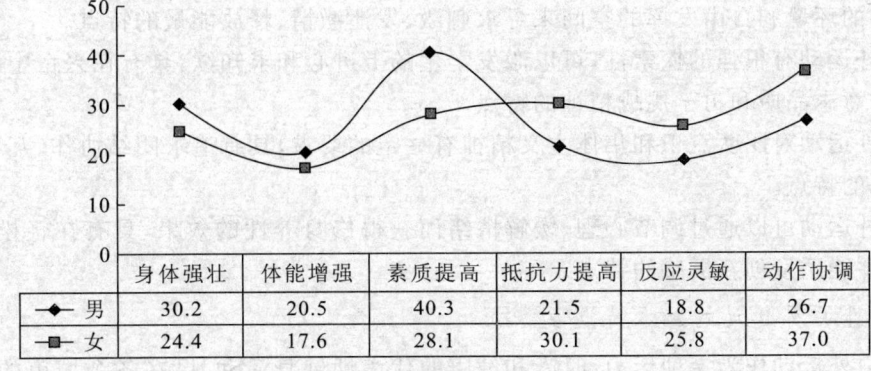

图7-10 青少年户外运动后身体感受的统计结果

4.青少年户外运动心理效益的分析

(1)青少年户外运动在身体感觉上的体验,通过青少年户外运动感觉有一点累的男、女生所占比例分别为33.8%和45.2%,说明户外运动对身心体验有一定的影响。

(2)青少年户外运动对人际关系方面的影响,青少年认为通过户外运动能增强团队精神,男、女生人际关系明显改善的分别占16.5%和35%,能团结互助的分别为28.2%和24.5%。

(3)青少年户外运动对能力的培养,男生在克服困难上占38.5%,女生占21.6%,在意志品质的提高上,男生占23.0%,女生占18.0%,有利于提高社会适应能力上,男女分别占12.3%和24.3%。

(4)青少年户外运动后心理感受,通过户外运动可使精神振奋的分别占21.5%和20.1%,在充满活力、身心愉悦、生活充实几个选项上均达到了15.0%以上。

(5)青少年户外运动后的身体感觉上,男生在身体强壮、体能增加、素质提高、抵抗力提高、动作协调五个方面都达到了20.0%以上,女生除体能增强外,其他选项均在25.0%以上。

四、青少年户外运动健身特点的分析与讨论

1.小学生户外运动的基本特点

小学学生一般处在7~12岁年龄段,正是身体生长发育快速发展的阶段,身体的各组织器官的生长发育处于活跃时期。一般该年龄段的青少年还不适宜进行冒险和极限的户外运动,应以增强体质、促进健康、陶冶情操的户外健身运动为主。从相关资料调查发现,小学生户外运动有以下几个特点。

(1)户外运动的内容以健康向上、方法简单的运动方式为主,运动的强度与负荷都应根据小学生的生理特点来决定。因此,小学生的户外运动具有发展个人兴趣、爱好及运动能力的特点。

(2)户外运动是舒缓学习压力和陶冶情操的一种手段。因此,小学年龄段在进行户外运动时具有崇尚自然、追求舒适、满足个性追求和全面发展身体的特点。

(3)户外运动不同于一般性体育健身活动,具有鲜明的挑战性、新颖性、趣味性及游戏性,并以此得到身心愉快和满足。因此,小学生户外运动具有新颖、趣味、游戏的特点。

(4)户外运动不同于传统的竞技体育运动,不受场地、器材的制约和规则的限制。具有在轻松而宽敞的环境和自由发挥的空间来寻求刺激、发泄激情、释放能量的特点。

(5)户外运动有很强的探索性,可以激发学生的上进心和求知欲,具有在兴奋中激发潜能,磨练自己的意志品质和勇于挑战精神的特点。

(6)户外运动对团队意识和集体主义精神有一定的要求,具有追求团结协作、互相帮助、携手争取胜利的特点。

(7)户外运动可以通过调节心理、缓解情绪而获得修身养性的效果,具有在轻松中获得愉悦和满足,并能诱发创新灵感的特点。

2.初中生户外运动的基本特点

目前,户外运动作为一种活力、时尚和健康的代表性健身活动,已在各个城市的青少年群体中蓬勃发展。据资料统计,在国内有80%的大、中城市都有青少年学生组建的轮滑社、滑板社、自行车社等,并有一些新兴而刺激的户外运动也悄然在各大、中城市发展起来,如冲浪、攀

岩、登山、漂流。户外运动之所以吸引众多的青少年参与,不仅是因为其具有时尚文化元素,更重要的是户外运动能在自然的环境中锻炼人的意志品质,培养良好的情操,使人不断地挑战自己、超越自己。在青少年群体中,户外运动作为一种流行而时尚的健身项目有着独特的特点。

(1)参与人群具有明显的时机性。初中生的年龄段大多集中在13~15岁之间。随着年龄的增长,身体各组织器官系统的生长发育基本趋于成熟(如肌肉、骨骼等的生长发育)。户外运动对人体的平衡性、协调性以及身体素质、心理素质有着较高的要求。因为户外运动中的一些较高难度、较高强度的动作是在身心素质有一定能力保障的情况下完成的,初中生年龄段的青少年身心条件已达到了要求,所以,初中时期的青少年是从事户外运动的最佳时期。

(2)参与者具有广泛的吸引性。户外运动是一种在相互吸引、相互竞争的运动环境中形成的。这就意味着多人参与、相互竞争才能更好地展现户外运动的真谛。更多的人因为户外相互吸引、汇集到一起,他们一起练习、竞赛,以不断地提高自身的户外运动水平。

(3)户外场地具有灵活的随机性。户外运动可以把任何开阔的空间作为运动的场地。它在流行之初就是以不受运动场地和气候条件的限制。因此,一切开阔、平坦的地方都可以成为户外者征服的目标。借助轮滑、滑板、山地自行车、独轮车等一些交通工具快速轻松自然地穿越各种障碍物,挑战各种高难度动作。

(4)运动内容具有极高的观赏性。户外运动的魅力在于不断地超越,凌驾于运动的魅力之上,潜藏着一股回归自然、融于自然、挑战自我、达到天人合一的思想境界的强大的吸引力。户外追求的是一种出其不意的效果,往往会超出了人们的想象。因此,具有较高观赏性的户外运动已成为青少年健身运动的时尚。

(5)运动项目具有一定危险性。任何一种运动都有着一定的危险性,户外运动更不例外。在优美和高难度动作的诱惑下,运动者凭借优越的身体素质和心理素质完成着一个又一个看似不能完成的动作,这些都是在反复艰苦的练习后实现的。在高难度动作的背后存在的是一定的危险性,即难度越大,危险就越大。

3.高中生户外运动的特点

高中生在16~18岁年龄段,因面临高考的压力,相互竞争十分激烈,其学业紧张使所有高中学生把精力都放在了文化学习上,导致很少有高中生会特意地去进行户外运动锻炼。尽管如此,还是有相当一部分高中生参加户外运动,以此缓解学习所带来的身心压力。因此,高中生由于其特有的年龄和时代特征,其户外运动也有着独特的特点。

(1)户外运动主观倾向的表现性。由于繁重的学习任务和升学所带来的压力,高中生的时间都用在了课堂的文化学习和课后复习及参加各种类型文化班的补习上。他们此时在肩负着社会、家庭以及自己对于未来的深深期待。因此,高中生对于未来人生期盼远大于现在对于户外运动的向往,在主观上认为学业大于一切,于是对于户外运动表现出主观倾向的滞后。

(2)户外运动客观条件的差距性。户外运动一般要求学生在野外或者自然场地(非专用场地)开展健身活动。高中生大多承受着身心的双重压力,偶尔期待能够通过合适的户外运动来调剂和放松自己,但是他们希望的锻炼条件(场地、器材、时间、课业负担等)得不到主观上的满足,或者说锻炼的条件无法在短时间完成他们对于户外运动的初衷,呈现出客观条件和主观愿望的差距,影响了高中生参加户外运动的主观意愿。

(3)户外运动受到学校、家庭的制约性。高中阶段关系到个人未来的前途和发展。在学校、家庭、社会片面追求升学率的前提下,对于学生时间的利用也极其约束。由于户外运动大多具有挑战性和一定的危险性,于是教师、家长、学校三方形成了共同的防护战线,避免学生因为户外运动出现意外而影响学习,从而导致影响高中生参与户外运动的制约性。

(4)户外运动内容的选择性。高中年龄阶段学生的身心已经趋于完善,在户外运动的开展上可以更多、更自由地选择自己感兴趣的运动项目及内容,即户外运动项目的多元化和复合化。在水、陆、空等各种户外强身健体、娱乐休闲和健康促进活动上都可被利用,以达到强健体魄,放松压抑、紧张的心情,充分享受大自然给予人们的无穷魅力和震撼。

(5)户外运动的愿望性。高中阶段的学生在身体和心理发展上已日趋成熟,其集体观、荣誉感等逐渐形成,并表现出强烈愿望。他们希望学校、家庭组织一些有利于身心健康的户外运动,也希望通过户外运动的开展表现出自我和团队的力量,在身心受到大自然陶冶的同时,加强学生之间、学生和教师、学生和家长的相互理解和信任,使个人和班级体更具凝聚力,从而调节文化学习的良好氛围。

五、户外运动对青少年身心发展的影响

身心发展有两个方面的内容,即身体和心理的发展。青少年的身体发展是指身体各方面生长发育良好,不易被外界各种疾病传染等;而心理发展则是心理达到相应年龄的正常水平时,情绪积极、性格开朗、无心理障碍、对内外环境有较好的适应能力。身体健康是青少年身心的基础,心理健康则是关键,两者紧密联系、互相促进。现代医学通过对人体整体的综合研究,提出了人体身心健康新的医学模式,即"生物-心理-社会",这一新的身心健康模式对青少年身心发展有着关键性的作用。

(一)户外运动对青少年身体发展的影响

1. 户外运动对小学生身体发展的影响

户外运动是小学年龄段主要的运动方式之一,户外运动对小学生的体质健康有着显著的促进作用,对身体发展的影响表现如下。

(1)户外运动有助于心肺功能提高。在影响人体健康的众多因素中,心肺功能对于人的生命活动能力至关重要。经常参加户外运动可以有效地改善其心肺功能,促进身体健康。如小学生户外运动中的滚铁环、滑板、跳绳、自行车等需要运动者较好的体力。通过运动提高心肺机能水平的适应能力,从而刺激心肺功能提高。

(2)户外运动有助于力量的提高。力量是肌肉紧张或收缩时所表现出来的一种能力。它是户外运动中最重要的身体素质之一,也是其他各项身体素质的基础。因此,户外运动中要有很好的力量素质及出众的上肢力量和下肢力量。

(3)户外运动有助于柔韧性的提高。柔韧素质是指人们运动时关节的活动幅度或活动范围的表现能力。柔韧素质对于参与者从事户外运动特别有作用,因为柔韧性越好,动作越协调,在户外运动练习中加强柔韧性的练习可以有效预防损伤,也可以减少肌肉酸痛,促进疲劳的消除。

(4)户外运动有助于灵敏素质的发展。灵敏性是迅速改变身体或身体某一部位运动方向的能力。在户外运动中,发展灵敏素质的目的是为了提高户外运动参与者在自然环境变化的条件下表现出对周围环境迅速而准确地判断。高度的自我操纵能力以及迅速做出应对措施能力是灵敏素质有效地运用在户外运动实践中的体现,并可以防止伤害事故的发生。

2. 户外运动对初中学生身体发展的积极影响

初中生的身体正处在生长发育的高峰时期,身体的各部分比较脆弱,这就需要有充分而又科学合理的户外体育活动为身体的健康发展打好基础。初中生户外体育活动可通过专门性、综合性户外运动等形式来提高其身体的全面发展。

(1)专门性户外活动对初中生身体发展的影响。专门性活动是指以提高单个体育技能为目的所开展的户外活动。比如滑板或者旱冰运动,它主要是发展初中生的平衡能力和反应能力,通过多次练习,使平衡和反应力较弱的初中生逐步建立起这个能力。通过这种目标专门化的体育活动来一步步提高初中生的体育技能,增强初中生的体质,使初中生身体得到健康发展。

(2)综合性户外活动对初中学生身体发展的影响。以提高一个技能目标为中心,其他各项素质都得到锻炼的活动,就是综合性户外体育活动。比如骑自行车,就是以练习初中生的爆发力和耐力、提高初中生腿部力量为主要目标。在活动过程中可以通过规定时间或者距离等一系列要求来达到提高耐力或者爆发力的目的。总之通过综合性户外体育活动,初中生的身体各部分得到了运动和锻炼,身体得到了更高层次的发展。

综上所述,各种形式的户外体育活动的目标只有一个,即通过提高初中生的各项体育技能使其身体得到良好发展,为初中生各个方面的健康发展打好身体基础。

3. 户外运动对高中生身体发展的影响

高中阶段学生大多在16~18岁之间,是进入青春期的顶峰时期,是身体形态、身体机体和身体素质全面发展的阶段。代谢功能已日趋完善,表现出精力旺盛、朝气蓬勃的身心状态,并能较好地适应内、外环境的变化。这一阶段青春期的特点是:身心发展平衡、稳定,分析能力与综合能力明显提高。由于神经过程的灵敏性高,神经细胞物质代谢机能旺盛,易出现疲劳,但恢复较快。脑细胞内部的结构和机能的迅速发展为提高思维能力创造了条件。这个时期由于分泌活动发生变化,性腺活动加强,使神经系统的稳定性也受到了一定的影响,表现为动作协调能力暂时下降、动作迟缓。此时开展户外运动对于高中生的身体发展有如下的影响。

(1)户外运动可以缓解青春期的各种不适,促进骨骼的生长,使骨横径变粗,骨密质变厚,骨的质量提高;还能使肌纤维变粗,肌肉横断面积增大,使力量、速度、耐久力以及关节的灵活性增强。

(2)通过各种形式的户外运动提高了学生心肺系统的功能,促进身体全面发展和维持生命的正常活力。

(3)户外运动能改善并提高神经系统的功能,使其强度、均衡性、灵活性和耐久力增强,达到大脑皮层的兴奋与抑制过程合理交替,缓解由于紧张的文化学习所带来的神经系统的过度紧张。通过户外运动可以消除疲劳,清醒头脑,活跃思维。

(二)户外运动对青少年心理发展的影响

1. 户外运动对小学生心理发展的影响

户外运动对身心发展有着积极的作用,尤其对心理的调节非常明显,通过资料查找发现户外运动对心理调节有以下作用。

(1)户外运动调节人体紧张情绪,改善生理和心理状态,恢复体力和精力。随着社会经济的快速发展,人们的生活质量和生活水平得到了前所未有的提高,同时,由于现代化的工作效率也给人们带来了充足的时间。随之变化的是节假日增多,人们有更多的时间投入到休闲娱乐的生活领域。于是,一种新颖而流行的户外运动健身方式开始被人们接受,它不仅能有效地调节人体的情绪,而且能使人的生理和心理达到良好的状态。

(2)户外运动舒展身心,消除读书带来的压力,陶冶情操,保持健康的心态。户外运动是人们在自然环境中所享受的另外一种生活方式,可以更好地理解幸福的不同含义从而更加珍爱生命。攀爬、登山、徒步旅行等,艰苦的自然环境磨练了青少年的意志品质,同时增强了征服大自然的勇气和信心,使他们树立敢于挑战自我、超越自我的信念。经过户外运动的考验,让青少年用全新的方式去迎接生活的挑战。

(3)户外运动可以提高青少年对事物的认知,认知是感觉、知觉、记忆、思维与想象的集合体,通过户外运动学生可以感觉事物,发挥自己对万物的想象,从而开发智力资源,以便更清楚地认识万物的本质特性。

2. 户外运动对初中生心理发展的积极影响

初中阶段的青少年是身体发育的重要时期,同时也是心理发展的重要阶段,学生的身体运动对心理的发展将会产生积极的影响。因此,户外体育运动不仅是身体的锻炼,而且也是青少年心理品质的训练。

(1)户外体育活动的物质环境。物质环境是指人们所进入的户外自然环境。户外自然环境不仅给青少年提供了非常清新、放松、自由宽广的自然环境,而且让青少年摆脱了室内较为抑制的氛围,放松了心情,并将各种真实的情绪、情感自然地释放出来。

(2)户外体育活动的心理环境。①释放大跨度的情绪情感,户外活动的特点使初中生在进入户外参与活动后情绪变得鲜明而又强烈。在运动过程中,初中生的生理、心理负荷量都比较大,比如在户外活动滑旱冰中,初中生通过快速绕圆周跑,全身的运动带动他们的情绪也变得兴奋激动。同时初中生的情绪也展现出多样易变的状况。比如在练习户外高难度运动项目时,成功则兴奋激动,失败则非常沮丧,练习的兴趣也相应降低。总之,在户外体育活动中,初中生释放的情绪情感可以从被动到主动、从沮丧到激动、从兴奋到不快甚至悲伤,短期内释放的情绪情感跨度比较大,也较为真实。②体验各种情绪情感,户外运动可以体验形式多样的情绪情感:积极情绪体验,快乐、兴奋、激动、成就感等;消极情绪体验,不快、生气、恼怒、挫败感等。在户外体育活动中无论是积极情绪还是消极情绪,都能够丰富初中生的情绪情感经验,对初中生情绪情感的发展有重要意义和作用。

3. 户外运动对高中生心理发展的积极影响

高中生朝气蓬勃、精力充沛。高中年龄段的学生会出现类似成年人所向往的需求和需要,并渴望得到满足。在性格特征上表现为情绪化强烈、善于独立思考、求知欲强而好争辩、自我意识有新的发展。与此同时,他们也会滥用精力与蛮干,有时也会在客观条件未具备的情况下急于谋求需要的满足,对情绪、情感缺乏控制并易陶醉于低级情绪中。因此,开展户外运动对于该年龄段心理发展的积极作用表现如下。

(1)调节情绪,陶冶情操,培养坚强的意志品质。情绪既是人对客观事物的反应,又是对现实事物的关心和内心体验。高中阶段的青少年在繁忙而紧张的文化学习后,积极参加轻松活泼的户外运动,将会对大自然的环境之美产生欢快的情绪,思想情操会得到陶冶,精神会为之振奋。在获得愉快和喜悦的情绪下,能减少学习的紧张与不安,从而调节并改善心理健康。

(2) 消除紧张,恢复体力。在紧张的学习之余,全身心地投入户外运动,紧张、烦恼、焦虑的情绪会得到较好的消除。户外活动有舒展筋骨、放松身心的功效,以此获得积极的身心休息,对培养坚强的意志品质、增强自尊和自信、消除疲劳、增进身心健康有着积极的促进作用。

(3) 加强团结,改善人际关系。户外运动项目大多以休闲娱乐活动为主体,休闲娱乐活动使人与人之间的交流大大增加。户外运动通过手势、表情、身体的动作等进行交往。随着活动直接或间接地沟通和交流,在不知不觉中就会产生亲近感,并会获得较高的安全感和自信心,特别是一些集体项目的竞赛,个体与群体之间的人际交往频繁,为人际关系的改善提供了良好的机会。

(4) 提高自信,完善自我。户外运动既有休闲娱乐,也有竞争比赛。在竞争比赛中,特别是参加个人擅长的户外运动比赛项目,他们能在身体完成各种动作的过程中与同伴默契配合,在与对手斗志斗勇的拼搏中获得自我满足,在取得胜利的喜悦中得到同伴的认可,以此达到在训练和比赛中不断得到自我完善。

(5) 满足需要,促进心理健康。户外运动的运动项目与日常自然的身体活动相比,内容和形式都不尽相同,所以一般的心理水平根本满足不了上述的运动学习和运动竞赛的需要。在运动中学生需要通过不断提高自己的运动水平或战胜对手来使原来的心理水平慢慢地得到提高,形成一种良性的循环,促进心理水平的不断提高。

(6) 预防心理障碍,保持良好心态。户外运动是体育锻炼的一种形式和方法,青少年通过户外运动可使身体素质得到全面发展和提高,并使心理承受能力得到加强。经常参加户外运动并能做到持之以恒,将会使人形成良好的生活习惯,并处于一种良性的状态下工作和学习。大量研究资料表明,体育运动特别是中等强度运动,有利于心理疾病的调节与治疗,对预防心理障碍、保持良好心态有积极的作用。

六、青少年户外运动健身指导

1. 小学生户外运动健身指导

从近几年的资料统计中发现,小学生开展户外运动比青年人更加困难,除了受其年龄、自身条件限制,还受外部环境影响,如家长意见、户外条件安全性等。因此,尽量选择安全的陆地项目,因为水上、山地对小学生有一定的危险性,加之许多户外项目都有一定的年龄限制。综合各种因素,陆地项目相对来说最安全,其运动健身的效果也非常突出。

小学生户外运动项目有跳绳、旱冰、滑板、滚铁环等。

小学生户外运动方案见表 7-1。

表 7-1 小学生户外运动方案

时间	3次/周	活动时间	30min	强度	心率 120～140次/min
户外运动项目	跳绳、旱冰、滑板、投石、游泳、滑冰、滑水、风筝、野营、露宿、探险、绳编、滚铁环等				
注意事项	保证活动在预计的时间、技术难度和学生能力等因素下完成;根据实际情况制定活动内容,在各方面条件不允许的情况下取消活动				

2. 初中生户外运动健身方案

初中生身体正处在发育的高峰期,科学而合理的户外体育活动可为身体的全面发展打下良好的基础。对于初中生而言,户外体育活动更具有多样性、广泛性和针对性。

根据湖北地区开展户外运动的条件,初中生户外运动健身主要以自行车、游泳等项目为主。

(1)自行车是一种老少皆宜的户外活动,既能强体健身,又能放松心情,回归自然,结交朋友。自行车在骑行时因全身的协调可以增加血液循环。另外,在骑行时可以加速新陈代谢,扩张血管壁,增加肺活量。

(2)游泳是一项有氧运动,也是唯一一项全身都能得到锻炼的运动。游泳是最受欢迎的户外健身运动项目之一。游泳不仅能给人带来心理上的愉悦,塑造流畅和优美的体型,还能够增强心血管系统的机能,增强体质,提高协调性。因此,游泳是一项很好的可以终身进行锻炼的健身运动。

初中生户外运动项目有跳绳、旱冰、滑板、羽毛球、登山、旅行、水陆定向越野、骑射、跑步等。

初中生户外运动方案见表7-2。

表7-2 初中生户外运动方案

时间	3次/周	活动时间	30～40min	强度	心率120～140次/min
户外运动项目	跳绳、旱冰、滑板、游泳、滑冰、滑水、自行车、风筝、钓鱼、野营、露宿、探险、攀岩、地滚球、羽毛球、登山、旅行、水陆定向越野、骑射、跑步等				
注意事项	保证活动在预计的时间、技术难度和学生能力等因素下完成;根据实际情况制定活动内容,在各方面条件不允许的情况下取消活动				

3. 高中学生户外运动健身方案

高中阶段学生已进入青春期,其身体形态、机能及身体素质日趋完善。因此,高中阶段的学生户外运动健身以跑步、徒步登山、游泳等项目为主。

(1)跑步是基本活动技能,是人体快速移动的一种动作姿势。跑步和走路的主要区别在于两腿在交替落地过程中有一个腾空阶段,跑步是最简便而易见实效的户外运动健身项目。对正在成长的青少年来讲,是发展速度、耐力、灵巧、协调等运动素质,促进运动器官和内脏器官机能的发展,增强体质的有效手段。

(2)徒步登山可以起到放松人的心理压力,调节人体紧张情绪的作用,能改善生理和心理状态,恢复体力和精力,使人精力充沛地投入学习、工作。登山锻炼可以陶冶情操,保持健康的心态,充分发挥个体的积极性、创造性和主动性,从而提高自信心和价值观,使个性在融洽的氛围中获得健康、和谐的发展。另外还可以培养人的团结、协作和集体主义精神。

高中生户外运动项目有跳绳、旱冰、滑板、钓鱼、野营、露宿、探险、攀岩等。

高中生户外运动方案见表7-3。

表 7-3　高中生户外运动方案

时间	3 次/周	活动时间	30～40min	强度	心率 120～140 次/min
户外运动项目	跳绳、旱冰、滑板、游泳、滑冰、滑水、自行车、风筝、钓鱼、野营、露宿、探险、攀岩、地滚球、羽毛球、登山、旅行、水陆定向越野、骑射、跑步等					
注意事项	保证活动在预计的时间、技术难度和学生能力等因素下完成；根据实际情况制定活动内容，在各方面条件不允许的情况下取消活动					

第八章 成年人群体质健康锻炼方法与手段

我国自20世纪80年代实行改革开放以来，社会生产力水平得到了迅速的发展，人们的物质生活水平逐步提高，生活方式也发生了翻天覆地的变化。现代工业化的社会生存状态使人们的生活节奏越来越快，导致休闲娱乐的时间缺少。由于业余时间不足，参加身体锻炼的机会越来越少，使人们普遍感到身体健康状态越来越差。这一现状是人们对现代生活的共同感受和体验。据一项社会调查表明，我国现在有60%左右的工作人员的体质呈现下降趋势，健康状态存在忧患。在以脑力劳动者为主体的"白领"阶层中，由于整天坐在办公室，缺乏足够的体育锻炼，加上频繁接触电脑，使他们的体质日趋下降。具体表现为经常出现头痛、失眠、神经衰弱、精神紧张、免疫力下降等情况。由于长期得不到锻炼的调节，其症状也会逐步加重，直至影响到人们正常的工作和生活。

现代社会生活节奏紧张和工作压力加大，是人们现实生活中不可回避的问题。如何面对这种紧张和压力，唯一能解决的办法就是加强身体锻炼。因为强健的体魄是工作的基础，充沛的精力是生活的保障，只有健康才是唯一能够伴随一生的珍贵财富。

第一节 健身走

一、健身走概述

由于现代社会的快速发展，人们的工作、学习和生活节奏加快，由此而带来的是从事体育锻炼的时间越来越少，绝大多数人只能利用业余时间进行一些简单的体育活动。因此，一种科学合理而又简便易行的健身锻炼项目——"健身走"在人们身体锻炼的热潮中迅速兴起。健身走是在平地或适当斜度的坡道上进行的定量步行。长期进行健身走锻炼不仅可以逐步增强心肺及代谢对运动的适应能力，从而达到增强心肺功能的目的，而且可以对一些疾病（如冠心病、慢性心功能不全、慢性支气管炎、肺气肿、糖尿病、肥胖症等）有较好的辅助性治疗作用。为此，在众多的健身锻炼项目中，我们选择"健身走"这一普及型的身体锻炼项目来具体说明锻炼对增强人体体质与促进身心健康的影响及作用。

二、健身走锻炼的理论依据

首先，健身走锻炼的依据是我国传统的中医学理论。传统中医学理论认为，人的身体是表里相通相依、阴阳相克相生的。遍布人体的穴位是肝脏、心脏、脾脏、肺、肾脏等体内脏腑器官在人体表面的集中反映。人体的脚部上有多个穴位，仅脚掌上就有十几个，在健身走过程中由于刺激了遍布人体全身的穴位，可以达到改善内脏器官功能的效果。健身走时，脚掌与地面接触就会对这些穴位产生刺激，从而达到不断刺激内脏器官，促进内脏器官的强健，呼吸和血液循环等系统功能也随之增强。健身走对场地器材没有任何要求，可以随时随地进行健身锻炼。也就是说，茶余饭后所有的空闲都可以进行健身走来达到锻炼身体的目的。其次，健身走锻炼属于典型的有氧运动方式之一，人们在进行健身走时，体内的糖类和脂肪等物质会进行氧化分解，可以直接为肌肉和全身各个器官提供所需的能量。因此，健身走锻炼身体与其他有氧运动方式（如游泳、健身操等）相比，是有氧运动中最具代表性的且简便易行的一种。

三、健身走锻炼的特点

健身走锻炼以我国传统的中医学理论和典型的有氧运动方式为依据，两者的结合使其特点也就表现得更为突出。该健身运动项目的特点具体表现如下。

（1）健身走锻炼不受时间限制。即使繁忙的工作和生活中，每天只要有20多分钟的时间就可以进行健身走锻炼身体，而且不受任何时间段的限制。倘若是游泳或健美操等健身运动，则需要有较充裕的时间才有可能。

（2）健身走锻炼不受地点的限制。健身走锻炼对场地没有特别的要求，它不受锻炼地点的限制。无论是城市还是乡村，只要是能够有行走的道路都可以进行健身走锻炼。而其他身体锻炼项目（如游泳、健美操等）若没有标准而规范的场地则是不能进行的。

（3）健身走锻炼不受天气限制。健身走锻炼时受天气的影响比较小。无论刮风、下雨或者下雪都能在风、雨、雪等恶劣天气中进行健身走，并可以达到比普通散步更好的锻炼效果。

（4）健身走锻炼不受年龄限制。人类是在婴幼儿的时期逐步从爬行、站立直至行走的，到了行走阶段人类就开始了健身走锻炼的过程，健身走是伴随人类终身的锻炼方式。而游泳、健身操等其他健身运动则是后天刻意训练的锻炼项目，对于不同年龄的人群来说，具有明显的选择性。而运动量较大，并具有一定的技术难度的运动对于不是从事体育专业的人群来说显然不合适。而健身走锻炼动作简单，也不存在技术难度问题，而且速度、节奏可以自行掌握。体质较弱的人群可以走得慢一些，体力较好的人群则可以走得快一些，以个体的体质状态和健康水平自行安排运动量和强度。

（5）健身走锻炼的健身效果明显。健身走锻炼同其他的有氧运动一样具有提高心肺功能、加速机体新陈代谢、放松大脑、提高免疫力并有预防和治疗一些疾病的作用。

第二节　健身球

健身球（Fitball）是集休闲、运动、减肥、修身于一体，融新兴、有趣、特殊于一身的体育健身运动。健身球适合所有的人群锻炼（包括需要康复治疗的人），它的健身效果良好（特别对脊柱和骨盆的锻炼）。健身球有很好的损伤恢复和康复的功能，可以提高人的柔韧、力量、平衡、姿态、心肺功能。

健身球运动起源于瑞士。最初是作为一种康复医疗设备，用来帮助那些运动神经受损的人恢复平衡和运动能力。随着它在协调、康复腰、背、颈、髋膝盖等功能作用的发挥，逐渐被延伸推广为一种流行的健康运动，并流传至美国、欧洲、澳洲等世界各地，广泛流行，经久不衰。同时也是用于孕妇活动的首选产品。

一、健身球的基本动作

(1) 俯身屈腿。

锻炼部位:臀部肌肉、下背部。

动作步骤:面部朝下,胯部贴在健身球上,双手撑地,两腿分开与肩同宽并弯曲膝盖,同时脚背自然弯曲,脚心朝上,大腿与地面保持平衡,收紧臀部及腹部的同时上下摆动双腿。注意不要拱背,尽量保持球的稳定,不要让球来回滚动。

(2) 扩胸抱肩。

锻炼部位:胸部、后肩。

动作步骤:身体呈仰卧状,头部、颈部和肩部贴在球上,双手各执一个哑铃(3~8磅,依个人具体情况而定),在胸前交叉,抱肩,两腿分开与肩同宽,脚尖向前。收紧臀部,保持躯干与地面平行,打开双臂向两侧伸出至上臂与地面平行,肘部微曲,不要完全打开,然后还原至初始动作再做。

(3) 上臂屈伸。

锻炼部位:肱二头肌。

动作步骤:仰卧在球上,臀部和下背部贴在球上,双脚分开与肩同宽,脚尖向前。手臂向下伸,靠在球前面,尽量收紧臀部,收缩肱二头肌,弯曲手臂,将哑铃慢慢提向肩部。

(4) 俯身抬举。

锻炼部位:上臂部、腹部。

动作步骤:面部朝下,胸部压在健身球上,脚趾撑地。双手各执一个哑铃(1~5磅),肘部微曲,将哑铃向前抬起,尽量使双臂与地面平衡,然后还原再做。

二、健身球的作用

(1) 健身球运动适合所有的人锻炼,包括需要康复治疗的人,它使锻炼者在锻炼时更安全,避免对关节造成强大冲击,避免运动伤害。有些腰背部有伤的人在做仰卧起坐时,因为腰背部有伤可能做不起来,但是在做健身球运动时,可以利用柔软的健身球来帮助运动者做运动,能够起到一个依托的作用。

(2) 健身球运动有很强的趣味性。运动者在普通的器械进行运动时(如跑步机、仰卧起坐器),只能通过长时间地重复几个动作来消耗热量,这就使得运动者的健身过程非常枯燥、乏味。健身球操改变了以往模式化的训练方式,让运动者伴着热烈奔放的音乐,与球一起玩耍。运动者时而坐在球上,时而举起球来做跳跃运动,这些有趣的动作使得整个过程极富娱乐性。

(3) 健身球运动有助于训练人体的平衡能力。以往的健身运动都是在地面或稳定性很强的器材上进行,运动者不用太多地考虑身体的平衡问题。而健身球则不同,运动者借助健身球脱离地面。例如,坐在球上是一种平衡练习,抬高一点腿,平衡难度就增加一点。将抬高的腿稍作移动便会难上加难。而将腿搭在球上双手撑地做俯卧撑时,运动者要完成曲伸双臂的动作,首先要保持身体的平衡,不让球滚动就得靠腿部、腰部、腹部的力量来控制,这使身体的协调性以及对肌肉的控制能力得到了有效的训练。

(4) 健身球运动具有按摩作用。健身球的最高境界是人与球融为一体,健身球操的动作设计力图达到人体与球面的充分接触,而健身球是由柔软的PVC材料制成,当人体与之接触时,内部充气的健身球会均匀地抚摸人体的接触部位从而产生按摩作用,这有益于促进血液循环。

(5)纠正你的坐姿。当人坐在球上时,身体并未放松,你的背部、臀部、膝部等部位仍不断地在做出细微的调整,使自己能保持平衡。这些细微的调整有助于脊柱中的椎间盘的血液循环,加强背部的力量。通过随时调整自己的身体重心和平衡,增加了脊柱的运动,增强背部力量,保持正确的坐姿。同时,利用健身球的弹性也能纠正自己的坐姿。因此,坐在健身球上,运动者就会不由自主地挺直腰板、两肩向后张,这是身体为防止摔倒而做出的本能反应,也是一种正确坐姿。

注意事项:前来做健身球运动的运动者最好穿紧身的服装,因为在做运动时,人体时常会和球接触,宽松的衣服使动作不灵便。同时,鞋子最好选择防滑底的,当然这也需要根据健身中心地面的情况来考虑。此外,会员在做健身球运动时应准备水和毛巾,随时补充水分。

第三节 太极拳、太极剑

一、太极拳、太极剑的基本涵义

1. 太极拳的基本涵义

太极拳是我国武术宝库中的一个拳种。它结合"拳术"(手法、眼法、身法、步法的协调动作)、"吐纳术"(吐故纳新的腹式深呼吸运动)、"导引术"(俯仰屈伸的肢体运动)三者成拳,实为"练脑、练气、练身"的健身之法。练脑、练气、练身(即意识、呼吸、动作)三者密切结合,始而意行,继而内动,再之外动,全身内外动则协调发展,构成了太极拳健身方法上的整体性和内外统一性,从而达到增强体质的目的。

太极拳在我国源远流长,并在长期实践过程中加以创新,派生出了多种流派,如杨式、陈式、吴式、武式、孙式等。新中国成立后,新编了简化太极拳、八十八式太极拳、四十八式太极拳等。各种太极拳的基本风格和技术结构大同小异,练习时均要求心静意专,呼吸自然,中正安静,柔和缓慢,圆活完整,协调连贯,轻灵沉着,虚实分明。

太极拳不仅是群众推崇的健身法宝,而且成为我国医疗体育的一个重要形式,深受中外医学界和体育界的重视。

2. 太极剑的基本涵义

太极剑,剑术套路之一,太极剑术是我国优秀的传统武术项目之一,历史悠久,有十几家流派。太极剑具有太极拳的运动特点和健身价值,其动作包括抽、带、撩、刺、击、挂、点、劈、截、托、扫、拦、抹等主要剑法和各种身法、步法。可单人练习,也可集体练习。

太极剑是太极门中的短兵器,属内家剑法。其剑法特点是剑走轻灵,尚巧妙,以静御动,后发先至,以柔克刚,避实击虚。太极剑套路结构正是以此为原则,剑法细腻,结构严谨,演练起来轻柔和缓,舒展优美,攻防结合,因而成为深受群众欢迎的运动项目之一。

二、太极拳的主要健身作用

(1)对脑功能起着积极的调节和训练作用。习拳、舞剑要求精神专注,意动身随,内外结合,完成动作连绵不断,一气呵成,这些复杂的多种多样的人体活动,是依赖大脑神经的兴奋与抑制所调节的,对人脑是很好的锻炼,进而调整身体诸系统的功能,使其趋于正常。

(2)对畅通经络、血管、淋巴、循环系统起着良好的作用。常练太极拳、剑,会有腹鸣和指尖酸、麻、胀、热等感觉,这是畅通经络的反应。通过肢体的顺逆缠绕运动,动脉血管得到柔和、舒张,促进血液循环提高供氧能力,也促进了淋巴的新陈代谢。

(3)提高肌肉质量,锻炼全身关节。太极拳、剑螺旋式的圆形动作使全身各部分肌肉群都能参加活动,长期演练使肌肉能均匀丰满、柔韧而有弹性。同时全身各关节也都得到多方位的、幅度较大而柔和的运动,从而保持关节的柔韧性。此外,肌肉牵引关节和骨胳运动,起到自我按摩的作用,有助于骨胳的强健。

(4)可使呼吸逐渐调节到深、长、细、缓、匀,并增加吸氧呼碳的次数。练太极拳、剑时,始终要保持"腹实胸宽"的状态,把胸部的紧张状态转移到腹部,使肺部舒适,腹部松静而又充实,既有助于呼吸的调节,又稳定了身体重心,还可对内脏起到按摩作用。

(5)对各种慢性病能起到一定的医疗作用。练太极拳、剑有益于体弱有病者,如神经衰弱、神经痛、高血压、心脏病、肠胃炎、肺病、干血痨、风湿寒腿、关节炎、糖尿病、遗精、内痔等。

三、练太极拳、太极剑的注意事项

(1)要做习拳舞剑前的身心准备和收势后的恢复。太极拳、剑运动和缓,一般做3～5分钟的准备活动即可,习拳舞剑前可先散步,再活动一下四肢和躯干。精神上要做到心平气和,思想集中,收势后仍应保持和练习时一样,精神不可散乱,缓慢散步后恢复正常活动。

(2)学太极拳、剑时,姿势一定要正确,动作要合乎规范,否则错误动作定型后较难纠正。特别要注意经常持久地练,才能获得增强体质的良好效果。

(3)练习太极拳、剑时,要选择适宜环境,应选择在阳光充足、空气新鲜、地面平坦、环境幽静的空地进行。

(4)每天黎明或傍晚练拳、舞剑均有益。早晨空气新鲜、环境安静,锻炼时可使人体各器官的功能活跃起来,为一天的工作做好身心准备;傍晚练习拳、剑则可消除疲劳,稍平气息,对睡眠有益;工间休息练习拳适于脑力劳动者。

(5)练习太极拳、剑应掌握好运动量。一般健康者每天可练习1小时左右为宜,体弱者可根据自己的身体情况适当调节运动量。

(6)饥饿时或饱食后都不宜练拳舞剑。一般饭后隔半小时以上再练习,锻炼后不宜立即吃饭或大量喝水,最好能隔10～20分钟后再吃饭。

(7)练拳、舞剑,衣着要舒适。

第四节 健身气功

一、健身气功的基本涵义

健身气功是医疗与体育相结合的健身运动,也是气功的一种派别,在我国有悠久的历史。它是用入静和调节呼吸相结合,进行身体锻炼和防治疾病的方法。气功锻炼是发挥人的主观能动性,调整机体的机能,控制机体的活动规律,以达到肌肉放松、精神安定、思想入静,并在此基础上进行呼吸的自我锻炼方法。

气功和一般体育运动不同,它不追求短期内身体的激烈运动,而是有意识地按练功原则,循序渐进,慢慢地控制活动、缓和情绪反应,使人处于非常舒适安静的境地,从而调整机体的生理功能。

气,主要是指人们所呼吸的空气和人体内在的"元气"。练气,就是指锻炼人体内部的元气。气功就是一种锻炼元气、增强体质的功夫。气功分静功和动功。静功包括坐、卧、站等姿式,用调息(一呼一吸为一息)、意守(练功时把意念活动集中在自己身体的某一部位或空间的某一实物,或意想某一词义)等法。如放松功、强壮功、内养功等。动功为柔和而有节奏的肢体活动和自我按摩等方法。

气功一般包含有调身(姿势)、调心(入静)、调息(呼吸)等三方面,这三方面是互相制约、互相影响的,对机体的影响是整体性的。气功对人体的各种器官和许多系统有良好的作用。

二、气功的主要健身作用

(1)气功对神经系统的作用。在气功锻炼中,意念入静,神经系统处于内抑制状态,对机体有很好的保护作用,入静能消除大脑皮层的紧张状态,加强大脑皮层的调节机能,改善全身脏器的机能状态。

(2)气功对心血管系统的作用。练习气功能促进血循环,使毛细血管扩张,脉搏跳动增强。练功后心率有相应的减慢。深吸气时,心脏搏出量增加;深呼气时,心脏回血量也增加。利用呼吸锻炼可以减轻心脏的负担,减少心脏耗氧量,增强心脏功能。

(3)气功对消化系统的作用。练气功时,由于腹式深呼吸,腹腔器官受到有节律的"按摩",改善消化和吸收功能。

(4)气功对呼吸系统的作用。练功时,以腹式呼吸锻炼为主,横隔活动幅度可较平时大3~4倍,呼吸频率和每分钟的通气量也减少,身体的耗氧量减少,能量代谢率也减少,这种状态称为低代谢生理状态,有助于减少身体能量的消耗,重新积聚精力,获得健康。

(5)气功对内分泌腺的作用。练功入静时,大脑皮层处于内抑制状态,受大脑皮层控制的各内分泌腺相互之间有密切的关系,它们互相连成一个完整的系统并受神经体液的支配,因而可以保持内分泌的协同作用来适应机体的需要。此外,气功锻炼能使皮质激素、生长激素分泌量减少,从而使蛋白质更新率变慢、酶活性改变,并使免疫功能强化。

三、练气功应注意的事项

1. 练气功遵守的原则

(1)松静自然。练功时,身心(身体和精神)都要放松。首先身体要放松,衣着也要宽松,不勉强用力维持身体姿势,练功时要放松肌肉(尤其要放松小腹部),求得自然。其次,精神放松,心情愉快、稳定。静的要求就是练功时思想意识全部集中在练功上,减少思潮起伏的现象,减弱对外界刺激的感受,有时肢体重量的感觉亦消失,进入安静状态。

(2)意气合一。练功时,练意(控制意念)和练气(调整呼吸)结合,要以意领气,即思想要稍着意于呼吸,用意念调整呼吸的节律、长短、粗细、快慢,并进而用意念带领或跟随气的运行。练意的功夫在于"静",练气的功夫在于"细、深、长、慢、稳、悠、匀"七个字。强壮功、放松功着重练意,内养功着重练习气,但各种气功都强调意、气结合起来练。

(3)动静结合。气功偏于安静,缺乏必要的活动性,因此还应进行其他体育活动,才能收到较全面的健身效果。各种运动应安排在练气功之后,先静后动。

(4)循序渐进。气功是一种功夫,功夫要经常练习和逐渐积累才能达到纯熟地步,不能急于求成,要循序渐进。姿势、呼吸方法由易到难,入静方法逐步深入。练功时间最初短些(15～20分钟一次),以后长些。

2.注意事项

(1)练功前10～15分钟,停止阅读书报和文体活动,有大小便须先解决,做好练功准备。

(2)练功时间可由自己掌握。练功完毕后,不要匆忙站起,应该先用两手擦面,轻揉两眼,然后缓缓起立,活动四肢。

(3)练功时如有呼吸短促不畅、烦躁不安的现象,多由于呼吸方法不恰当或姿势不正确,或精神不愉快、不想练功,或思想开小差所引起,应查出原因加以纠正。

(4)练气功时或练功后发生头痛、头昏、头重等症状,多由于呼吸用力或急于求成,或由于情绪波动而引起,应查出原因加以纠正。

(5)空腹和饱饭后,不宜练功。

(6)在发热、腹泻、重感冒或疲劳等情况下,暂停练功。

第五节 健身跑

一、健身跑的基本涵义

跑步是基本活动技能,是人体快速移动的一种动作姿势。跑步和走路的主要区别在于两腿在交替落地过程中有一个腾空阶段,跑步是最简便而易见实效的体育锻炼项目。近二三十年来,跑步已成为国内外亿万人参加的群众健身运动,是深受广大群众所欢迎的锻炼项目。人们普遍认为跑步是最好的健身方法。跑步可以促进身体最根本性的器官的健康,增强心、肺、血液循环系统及其耐久力,而心血管系统的健康是身体健康的最重要标志。跑步是一项全身性运动,尤其是依靠离心肺较远的下肢作周期性的跑步动作,推动人体向前移动,对人体影响较大,在我国越来越多的中青年人参加这种健身跑。

跑步是一项实用技能,运用它锻炼身体,对正在成长的青少年来讲,是发展速度、耐力、灵巧、协调等运动素质,促进运动器官和内脏器官机能的发展,增强体质的有效手段。对中青年人来说,普遍认为是保持精力与体力,延年益寿、强身祛病的好方法。

二、跑步的主要健身作用

(1)增强心肺功能。跑步对于心血管系统和呼吸系统有很大的影响和作用。青少年坚持跑步锻炼可以发展速度耐力,促进心肺的正常生长发育。中老年人坚持慢跑,就是坚持有氧代谢的身体锻炼,保证对心脏的血液、营养物质和氧的充分供给,使心脏的功能得以保持和提高。实践证明,有的坚持长跑的中老年人,其心脏功能相当于比他年轻25岁的不经常锻炼的人的心脏。肺部功能的情况也大体如此。

(2)促进新陈代谢,有助于控制体重。超重和肥胖往往是患病的危险因素,而活动少则是引起超重和肥胖的重要原因之一。因此,控制体重是保持健康的重要原则之一,尤其对中年人来讲更是如此。跑步锻炼既促进新陈代谢,又消耗大量能量,减少脂肪存积。对于那些消化吸收功能较差而体重不足的体弱者,适量的跑步能活跃新陈代谢功能,改善消化吸收,增进食欲,起到了适当增加体重的作用。可见跑步是控制体重、防止超重和治疗肥胖的好方法。

(3)增强神经系统的功能。户外或郊外跑步对增强神经系统的功能有良好的作用,尤其是消除脑力劳动的疲劳,预防神经衰弱,坚持跑步锻炼的人对此有共同体会,就是跑步不仅在健身强心方面有着明显的作用,而且对于调整人体内部的平衡、调剂情绪、振作精神也有极好的作用。

三、跑步锻炼的注意事项

(1)跑步健身要遵守循序渐进原则,距离和速度从短、慢开始,适应后逐渐增加,跑时量力而行,留有余地,避免心脏负担过重,使身体疲惫不堪。大众健身跑衡量运动量是否合适,可以用自我心率控制来掌握,国际通用是180-年龄为最大心率,如60岁的最大心率为180-60=120次/分,跑时以不超过最大心率为宜。也可根据自己的主观感觉,以跑后自觉身体舒适、精神振作、食欲增加、睡眠良好等为适度运动量,否则需及时减小运动量。

(2)早晨练习跑步为最佳,跑前可先做操或打拳。早上没有时间亦可安排在下午跑步。睡觉前不宜跑步,但可散步。

(3)跑步时呼吸自然,口鼻兼用且有节奏地呼吸。呼吸配合:二步一吸、二步一呼或三步一吸、三步一呼均可。

(4)如有感冒、发热、腹泻等症状,暂不宜跑步;女性在月经期间,也应暂停跑步锻炼。

(5)冬天跑步时,穿衣多少要根据天气寒冷程度、个人抗寒能力和跑步运动量来确定,以跑时不感到太冷又不大量出汗为原则。跑步后,要及时穿衣,若衣服被汗水浸湿,要擦身换衣,注意保暖以防感冒。

(6)慢性病患者练习跑步,要经医生的检查许可,并做好自我身体检查,按时去医院复查。

第六节 健美操

一、健美操的基本涵义

健美操是我国体育运动的一项新兴项目,深受广大群众的喜爱,已成为社会体育的重要内容。目前社会上流行的健美操种类繁多,且存在不同的流派。因此,人们对健美操概念的内涵与外延的认识和理解便不尽相同。北京体育大学健美操研究中心经过多年的研究认为:"健美操是融体操、舞蹈、音乐为一体,经过再创造,按照全面协调发展身体的要求,组编成操,在音乐伴奏下,达到增进健康、培养正确体态、塑造美的形体、陶冶美的情操的一种锻炼手段。"可见,健美操具有体育、舞蹈、音乐、美育等多种社会文化功能。

健美操以娱乐与健身为目的,重在锻炼身体,要求难度低,重复次数多,使练习后轻松自如,达到再现自我的效果。健美操主要采用各种体操和舞蹈动作,并配以节奏明快的音乐创编而成,同时根据练习者的实际情况进行有氧锻炼。

国内外流行的健身健美操大致可分为六类,即:按不同年龄编制的系列健美操;培养姿态和塑造形体的健美操;锻炼身体各部位的健美操;徒手或轻器械健美操;按不同性别编制的男、女健美操;按人数多少编制的单、双人和集体健美操。近年来国内开创的年龄系列健美操在社会和家庭中得以广泛开展,备受群众欢迎,例如,由陆鸿斌创编的老年健身迪斯科操,就是根据老年的生理、心理特点,吸取祖国传统的气功、太极拳、民间舞和现代体操中的有关动作,结合老年人日常锻炼和生活中的动作而编制的,老年人锻炼后,健身效果明显,参加者越来越多。

二、健美操的主要健身作用

(1)经常进行健美操锻炼,有益于肌肉、骨胳、关节的匀称与和谐的发展,有利于形成正确的体态和健美的形体。

(2)通过长期健美操的有氧运动,改善人体内脏器官功能,促进其新陈代谢,从而增强体质。

(3)健美操对心理作用十分明显,在音乐的伴奏下进行身体锻炼,使练习者感受到愉快的情趣,从而调动人的精神力量和体力,培养和帮助人们进入一种最佳的心理状态,并产生向往和追求美的心理趋势。

(4)健美操的社会价值十分重要。男女老少走出家门,共操共乐,沟通人与人之间的情感,发展了愉快而自然的社交关系。

三、练健美操的注意事项

(1)锻炼前应做好身体各部位关节、韧带、肌肉的准备活动,使之适应操练;锻炼结束要做整理活动,使身体各部位逐渐转入安静状态,然后休息至少20分钟以后,方可洗澡和进餐。

(2)练习者应根据自身的体质和承受活动能力,控制和安排锻炼动作的速度、力度、重复次数、组数、间隙时间等。初练者每次锻炼后,应以少量出汗、略有疲劳感、心率一般在130次/分左右为宜,总的练习时间不超过1小时。有了一定锻炼基础后,可适当延长锻炼时间,排汗量和疲劳感都有所增加,心率最高可达140次/分。随着锻炼水平的提高、体质的增强,运动强度和运动总量都可以适当增加,锻炼情绪饱满,疲劳中能获得满足感,心率最高不超过150次/分。

(3)如安排在早晚间锻炼,运动量不宜过大,以免影响学习、工作以及正常睡眠。

(4)锻炼场所应选择空气清新、安静的户外地点,也可在家庭进行锻炼。

(5)要根据个人的具体条件,确定锻炼目的,选择有针对性的操练方法。

(6)练习中保持情绪愉快、精神专注、姿势正确、动作要领准确,以保证练习质量和锻炼效果。

(7)慢性病人应在医生的指导下进行锻炼。

(8)做好定期身体测量,以便检查阶段性的锻炼效果和调整不适宜的锻炼计划。

第七节 健身舞

一、健身舞的基本涵义

健身舞,如迪斯科和扭秧歌,是我国城乡广大群众所喜爱的文体娱乐活动。健身舞多是传统健身术、民间舞蹈、日常生活动作与音乐相结合的产物。自古以来,舞就是一种健身活动,而音乐又是表达思想感情的特殊方式。两者融为一体会使人产生欢乐而振奋的情绪,同时还会产生对练习健身舞跃跃欲试的想法,因此,健身舞广泛地吸引着民众的参与,成为男女老少皆喜爱的健身活动。

大众跳迪斯科并无什么固定的章法、动作和步态,可以自由自在、无拘无束,还可以随意加上劳动和生活的动作,主要的要求是尽量放松人体的各个关节去做弹、击、摆、转的动作,并在优美轻快的音乐伴奏下,翩翩起舞,使人感之兴奋,越跳越开心,越跳越起劲,老年人跳迪斯科甚至会忘记了自己的年龄。

秧歌舞是边舞(主要是扭身与踏步)边用音乐伴奏的一项民间文化体育活动。此项活动流传自陕北,波及全国。秧歌舞的整个动作突出一个"扭"与"踏",达20多种方法,如"十字扭步""三进一退扭步""二进二退扭步""前进扭步""扭腰步"等。随着鼓点与锁呐声不断踩踏各种步点,扭动时以腰为轴扭动肩胯,自然摆动双手与踩踏步子,并按照人体的生理构造、特点及运动规律加以美化,顺其自然,轻松活泼,舒展优美,音乐的节奏基本以4/4与2/4的两种节拍出现,与身体的扭动和双脚踩踏极易协调合拍,既可以自我娱乐,又可以集体扭动,易于学练,易于配合。

健身舞使健身活动增强了艺术表现力和感染力,并具有塑造形体和陶冶情操等功能,给人一种质朴健康、热情欢乐、积极向上的感觉。

二、健身舞的主要健身作用

(1)健身舞练习对运动器官的作用。经常适当地进行健身舞练习能提高韧带和关节的活动范围,增强关节的弹性和灵活性,并能有效地增大肌肉力量。它还有助于防治老年性运动器官的劳损和常见病。

(2)健身舞练习对心血管系统的作用。健身舞练习可以看作是有氧训练,经常适当地练习可改善和提高心肌功能,防止脂肪在血管壁的沉着,保持血管的弹性,对活跃体内的新陈代谢、增强体内的氧化作用和对预防常见的老年性肥胖、糖尿病、冠心病等疾病都有积极的作用。

(3)健身舞练习对中枢神经系统的作用。健身舞由于动作的多样化,并伴有音乐节奏,对大脑细胞有良好的刺激作用,对调整大脑皮层的兴奋和抑制功能、改善对各系统的调节作用也起着良好影响。因此,常参加健身舞练习的老年人,精神饱满,反应迅速,耳聪目明。

(4)健身舞练习能控制体重。经常适当地进行健身舞锻炼,提高了机体的能量代谢效率,控制住了自己的体重,使体重与身高朝着匀称身材发展,还能达到减少多余脂肪的效果。

(5)健身舞的社会功能。舞伴音乐或音乐伴舞密不可分,会使人产生丰富多彩和富于创造性的场面,既增加锻炼者的兴趣,又可以消除疲劳,利于工作和学习,同时发展着同志间的友谊和忠诚。常参加健身舞练习能不断挖掘出人的"潜能",使锻炼者在追求健身、健美、健心的综合目标中求得自身完善。

三、跳健身舞的注意事项

参加健身舞锻炼,除参照健美操练习应注意的事项外,还应注意如下几点。

(1)健身舞不是互相竞争的舞蹈,应依自己的水准快乐地跳,所以跳时不要因为一些小技巧而紧张,或跟不上而过分勉强,应该轻松愉快地跳。

(2)健身舞的步法伴有跳跃,尤其跳迪斯科最为明显,为保护膝、踝关节,尽量避免在坚硬地面进行,也不要穿拖鞋。

(3)老年人跳舞应量力而行,掌握好运动量,人到了老年,身体各器官会发生一系列退行变化。为此,老年人跳舞就要特别加强自我医务监督,在活动中每分钟脉搏控制在120~130次为宜。如有不适感或伴有症状,应立即停跳,以便进一步观察。总之,老年人参加健身舞练习,要根据自身情况,随时调整到适宜的活动量,并经常做全面的体格检查和自我医务监督。

(4)跳舞前吃得太饱百害而无一利;练习中喝少量水可以,但是喝过酒之后绝对不能跳舞(至少要经过2~3小时后才可);练习中严禁抽烟。

第八节 门球运动

一、门球运动的基本涵义

门球是一项老年人喜爱的体育运动。门球具有场地小、规则易懂、运动量小、安全、战术多变、趣味性浓等特点,因此颇受中老年的青睐。

门球是用木槌击打小球过小门的一种运动。通过走步和击球动作,使臂、腿、腰得到锻炼。门球比赛又具有浓厚的趣味性,除要有一定的基本功外,还要时刻动脑筋,随时注意球场上的变化,不断思考着球的去向和目标,场上双方你来我往,追、守、躲、撞,趣味无穷。实践证明,门球活动可健身健腿,促进全身血液循环和新陈代谢功能,促进消化吸收,祛病延年。门球在运用技、战术的同时增强和保持脑细胞的活力,调节情绪、磨炼性格,是促使老年人身心俱佳的健康娱乐活动。老年人一旦参加了门球活动,定会领略到其中乐趣,孜孜不倦,乐此不疲。

门球不是仅仅打球过门的简单游戏,需要准确判断情况,预见比赛进展,采取最佳对策,运用知识和智慧进行竞争,在斗智、斗勇中掌握主动,把握局势,这才是门球趣味之所在。打门球只要有一小块空地就可以进行,不需要特别设备。初学的人听上十几分钟讲解便可投身打球,这也是门球的魅力之一。

门球既有地上台球运动之妙,又有高尔夫球之趣,还有地上棋类运动之精。其基本运动特点是"运动而有闲,用力而有节,快乐而不激,用心而不苦"。由于门球运动具有这种动静相间、强身恰神的特点,所以它是最适合于老年人的健身活动。

门球的运动量虽然不大,却不是局限于老年人的运动。现在打门球的青年人多了起来。由少年、壮年甚至清一色妇女组成的门球队也屡见不鲜。门球是唯一不分男女老少都能同时参加的运动。

二、门球活动的主要健身作用

(1)门球活动能使身体得到全面锻炼。打门球的基本活动是瞄准、击球、拾球和到位。在活动中伴随着快步走或慢跑,可以使全身的运动器官,特别是手、臂、腰、腿、脚以及视力、听力、内脏和神经系统都得到锻炼。

(2)打门球可以进行充分的日光浴和空气浴。门球活动是一项户外运动,又因其活动量较小,能持续活动几个小时,可以进行充分的日光浴和空气浴,这是门球户外运动得天独厚的优点。经常进行日光浴和空气浴有增强体质和防病治病的作用。太阳的光辐射还可以使人心情舒畅,并改善人体组织的新陈代谢,人体皮肤与空气接触,可以产生相应的生理效应,提高身体对气温的适应能力。

（3）门球活动可以增强脑细胞的活力，锻炼思维能力和记忆能力。门球活动中的技、战术的运用和整体配合以及打球所处的位置都需要用脑力，这样日复一日地进行脑运动，就会增强脑细胞的活力，锻炼思维和记忆能力。打门球可以说是体脑并用的运动项目，而体脑运动的有机结合正是门球运动的独具之长，所以这项运动更有益于老年人健康长寿。

（4）门球活动具有显著的心理保健作用。门球是运动和娱乐兼而有之的项目。它不仅对肢体健康有益，而且能愉悦参加者的情绪。打起门球来，妙趣横生，心醉神达，可以忘却生活中的各种烦忧，老年人的孤独感、失落感也随之消失了，同时还增进了朋友之间的交往和友谊，对老年人心理保健起到重要作用。

三、打门球的注意事项

（1）参加门球活动前应把臂、腿、腰以及相应的关节充分活动开。

（2）打门球时最好穿带齿而不滑的鞋。尤其对老年人来说，如果绊倒或滑倒很容易出现摔伤事故，冬季冰冻天参加户外门球活动更应小心。

（3）门球活动的体力消耗并不大，但是一旦着迷，容易兴奋，此时老年人应注意控制自己。不应超过自己适合的步伐或跨度活动的幅度，以免扭伤筋骨，从未打过门球的人也可以先自己练或与友人、家人同练。

（4）老年人有充裕的时间打门球，而门球运动能使参加者长时间活动，因此，老年人应把打门球安排在作息制度中，使生活、锻炼有节奏。

（5）老年人经常从事门球活动应有自我监督和预防意外的方法。

（6）老年人参加门球活动，以安全适度、确保实效，能得到快乐感和满足感为健身原则。

第九节　木兰拳

一、木兰拳概述

木兰拳是将太极拳基本功、气功要领、武术技击基本功、体操基本功及舞台艺术造型有机结合，以吐纳之道和阴阳二气合理运动为理论依据，动静结合，在动的过程中，让思想随着优雅的音乐意守拳路而自然入静，从而达到防病、治病、延年益寿的目的健身方法。实践证明，它对腰腿痛、关节痛、心脏病及失眠等病症有积极的治疗效力和预防作用，对减肥以及对中老年妇女的体形健美更有显著功效。

中国木兰拳是顺应了社会需求和历史发展潮流而诞生的，它使爱好者们充满自信地去面对人生、事业和生活，它已成为人们的一种时尚而又振奋人心的精神力量。中国木兰拳武舞相交、武艺相融，它作为一项新型的艺术健身拳操，不但能强身祛病和自娱自乐，而且正在为提高海内外广大健身爱好者，尤其女性的生活质量和精神情操发挥着巨大的作用。

木兰拳是融中国武术之刚健和现代健美操之柔和为一体的健身拳术，虽已归属于武术范畴，但它与太极拳截然不同。它大起大落，刚柔相济，以音乐为灵魂，具有强烈的音韵和身韵特征，更接近于舞蹈。离开了音乐，演练木兰拳就失去了灵魂，没有了味道。所以木兰拳决不能像太极拳那么四平八稳匀速地行进，也不能"轻柔美"地飘浮在上。木兰拳作为一项武舞相融、刚柔相济、造型优美、乐曲动听的群众性的健身活动，已在海内外广泛流传，深受广大群众喜爱，尤其是女士们的青睐。

二、木兰拳的特点

造型优美、动作舒展大方、继承传统、时代感强。中国木兰拳系列包括徒手拳、单扇、双扇、单剑、双剑、单圈、双圈、双匕首、武扇、拂尘、花棍等12个主题曲活动操等附加套路。木兰拳以美著称，它博取民间各流派之长，融刚健有力的武术功架和优美潇洒的民族舞姿及戏剧、气功健身原理于一炉，既能强身祛病，又能自娱观赏，它节奏快慢多变、张弛有效，演练时强调"精、气、神"，注重以神领形、以形传神。

木兰拳拳势优美，简便易学，很能适应现代人们健身健美的需求，作为一种科学的健身方法，对人体很多方面的疾病都有着良好的防治效果。

三、中国木兰拳套路拳谱

第一路　木兰报春（徒手拳）	第二路　木兰从军（单剑）	第三路　木兰出征（单剑）
1. 东方欲晓	1. 仙人指路	1. 将军执令
2. 木兰报春	2. 力劈华山	2. 飒爽英姿
3. 百鸟争鸣	3. 玉女穿梭	3. 木兰出阵
4. 仙女下凡	4. 木兰从军	4. 跃马横枪
5. 彩云飘荡	5. 气传金柝	5. 过关斩将
6. 巧坐金莲	6. 光照铁衣	6. 威震山河
7. 乘风破浪	7. 宝刀出鞘	7. 神龙搅海
8. 仙鹤独立	8. 金枪独挑	8. 天水一色
9. 飞龙迎凤	9. 飞轮渡海	9. 大江翻浪
10. 斜身照影	10. 童子抱瓶	10. 风起云涌
11. 西施浣纱	11. 乌龙绞柱	11. 山川映月
12. 丹凤朝阳	12. 犀牛别宫	12. 古石沉江
13. 蝴蝶穿花	13. 兵勇望风	13. 险峰奇观
14. 嫦娥奔月	14. 朝阳张弓	14. 猛虎嬉食
15. 鹞子翻身	15. 将军百战	15. 乌蟒缠树
16. 白鹤亮翅	16. 万里赴戎	16. 苍鹰搏击
17. 蛟龙入海	17. 紫燕侧翼	17. 银狐蹁跹
18. 旭日东升	18. 回身反击	18. 猎人设伏
19. 大鹏展翅	19. 雄鸡啄蝶	19. 木兰挥剑
20. 燕子追云	20. 木兰刺剑	20. 四面出击
21. 鸳鸯戏水	21. 跃马疆场	21. 八面威风
22. 推窗望月	22. 两军对阵	22. 沙场奏捷
23. 天女散花	23. 鸣锣收兵	23. 将军脱袍
24. 鸿雁归巢	24. 鸿雁归巢	24. 凯旋归营

四、徒手基本动作

(1) 腿部动作：压腿（正、侧、后），踢腿（正、侧、后）。
(2) 腰部动作：前俯腰、甩腰、涮腰。
(3) 手型手法：拳、掌、请拳、托掌、穿掌、按掌、推掌、撩掌、云手、双绞手。
(4) 步型步法：弓步、歇步、虚步、坐莲步、盖步、插步、后扫步、旋转步、展转步。
(5) 腿法：上踢腿、前蹬腿、踩莲腿、勾踢。
(6) 平衡：提膝平衡、后举腿平衡、望月平衡、燕式平衡。

基本方法有握法、开扇法、合扇法。

第十节 太极柔力球

太极柔力球运动就是需要以柔卸力，所以技术性要求比较高，讲究柔和、以柔克刚，忌撞击，接球的时候要善于缓冲。主要动作环节分为"迎—引—拉—抛"。球像网球，由外层的皮、中间的硬壳、最里面的细沙组成。运动场地一般长10m、宽5m，球场中央有一道网，场地与羽毛球场较相似。太极柔力球借鉴网球、羽毛球的场地、规则等要素，并融入了太极精髓，提炼形成了这项运动。

太极柔力球圆弧轻划，看似软弱无力、轻松自在，然而力度拿捏、方位掌握均耗损巨大，一场球下来，轻则汗流浃背，重则腰酸腿软。

一、太极柔力球的特色

太极柔力球运动是一项新兴的，具有民族特色的体育运动项目，它是由运动者手持一种特制的拍子，该拍子是由一个拍柄和一个拍框组成，拍框内有一个能起缓冲作用、带风孔的橡胶软面，通过用弧形引化的方法将球抛来抛去。它可以二人对抛、单人独练、几个人互传或隔网竞技，以达到健身、娱乐、表演和竞技的一种运动项目。

二、太极柔力球的文化和意义

太极柔力球是应时而生的一项太极化的球类运动，体现中华民族博大精深的"太极"文化，以柔克刚、以退为进、以巧击蛮、以小胜大以及和平圆满的战略思想，它保留了太极思想和太极运动中所有的精华，同时又加入了现代元素，并且使两者很好地融合在一起。它一改硬性击球的方式，而以将球纳入球拍后的弧形引化过程为主要技术特征，这一特点成为其与网球、羽毛球和乒乓球等其他架网相隔、持拍对打的球类运动的主要区别。在运动中每一次的收力、发力、接球、送球都是一次对心理的修炼，使每一个参与者都能享受到自由自在、随心所欲、无拘无束的境界和氛围，以及酣畅自如的肢体运动所带给的快乐。

三、太极柔力球对身体的疗效

太极柔力球运动是一种全身性的运动，它可以使颈、肩、腰、腿得到均衡全面的发展。特别是由于圆形动作的变化比较复杂、随机多样，对训练中枢神经系统机能和发展多向思维都具有良好的作用。正确的弧形引化动作要求以肩为轴，肩、肘、腕保持一个弧形，因此整个上肢都不是紧张的,这有助于静脉血的回流,保护了心脏的安全。

它又是一种运动量可以灵活调节的运动,体力差的可以以逸待劳,以不变应万变,体力好的可以左奔右突、前后变幻;初学者可以高接低抛、和平过渡;娴熟者可以四处封杀、各展雄风。运动时圆灵轻活、闪展腾挪、人拍合一、心球合一,轻如燕子抄水、凤凰展翅,重如狮子摇头、豹虎归山,使人精神振奋、心情愉悦。运动量完全由锻炼者自我掌握。太极柔力球也可以作为一项隔网竞赛项目。为了比赛的胜利,参赛者在遵守规则的前提下,努力钻研,锐意进取,不断创新。

随着运动水平的提高,果敢、坚毅、机敏、顽强的品格随着技艺逐渐形成。除了健身和竞技外,太极柔力球还可以作为表演的手段:单人、双人及多人可以在音乐的伴奏下做出各种优美的表演。因此柔力球可以最大限度地满足不同层次、不同需求的锻炼者的需要。

四、太极柔力球的技术特点

太极柔力球运动的技术特点是:从入球到出球是由迎、引、抛三个部分组成的一个连贯、自然流畅、一气呵成的弧形引化过程。它改变了传统的硬性击球方法,要求首先顺着来球的方向、线路,主动伸拍迎球,使球从球拍的边框悄无声息地切纳入球拍。球入球拍后,以两脚为支撑双腿发力,力通过腰的分配组合,使身体和手臂以及手臂所持的球拍和拍内的球,以身体的横轴、纵轴和矢状轴为中心进行旋转运动,在旋转中使球在球拍中产生强大的离心力,再以这个离心力的惯性将球沿弧线的切线方向甩出球拍的过程。

太极柔力球与其他球类的比赛一样,都是非常激烈的,其球飞行速度和运动量不亚于网球、羽毛球等运动,而且这项运动落点非常准确、刁钻,球路变化无穷。我们仔细观察就会看出,它与其他持拍球类运动的技术完全不同,它不是将球推打出去,而是用身体带动球拍挥旋,产生惯性离心力将球抛甩出去的一种技术。

比较接近的运动方式有田径运动中的链球和铁饼。由于它的接抛球过程是划一个圆弧,是有一定时间的一个过程,而在这个过程中可以有目的的在划弧的不同阶段选择由不同的方向和角度出球,真假虚实、声东击西,使对方难以判断,划弧所拥有的时间可以使动作不断随意创造,优美的弧线也使动作圆润流畅、潇洒、飘逸,使智慧和技巧以及美在运动比赛中唱上了主角,那种只用蛮力、狠拼猛打、不动脑筋的运动方式全无了用武之地;使东方民族处理问题全面周详、含蓄婉转、坚韧不拔、灵巧细腻的民族特点得到充分的体现;使运动者和观赏者都得到一个创造美、欣赏美的享受,通过运动使大家锻炼了身体,也陶冶了情操,愉悦了身心。

五、适应性特点

太极柔力球运动广泛的适应性主要表现在很多方面,首先它不受场地和气候的限制,室外锻炼,有点场地就行,门庭小径、楼道屋顶都可以因地开展,空旷场地更佳,刮风下雨,室内床前也照样可以挥练自如。

在我国十天九有风,尤其是我国北方风更大。太极柔力球球重为 $53\sim55g$,挥拍时,拍框引领划弧不扇风,而且由于其特殊的运动形式,风对球拍和球的影响都不大,所以基本不受风力的影响,这很好地解决了在风天无法进行持拍运动的问题,所以也适合在大众中开展和学校体育课使用。太极柔力球器材价格低廉,不易损坏,一套器材能打好几年,而羽毛球一天就可能损坏数只,所以本器械更适合我国国情,更贴近广大群众的锻炼实际。

六、基本套路

第一节:左右绕翻。

在身体的右侧和左侧完成 960°的绕翻,它由侧前三步移动,接一个横跨步,向后三步移动,再接一个横跨步组成,一定要注意它的移动要轻起轻落,点起点落,重心要平稳,脚下要扎实、稳步。移动要跟进脚,随时向前迈出。

第二节:头上平线。

是在头上完成一个水平方向的环绕,要注意利用腰动身体画出一个圆,动作要完整。

第三节:正反绕翻。

是在我们体前完成一个顺时针和逆时针的环绕,与我们熟悉的太极拳的云手非常相同,但要注意两个云手要连贯完整、协调自然,画出的圆要饱满圆润。

第四节:平侧旋转。

是利用我们身体的中轴和实中轴完成水平方向和侧向旋转运动,这个运动要注意控制自己的旋转轴,身体要下沉,动作要平稳。

第五节:正反抛翻。

在我们的体前完成顺时针方向的抛接和逆时针方向的抛接,抛接后有一个体前的绕环,抛接连贯完整,在环中绕、绕中翻,动作要自然流畅。

第六节:身后抛接。

在我们的身后完成抛接动作,整个动作要完整连贯、上下相随、一气呵成,一定不要有手腕和肘腕的发力动作。前两个人抛转体 90°来完成身后抛接动作,后两个人抛转体 180°来完成抛接动作。

第七节:弓步绕翻。

是在我们的体前体侧完成的正绕翻和反绕翻,做这个动作要注意用力向下,上下相随,连绵不断,用力要完整有力。

第八节:人字绕环。

是在我们的体侧前完成一个八字形的环状运动,这个动作上下相随、连贯自然、用力要由腿到腰动,四肢协调,达到圆满地完成人字绕环动作。

附 件

附录1：教育部关于印发
《国家学生体质健康标准(2014年修订)》的通知

教体艺[2014]5号

各省、自治区、直辖市教育厅(教委)，新疆生产建设兵团教育局，部属各高等学校：

为建立健全国家学生体质健康监测评价机制，激励学生积极参加身体锻炼，引导学校深化体育教学改革，推动各地加强学校体育工作，促进青少年身心健康、体魄强健、全面发展，在认真总结各地实施现行《国家学生体质健康标准》的基础上，结合新时期青少年体质健康状况和学校体育工作实际，我部组织对现行《国家学生体质健康标准》进行了修订。现将《国家学生体质健康标准(2014年修订)》印发给你们，请认真贯彻执行。

教育部
2014年7月7日

附录2:国家学生体质健康标准(2014年修订)

一、说明

1.《国家学生体质健康标准》(以下简称《标准》)是国家学校教育工作的基础性指导文件和教育质量基本标准,是评价学生综合素质、评估学校工作和衡量各地教育发展的重要依据,是《国家体育锻炼标准》在学校的具体实施,适用于全日制普通小学、初中、普通高中、中等职业学校、普通高等学校的学生。

2.本标准的修订坚持健康第一,落实《国家中长期教育改革和发展规划纲要(2010—2020年)》《国务院办公厅转发教育部等部门关于进一步加强学校体育工作若干意见的通知》(国办发〔2012〕53号)和《教育部关于印发〈学生体质健康监测评价办法〉等三个文件的通知》(教体艺〔2014〕3号)有关要求,着重提高《标准》应用的信度、效度和区分度,着重强化其教育激励、反馈调整和引导锻炼的功能,着重提高其教育监测和绩效评价的支撑能力。

3.本标准从身体形态、身体机能和身体素质等方面综合评定学生的体质健康水平,是促进学生体质健康发展、激励学生积极进行身体锻炼的教育手段,是国家学生发展核心素养体系和学业质量标准的重要组成部分,是学生体质健康的个体评价标准。

4.本标准将适用对象划分为以下组别:小学、初中、高中按每个年级为一组,其中小学为6组、初中为3组、高中为3组。大学一、二年级为一组,三、四年级为一组。

5.小学、初中、高中、大学各组别的测试指标均为必测指标。其中,身体形态类中的身高、体重,身体机能类中的肺活量,以及身体素质类中的50米跑、坐位体前屈为各年级学生共性指标。

6.本标准的学年总分由标准分与附加分之和构成,满分为120分。标准分由各单项指标得分与权重乘积之和组成,满分为100分。附加分根据实测成绩确定,即对成绩超过100分的加分指标进行加分,满分为20分;小学的加分指标为1分钟跳绳,加分幅度为20分;初中、高中和大学的加分指标为男生引体向上和1000米跑,女生1分钟仰卧起坐和800米跑,各指标加分幅度均为10分。

7.根据学生学年总分评定等级:90.0分及以上为优秀,80.0~89.9分为良好,60.0~79.9分为及格,59.9分及以下为不及格。

8.每个学生每学年评定一次,记入《〈国家学生体质健康标准〉登记卡》(附表1~6)。特殊学制的学校,在填写登记卡时可以按规定和需求相应地增减栏目。学生毕业时的成绩和等级,按毕业当年学年总分的50%与其他学年总分平均得分的50%之和进行评定。

9.学生测试成绩评定达到良好及以上者,方可参加评优与评奖;成绩达到优秀者,方可获体育奖学分。测试成绩评定不及格者,在本学年度准予补测一次,补测仍不及格,则学年成绩评定为不及格。普通高中、中等职业学校和普通高等学校学生毕业时,《标准》测试的成绩达不到50分者按结业或肄业处理。

10.学生因病或残疾可向学校提交暂缓或免予执行《标准》的申请,经医疗单位证明,体育教学部门核准,可暂缓或免予执行《标准》,并填写《免予执行〈国家学生体质健康标准〉申请表》(附表7),存入学生档案。确实丧失运动能力、被免予执行《标准》的残疾学生,仍可参加评优与评奖,毕业时《标准》成绩需注明免测。

11.各学校每学年开展覆盖本校各年级学生的《标准》测试工作,《标准》测试数据经当地教育行政部门按要求审核后,通过"中国学生体质健康网"上传至"国家学生体质健康标准数据管理系统"。测试和数据上传时间由教育行政部门确定。

12.本标准由教育部负责解释。

二、单项指标与权重

测试对象	单项指标	权重(%)
小学一年级至大学四年级	体重指数(BMI)	15
	肺活量	15
小学一、二年级	50米跑	20
	坐位体前屈	30
	1分钟跳绳	20
小学三、四年级	50米跑	20
	坐位体前屈	20
	1分钟跳绳	20
	1分钟仰卧起坐	10
小学五、六年级	50米跑	20
	坐位体前屈	10
	1分钟跳绳	10
	1分钟仰卧起坐	20
	50米×8往返跑	10
初中、高中、大学各年级	50米跑	20
	坐位体前屈	10
	立定跳远	10
	引体向上(男)/1分钟仰卧起坐(女)	10
	1000米跑(男)/800米跑(女)	20

注:体重指数$(BMI)=$体重(千克)$/$身高^2(米^2)。

三、评分表(略)

附录3:《国家学生体质健康标准》实施办法

一、《国家学生体质健康标准》(以下简称《标准》)的实施工作在教育部、国家体育总局的领导下,由各级教育行政部门管理,体育行政部门指导,学校组织实施。

二、《标准》的组织实施工作在校长领导下,由学校体育教研部门、教务部门、校医院(医务室)、学工部门、辅导员(班主任)协同配合共同组织实施。《标准》的测试应与学生的健康体检有机结合,避免重复测试。学生的《标准》测试成绩按评定等级记入《国家学生体质健康标准登记卡》,小学列入学生成长记录或学生素质报告书,初中以上学校列入学生档案(含电子档案),作为学生毕业、升学的重要依据。对达到及格以上成绩的学生颁发证章。《标准》的实施工作记入教师的教学工作量。

三、学生《标准》测试成绩达到良好以及以上者,方可参加三好学生、奖学金评选;成绩达到优秀者,方可获体育奖学分。《标准》成绩不及格者,在本学年度准予补测一次,补测仍不及格,则学年《标准》成绩为不及格。普通高中、中等职业学校和普通高等学校学生毕业时,《标准》测试的成绩达不到50分者按肄业处理。

四、因病或残疾学生,可向学校提交免予执行《标准》的申请,经医疗单位证明,体育教学部门核准后,可免予执行《标准》,并填写《免予执行〈国家学生体质健康标准〉申请表》,存入学生档案。对确实丧失运动能力、免予执行《标准》的残疾学生,仍可参加三好学生、奖学金、奖学分评选,毕业时《标准》成绩可记为满分,但不评定等级。

五、认真上好体育课、积极参加体育活动、每天锻炼时间达到一小时者,奖励5分,计入学年《标准》总成绩。

六、属下列情况之一者,其《标准》成绩记为不及格,该学年《标准》成绩最高记为59分:

1. 评价指标中400米(50米×8往返跑)、1000米跑(男)、800米跑(女)、台阶试验的得分达不到及格者;

2. 体育课无故缺勤,一学年累计超过应出勤次数1/10者。

七、各地、各学校在实施《标准》时要树立"安全第一"的指导思想,健全各项安全保障制度,落实安全责任制,加强对场地、器材、设备的安全检查。要认真做好学生的体检工作,对生病学生实行缓测和免测。

八、全国各级各类学校每年均直接将本校各年级《标准》测试数据,通过中国学生体质健康网(网址中文域名:中国学生体质健康网,英文域名:www.csh.edu.cn),报送至教育部"国家学生体质健康标准数据管理系统",上报数据的时间为每年9月1日至12月31日,上报测试数据的工具软件,由学校在中国学生体质健康网上免费下载使用。

九、高职、高专类学校参照有关要求执行。

十、教育部每年公布各省、自治区、直辖市实施《标准》的基本情况;每学年对教育部直属高校本科新生《标准》测试结果,按生源所在地进行统计,并以省、自治区、直辖市为单位进行公布。

十一、各地教育、体育行政部门对本地各级各类学校实施《标准》的情况,要认真检查监督。

要将《标准》的实施情况纳入各级政府教育督导内容和评估指标体系,并作为对各级各类学校进行评优、表彰的基本依据。对弄虚作假、徇私舞弊者,给予通报批评,情节严重者,给予行政处分。

十二、为保证《标准》测试数据的科学性、准确性,各地、各学校招标、选用的《标准》测试器材必须是经国家认证认可监督管理委员会批准的相关认证机构认证合格的产品。

十三、本办法由教育部负责解释。

中华人民共和国教育部
国家体育总局
二〇〇七年四月四日

附录4：青少年户外运动调查问卷

亲爱的同学：

你好！为了解你参加户外健身运动的基本情况，特设计了本问卷。请根据你参加户外运动的情况及对此项运动的看法回答以下问题，在相应的"□"中划"√"。请不要有所顾虑，问题的结果只作为团体统计使用，不对个人作评价。感谢你的支持与参与！

一、基本情况

姓名：_____；出生年月：_____年_____月；性别：男□ 女□；就读年级：_____。
家庭所在地：中心城市□ 郊区城镇□

二、问卷内容

1. 你对户外运动的喜爱程度是：
   ①非常喜欢□ ②喜欢□ ③一般□ ④不喜欢□ ⑤非常不喜欢□
2. 你觉得户外运动对你的学习
   ①非常有帮助□ ②有帮助□ ③一般□ ④没帮助□ ⑤非常没帮助□
3. 户外运动是现代人学习生活不可缺少的一部分。你的意见是
   ①非常赞成□ ②赞成□ ③不确定□ ④不赞成□ ⑤一点不赞成□
4. 你觉得户外运动对增强体质
   ①非常有益□ ②有益□ ③不知道□ ④没有好处□ ⑤非常没有好处□
5. 你参与户外运动是因为：(可以多选)
   ①自己喜欢□ ②老师鼓励□ ③家长支持□ ④受同学影响□
   ⑤受媒体宣传影响□ ⑥其他_____
6. 你参与户外运动的目的是：(可以多选)
   ①兴趣爱好□ ②锻炼身体□ ③休闲娱乐□ ④和别人交流合作□
   ⑤刺激惊险□ ⑥好奇□ ⑦可以帮助别人□ ⑧其他_____
7. 你参与户外运动次数少的原因是：(可以多选)
   ①危险性高□ ②费用高□ ③缺乏相关指导□ ④家长反对□
   ⑤学校不支持□ ⑥影响学习□ ⑦其他_____
8. 你参与户外运动的项目是：_____
9. 你第一次参与这项户外运动是：
   ①2010年以前□ ②2011年□ ③2012年□ ④2013年□ ⑤2014年□
10. 你参与上述户外运动项目的时间是：
    ①1年以下□ ②1.5年□ ③2年□ ④2.5年□ ⑤3年以上□
11. 你参与户外运动的频率
    ①3次以上/周□ ②3次/周□ ③2次/周□ ④1次/周□

⑤2次/月□　　⑥1次/月□

12. 你每次参与户外运动的时间是
　　① 0.5小时以内□　　② 0.5~1小时□　　③1~1.5小时□　　④1.50~2小时□
　　⑤2小时以上□

13. 你参与户外运动时的心率大约是
　　①90次/分钟以下□　　②90~120次/分钟□　　③120~140次/分钟□
　　④140次以上/分钟□

14. 你参与户外运动时感觉是
　　①一点不累□　　②稍微有一点累□　　③有点累□　　④比较累□　　⑤非常累□

15. 你参与的户外运动项目发展了自己的哪些身体素质:(可以多选)
　　①力量□　　②速度□　　③耐力□　　④节奏感□　　⑤协调能力□
　　⑥平衡能力□　　⑦灵敏性□　　⑧其他_____。

16. 你参与的户外运动项目发展了自己的哪些心理素质:(可以多选)
　　①社会适应能力□　　②意志品质□　　③积极乐观态度□　　④开发智力□
　　⑤活泼开朗性格□　　⑥其他_____

17. 参与户外运动后感到心理轻松
　　①完全没有□　　②没有□　　③有一点□　　④比较强烈□　　⑤非常强烈□

18. 参与户外运动后感到人际交往能力提高
　　①完全没有□　　②没有□　　③有一点□　　④比较明显□　　⑤非常明显□

19. 参与户外运动后感觉应对困难能力提高
　　①完全没有□　　②没有□　　③有一点□　　④比较明显□　　⑤非常明显□

20. 参与户外运动后感觉心情愉悦
　　①完全没有□　　②没有□　　③有一点□　　④比较强烈□　　⑤非常强烈□

附录5:青少年户外体育锻炼心理效益问卷

[编制说明] 根据锻炼心理学的相关研究成果确定了青少年锻炼感受评价的五个维度,即主观体验、情绪活力、身体价值、人际感知、困境应对。在此基础上编制符合青少年学生特点的题目。问卷采用李克特5点记分法,学生只需在"完全没有"到"非常强烈"五个选项中选择一个即可。

亲爱的同学们:你们好!欢迎参加此次调查活动,本调查采用无记名形式,调查仅为研究所用,谢谢合作!

一、请认真填写下列基本资料

学校:_____;年级:_____;性别:_____;民族:_____;年龄:_____;
家庭所在地:城市□ 郊区城镇□

二、问卷内容

1. 除体育课以外,你经常参加的运动项目是:(可多选)在选项上打"√"
   A.足球 B.篮球 C.排球 D.乒乓球 E.羽毛球 F.网球 G.跑步 H.游泳
   I.健身操 J.舞蹈 K.武术 L.跆拳道 M.轮滑 N.跳绳 O.踢毽子
   P.其他_____。请列出参加次数最多的3项依次是(只填字母):第一_____;
   第二_____;第三_____。

2. 除体育课以外,你平均每次参加体育活动的时间大约是:_____(单选)
   A.30分钟以下   B.30~60分钟   C.61~90分钟   E.90分钟以上

3. 除体育课以外,你平均每周参加体育活动的次数是:_____(单选)
   A.0次   B.1次   C.2次   D.3次   E.4次及以上

4. 除体育课以外,你每次参加体育活动的感受是:_____(单选)
   A.一点不累   B.有一点点累   C.有些累   D.比较累   E.非常累

5. 除体育课以外,你经常参加体育锻炼的地点是:_____(单选)
   A.学校   B.社区   C.俱乐部   D.其他

[指导语]：本问卷的目的是测量你在户外体育锻炼后的感受，不涉及隐私问题，也没有对错之分，请你根据自己的感受如实填写。请在答案所对应的数字上打"○"。对你的合作我们深表感谢！

户外体育锻炼后，我感觉…	完全没有	基本没有	有一点	比较强烈	非常强烈
身体强壮了许多	1	2	3	4	5
振奋了精神	1	2	3	4	5
身体能力提高了	1	2	3	4	5
同学们更愿意接近我了	1	2	3	4	5
自己对解决难题充满了信心	1	2	3	4	5
生活更加充实了	1	2	3	4	5
提高了学习热情	1	2	3	4	5
体能对自己非常重要	1	2	3	4	5
参与运动是交友的最好途径	1	2	3	4	5
在困难面前应积极应对	1	2	3	4	5
紧张的学习压力减轻了许多	1	2	3	4	5
恢复了活力	1	2	3	4	5
对身体更加自信	1	2	3	4	5
竞争和协作加强了人际互动	1	2	3	4	5
挫折是对自己的考验	1	2	3	4	5
心理平静、沉稳	1	2	3	4	5
充满激情	1	2	3	4	5
身体健康是人生之本	1	2	3	4	5
与同学交流能力提高了	1	2	3	4	5
运动可以淡化烦恼	1	2	3	4	5
轻松自如	1	2	3	4	5
快乐幸福	1	2	3	4	5
对身体更加关注了	1	2	3	4	5
朋友间互助可以加深友谊	1	2	3	4	5
自己在困难面前坚强了	1	2	3	4	5
身心愉悦	1	2	3	4	5
自信心倍增	1	2	3	4	5
身体形态不容忽视	1	2	3	4	5
同学关系更亲密了	1	2	3	4	5
解决问题的办法多了	1	2	3	4	5

附录6:亚健康状态调查问卷
(引自"亚健康人群中医基本证候流行病学调查"课题)

单位编号:_____　　　调查员编号:_____　　　问卷序号:_____

亲爱的朋友:您好!
　　我们是"亚健康人群中医基本证候流行病学调查"课题组的调查员,是来自中国中医科学院及北京6家医院的医务人员。今天,将与您共同参加北京市第一次开展的这一重要调研工作。其目的在于了解35～55岁人群中亚健康发生的有关情况及其中医症候的分布,为改善市民健康状况和为政府制定卫生保健措施提供科学依据。我们应用科学方法选取了包括您在内的5000名被调查者与我们一道进行今天的问卷调查。您的答卷结果对此项调查至关重要。调查问卷的第一部分将由您自己填写。请您在选择答案前的"□"内打"×"或填写具体内容,注意不要遗漏。如果某个问题您不能肯定回答,就请选择最接近您真实感觉的那个答案。如有不理解或有疑问的地方请毫不犹豫地向调查员咨询。第二部分由调查员通过中医四诊与您共同完成。估计调查需占用您大约30分钟的时间。我们将对您的个人资料严格保密,采用编码形式录入数据库,不会暴露您的姓名,更不会对您的个人情况进行扩散。调查后如果发现您正处于亚健康状态,我们希望能进一步给您提供保健服务。非常感谢您能参与我们的研究工作!如果您愿意参加并配合我们的工作,请在此签名。

签名:　　　　　　　　　　　　　　日期:

一、基本信息
姓名:_____　出生:_____年___月___日　　性别:□男 □女
婚姻:　□未婚　　□已婚　　□其他　　民族:□汉族　□少数民族

二、躯体状况
在过去的3个月中,您的下列情况如何:
1. 您感觉到疲乏吗?
　　□完全没有　　□很少有　　□有　　□多数有　　□几乎总是
2. 您的疲乏在休息后能缓解吗?
　　□完全缓解　　□明显缓解　　□中等缓解　　□有所缓解　　□完全不能缓解
3. 您行动的能力如何?
　　□很好　　□好　　□不好也不差　　□差　　□很差
4. 您感到头脑昏沉吗?

□完全没有　　□很少有　　□有　　□多数有　　□几乎总是

5. 您感到头部沉重像用毛巾裹着一样吗？
　　□完全没有　　□很少有　　□有　　□多数有　　□几乎总是

6. 您走路时感到双腿沉重吗？
　　□完全没有　　□很少有　　□有　　□多数有　　□几乎总是

7. 您感到眼睛干涩吗？
　　□完全没有　　□很少有　　□有　　□多数有　　□几乎总是

8. 您感到眼睛酸胀吗？
　　□完全没有　　□很少有　　□有　　□多数有　　□几乎总是

9. 您因为眼睛的不适妨碍您的工作吗？
　　□完全没有　　□很少有　　□有　　□多数有　　□几乎总是

10. 您感到口苦吗？
　　□完全没有　　□很少有　　□有　　□多数有　　□几乎总是

11. 您感到咽干吗？
　　□完全没有　　□很少有　　□有　　□多数有　　□几乎总是

12. 您咽喉有异物感吗？
　　□完全没有　　□很少有　　□有　　□多数有　　□几乎总是

13. 您有反复发作的口腔溃疡吗？
　　□完全没有　　□很少有　　□有　　□多数有　　□几乎总是

14. 您感到想记住事情很困难吗？
　　□完全没有　　□很少有　　□有　　□多数有　　□几乎总是

15. 您是否容易出汗？
　　□完全没有　　□很少有　　□有　　□多数有　　□几乎总是

16. 您有睡着了出汗的现象吗？
　　□完全没有　　□很少有　　□有　　□多数有　　□几乎总是

17. 您感到手脚心发热吗？
　　□完全没有　　□很少有　　□有　　□多数有　　□几乎总是

18. 您感到心慌吗？
　　□完全没有　　□很少有　　□有　　□多数有　　□几乎总是

19. 您感到气短吗？
　　□完全没有　　□很少有　　□有　　□多数有　　□几乎总是

20. 您感到胸闷吗？
　　□完全没有　　□很少有　　□有　　□多数有　　□几乎总是

21. 您感到腹胀吗？
　　□完全没有　　□很少有　　□有　　□多数有　　□几乎总是

22. 您身体有疼痛吗？
　　□完全没有　　□很少有　　□有　　□多数有　　□几乎总是

23. 您是什么部位疼痛？（可多选）
　　□前额　　□头顶　　□头两侧　　□颈肩部　　□胁肋　　□胃脘部

□腹部　　　□腰部　　　□关节　　　□周身　　　□四肢　　　□胸部　　　□其他部位

24. 您的疼痛属于哪种情形？（可多选）
　　□胀痛　　　□针刺样痛　　　□隐隐作痛　　　□火烫样痛　　　□酸痛
　　□牵拉样疼痛　　　□麻木疼痛　　　□疼痛部位不变　　　□疼痛部位不固定
　　□疼痛部位发凉　　　□按压后减轻　　　□按压后加重　　　□遇冷加重　　　□遇冷减轻

25. 您觉得疼痛妨碍您去做自己需要做的事情吗？
　　□根本不妨碍　　　□很少妨碍　　　□有妨碍　　　□比较妨碍　　　□极妨碍

三、情志状况

在过去的3个月中，您的下列情况如何。

26. 您感觉心情平静吗？
　　□完全不平静　　　□很少平静　　　□平静　　　□多数平静　　　□几乎总是平静

27. 您觉得生活有乐趣吗？
　　□根本没有　　　□很少有　　　□有　　　□多数有　　　□总是有

28. 您觉得自己的生活有意义吗？
　　□根本没意义　　　□很少有意义　　　□有意义　　　□比较有意义　　　□极有意义

29. 您是否感觉心中空荡荡的？
　　□完全没有　　　□很少有　　　□有　　　□多数有　　　□几乎总是

30. 您是否对家人、亲友和周围事物感兴趣？
　　□完全没有　　　□很少有　　　□有　　　□多数有　　　□几乎是

31. 您有消极感受吗？
　　□没有消极感　　　□偶尔有消极感　　　□时有时无　　　□经常有消极感受
　　□总是有消极感受

32. 您是否有心情注意个人的日常生活？
　　□完全没有　　　□很少有　　　□有　　　□多数有　　　□几乎总是

33. 您情绪非常不好，什么事都不能使您高兴吗？
　　□完全没有　　　□很少有　　　□有　　　□多数有　　　□几乎总是

34. 您是否对同事或家人发脾气？
　　□完全没有　　　□很少有　　　□有　　　□多数有　　　□几乎总是

35. 您是否总觉得似乎有不幸事情降临？
　　□完全没有　　　□很少有　　　□有　　　□多数有　　　□几乎总是

36. 您是否经常感到手脚打颤或一阵发冷或发热？
　　□完全没有　　　□很少有　　　□有　　　□多数有　　　□几乎总是

37. 您能集中注意力吗？
　　□根本不能　　　□很少能　　　□能（一般）　　　□比较能　　　□极能

38. 您有因关注某件事而不思茶饭或夜不能眠的现象吗？
　　□完全没有　　　□很少有　　　□有　　　□多数有　　　□几乎总是

39. 生活中遇到各种各样的事件或问题，这些事件和问题对健康可能有影响，您在过去的一年中，是否遇到过下列问题？（可多选）

☐无　　　☐学习不顺利　　☐严重差错事故　　☐严重疾病/外伤　　☐家人重病
☐家人刑事或行政纪律处分　　☐失恋　　☐婚姻障碍　　☐大额借贷
☐家人亡故　　☐其他

四、生活状况

在过去的 4 周中，您的下列情况如何。

40. 您的食欲怎么样？
　　☐很好　　☐好　　☐不好也不差　　☐差　　☐很差
41. 您饭量与以前相比有变化吗？
　　☐明显增加　　☐有所增加　　☐没有变化　　☐有所减少　　☐明显减少
42. 您的饮水量有变化吗？
　　☐明显增加　　☐有所增加　　☐没有变化　　☐有所减少　　☐明显减少
43. 您吃饭有规律吗？
　　☐完全没有　　☐很少有　　☐有　　☐多数有　　☐几乎总是有
44. 您对自己的性生活满意吗？
　　☐很不满意　　☐不满意　　☐既非满意也非不满意　　☐满意　　☐很满意
45. 您对自己的睡眠情况满意吗？
　　☐很不满意　　☐不满意　　☐既非满意也非不满意　　☐满意　　☐很满意
46. 您有躺在床上很想睡觉，但半个小时以上还不能入睡的经历吗？
　　☐完全没有　　☐很少有　　☐有　　☐多数有　　☐几乎总是
47. 您有在晚上经常醒来好几次的情况吗？
　　☐完全没有　　☐很少有　　☐有　　☐多数有　　☐几乎总是
48. 您有早上醒得很早的情形吗？
　　☐完全没有　　☐很少有　　☐有　　☐多数有　　☐几乎总是
49. 您有因为睡觉质量不好而感觉疲劳、注意力不集中、记忆力欠佳的情形吗？
　　☐完全没有　　☐很少有　　☐有　　☐多数有　　☐几乎总是
50. 您有白天打盹或在不恰当的地点或时间睡着了的情形吗？
　　☐完全没有　　☐很少有　　☐有　　☐多数有　　☐几乎总是
51. 您有睡觉梦很多或常从恶梦中惊醒的情形吗？
　　☐完全没有　　☐很少有　　☐有　　☐多数有　　☐几乎总是
52. 您有吃饭以后很容易瞌睡，总要睡一觉的情况吗？
　　☐完全没有　　☐很少有　　☐有　　☐多数有　　☐几乎总是

在过去的 3 个月中，您的下列情况如何。

53. 您大便干燥吗？
　　☐完全没有　　☐很少有　　☐有　　☐多数有　　☐几乎总是
54. 您大便不干但排便困难吗？
　　☐完全没有　　☐很少有　　☐有　　☐多数有　　☐几乎总是
55. 您大便中有不消化的食物吗？
　　☐完全没有　　☐很少有　　☐有　　☐多数有　　☐几乎总是

56. 您大便稀溏吗？
   □完全没有　□很少有　□有　□多数有　□几乎总是
57. 您大便先干后稀吗？
   □完全没有　□很少有　□有　□多数有　□几乎总是
58. 您大便酸腐味是否较重？
   □完全没有　□很少有　□有　□多数有　□几乎总是
59. 您夜尿约多少次？_____次
60. 您小便时有尿不尽的感觉吗？
   □完全没有　□很少有　□有　□多数有　□几乎总是
61. 您小便急迫吗？
   □完全没有　□很少有　□有　□多数有　□几乎总是

五、精力状况

在过去的3个月中，您的下列情况如何。

62. 您平时进行体育锻炼吗？
   □完全没有　□很少有　□有　□多数有　□几乎总是
63. 您有机会进行休闲活动吗？
   □根本没机会　□很少有机会　□有机会　□多数有机会　□完全有机会
64. 您对自己的工作能力满意吗？
   □很不满意　□不满意　□既非满意也非不满意　□满意　□很满意
65. 您总是加班吗？
   □完全没有　□很少有　□有　□多数有　□几乎总是
66. 您有充沛的精力去应付日常生活吗？
   □完全有精力　□多数有精力　□有精力　□很少有精力　□根本没精力
67. 最近您的工作效率是否有所下降？
   □根本没下降　□轻度下降　□有下降　□显著下降　□下降为零
68. 您需要依靠医疗的帮助进行日常生活吗？
   □根本不需要　□很少需要　□需要　□比较需要　□极需要
69. 您工作之外还有精力干点其他的事情吗？
   □完全没有　□很少有　□多数有　□几乎总是
70. 您对自己做日常生活事情的能力满意吗？
   □很不满意　□不满意　□既非满意也非不满意　□满意　□很满意

六、禀赋状况

71. 当您周围的同学、家人感冒时，您是否也感冒？
   □完全没有　□很少有　□有　□多数有　□几乎总是
72. 您平时怕冷吗？
   □很怕冷　□比较怕冷　□一般　□不怕冷　□根本不怕冷
73. 您平素怕热吗？

□很怕热　　□比较怕热　　□一般　　□不怕热　　□根本不怕热

74. 您平素喝水是喜欢凉的还是热的？
　　□很喜欢凉的　□较喜欢凉的　□喜欢不凉不热　□较喜欢热的　□很喜欢热的

75. 您在饮食上有哪些特别的偏好？（可多选）
　　□没有　　□喜食甜食　　□喜食酸味　　□喜食咸味　　□喜食肥腻　　□喜食辛辣

76. 您喝酒吗？
　　□不喝　　□偶尔喝　　□一半的日子喝　　□大半的日子喝　　□每天都喝

77. 您常喝的是哪种酒？
　　□啤酒　　□果酒　　□低度白酒　　□高度白酒

78. 您每次喝酒的量大约多少？
　　白酒_____两　或果酒_____两　或啤酒____瓶。

79. 您吸烟吗？
　　□不吸　　□5支以内/天　　□6～10支/天　　□11～20支/天　　□1包以上/天

80. 您有多少年的吸烟史？_____年

81. 您的体重是_____千克

82. 您的身高是_____厘米

83. 您的体型是：
　　□很胖　　□偏胖　　□一般　　□偏瘦　　□很瘦

84. 认为自己的外形过得去吗？
　　□根本过不去　　□很少过得去　　□过得去　　□多数过得去　　□完全过得去

85. 大多数亲属的体型是：
　　□很胖　　□偏胖　　□一般　　□偏瘦　　□很瘦

86. 在符合您的性格特征上打"×"（可多选）
　　□傲慢　　□自信　　□冲动　　□有魄力　　□勇敢　　□开朗　　□敏捷
　　□乐观　　□随和　　□喜活动　　□谦虚　　□自卑　　□自制　　□优柔寡断
　　□胆小　　□内向　　□稳健　　□悲观　　□做事有计划　　□喜安静

七、社会环境状况

87. 家住房的使用面积有多少平方米？_____平方米

88. 对自己居住地的条件满意吗？
　　□很不满意　　□不满意　　□既非满意也非不满意　　□满意　　□很满意

89. 全家1个月的总收入大约属于下列那一种？
　　□2000元以下　　□2000～4000元　　□4000～6000元　　□6000～8000元
　　□8000元以上

90. 您的钱够用吗？
　　□根本不够用　　□很少够用　　□够用　　□多数够用　　□完全够用

91. 您家每月用于吃伙食的费用大约占收入的比例是？
　　□低于1/3　　□1/3　　□一半　　□3/4　　□几乎全部

92. 在日常生活中您需要的信息都齐备吗？

□根本不齐备　　□很少齐备　　□齐备　　□多数齐备　　□完全齐备
　93.您对自己的人际关系满意吗？
　　□很不满意　　□不满意　　□既非满意也非不满意　　□满意　　□很满意
　94.您对自己从朋友那里得到的支持满意吗？
　　□很不满意　　□不满意　　□既非满意也非不满意　　□满意　　□很满意
　95.您对得到卫生保健服务的方便程度满意吗？
　　□很不满意　　□不满意　　□既非满意也非不满意　　□满意　　□很满意
　96.您对自己的交通情况满意吗？
　　□很不满意　　□不满意　　□既非满意也非不满意　　□满意　　□很满意
　97.家庭摩擦影响您的生活吗？
　　□根本不影响　　□很少影响　　□影响　　□有较大影响　　□有极大影响
　98.您对自己日常生活各个方面满意吗？
　　□很不满意　　□不满意　　□既非满意也非不满意　　□满意　　□很满意
　99.日常生活中您感觉安全吗？
　　□根本不安全　　□很少安全　　□安全　　□比较安全　　□极安全
　100.您的生活环境对健康好吗？
　　□根本不好　　□很少好　　□好（一般）　　□比较好　　□极好
　101.您学校或居住周围的噪音严重吗？
　　□非常严重　　□很严重　　□中度　　□轻度　　□无
　102.您学校或居住周围的空气污染程度如何？
　　□非常严重　　□很严重　　□中度　　□轻度　　□无
　103.您对自己的健康状况满意吗？
　　□很不满意　　□不满意　　□既非满意也非不满意　　□满意　　□很满意
　104.您对自己满意吗？
　　□很不满意　　□不满意　　□既非满意也非不满意（一般）　　□满意　　□很满意
　105.您怎样评价您的生存质量？
　　□很差　　□差　　□不好也不差　　□好　　□很好
　106.如果让您综合生理健康、心理健康、社会关系和周围环境等各方面给自己的生活质量打一个总分（满分为100分），您打多少分？＿＿＿＿＿＿＿＿分
以下访谈部分由调查员填写。证候诊断请按照《中医临床诊疗术语证候部分》中的证候名称规范进行。
　107.您最近有什么不舒服？
　　□无　　□有
　108.您认为您的不适与已经诊断的疾病有关系吗？
　　□根本没关系　　□没关系　　□不确定　　□有点关系　　□有很大关系
　109.精神状态　□正常　□不振　□疲惫　□萎靡　□亢奋
　110.面色　□正常　□萎黄　□㿠白　□潮红　□晦暗　□黧黑　□其他
　111.语音　□正常　□高亢　□低怯（低弱）　□重浊　□沙哑（嘶哑）

以下问题可多选

112. 舌体　　□正常　　　□胖　　　□瘦　　　□边有齿痕　　□其他
113. 舌质　　□正常　　　□淡　　　□红　　　□边尖红　　　□紫暗　　　□舌下静脉曲张
　　　□其他_____
114. 舌苔　　□薄白　　　□薄黄　　□黄厚　　□黄腻　　　　□白腻　　　□剥脱　　　□干燥
　　　□裂纹　　　□水滑　　□其他____
115. 脉象　　□平脉　　　□浮脉　　□沉脉　　□迟脉　　　　□数脉　　　□弦脉　　　□滑脉
　　　□细脉　　　□涩脉　　□结脉　　□代脉　　　　□其他_____

八、健康情况判断

116. 中医证候诊断：_____
117. 诊断依据：1._____　2._____　3._____　4._____
118. 健康状态判断：□正常状态　　　□亚健康状态　　　□疾病状态

调查员（签名）：_____
调查日期：_____年_____月_____日

附录7：加分指标评分表

表1　男生1分钟跳绳评分表　　　　　　　　　　（单位：次）

加分	一年级	二年级	三年级	四年级	五年级	六年级
20	40	40	40	40	40	40
19	38	38	38	38	38	38
18	36	36	36	36	36	36
17	34	34	34	34	34	34
16	32	32	32	32	32	32
15	30	30	30	30	30	30
14	28	28	28	28	28	28
13	26	26	26	26	26	26
12	24	24	24	24	24	24
11	22	22	22	22	22	22
10	20	20	20	20	20	20
9	18	18	18	18	18	18
8	16	16	16	16	16	16
7	14	14	14	14	14	14
6	12	12	12	12	12	12
5	10	10	10	10	10	10
4	8	8	8	8	8	8
3	6	6	6	6	6	6
2	4	4	4	4	4	4
1	2	2	2	2	2	2

注：1分钟跳绳为高优指标，学生成绩超过单项评分100分后，以超过的次数所对应的分数进行加分。

表2　女生1分钟跳绳评分表　　　　　　　　　　　　　　　　（单位：次）

加分	一年级	二年级	三年级	四年级	五年级	六年级
20	40	40	40	40	40	40
19	38	38	38	38	38	38
18	36	36	36	36	36	36
17	34	34	34	34	34	34
16	32	32	32	32	32	32
15	30	30	30	30	30	30
14	28	28	28	28	28	28
13	26	26	26	26	26	26
12	24	24	24	24	24	24
11	22	22	22	22	22	22
10	20	20	20	20	20	20
9	18	18	18	18	18	18
8	16	16	16	16	16	16
7	14	14	14	14	14	14
6	12	12	12	12	12	12
5	10	10	10	10	10	10
4	8	8	8	8	8	8
3	6	6	6	6	6	6
2	4	4	4	4	4	4
1	2	2	2	2	2	2

注：1分钟跳绳为高优指标，学生成绩超过单项评分100分后，以超过的次数所对应的分数进行加分。

表3　男生引体向上评分表　　　　　　　　　　　　　　　　（单位：次）

加分	初一	初二	初三	高一	高二	高三	大一、大二	大三、大四
10	10	10	10	10	10	10	10	10
9	9	9	9	9	9	9	9	9
8	8	8	8	8	8	8	8	8
7	7	7	7	7	7	7	7	7
6	6	6	6	6	6	6	6	6
5	5	5	5	5	5	5	5	5
4	4	4	4	4	4	4	4	4
3	3	3	3	3	3	3	3	3
2	2	2	2	2	2	2	2	2
1	1	1	1	1	1	1	1	1

表4　女生1分钟仰卧起坐评分表　　　　　　　　　　　　　（单位：次）

加分	初一	初二	初三	高一	高二	高三	大一、大二	大三、大四
10	13	13	13	13	13	13	13	13
9	12	12	12	12	12	12	12	12
8	11	11	11	11	11	11	11	11
7	10	10	10	10	10	10	10	10
6	9	9	9	9	9	9	9	9
5	8	8	8	8	8	8	8	8
4	7	7	7	7	7	7	7	7
3	6	6	6	6	6	6	6	6
2	4	4	4	4	4	4	4	4
1	2	2	2	2	2	2	2	2

注：引体向上、1分钟仰卧起坐均为高优指标，学生成绩超过单项评分100分后，以超过的次数所对应的分数进行加分。

表5　男生1000米跑评分表　　　　　　　　　　　　　（单位：分·秒）

加分	初一	初二	初三	高一	高二	高三	大一、大二	大三、大四
10	−35″	−35″	−35″	−35″	−35″	−35″	−35″	−35″
9	−32″	−32″	−32″	−32″	−32″	−32″	−32″	−32″
8	−29″	−29″	−29″	−29″	−29″	−29″	−29″	−29″
7	−26″	−26″	−26″	−26″	−26″	−26″	−26″	−26″
6	−23″	−23″	−23″	−23″	−23″	−23″	−23″	−23″
5	−20″	−20″	−20″	−20″	−20″	−20″	−20″	−20″
4	−16″	−16″	−16″	−16″	−16″	−16″	−16″	−16″
3	−12″	−12″	−12″	−12″	−12″	−12″	−12″	−12″
2	−8″	−8″	−8″	−8″	−8″	−8″	−8″	−8″
1	−4″	−4″	−4″	−4″	−4″	−4″	−4″	−4″

表6　女生800米跑评分表　　　　　　　　　　　　　（单位：分·秒）

加分	初一	初二	初三	高一	高二	高三	大一、大二	大三、大四
10	−50″	−50″	−50″	−50″	−50″	−50″	−50″	−50″
9	−45″	−45″	−45″	−45″	−45″	−45″	−45″	−45″
8	−40″	−40″	−40″	−40″	−40″	−40″	−40″	−40″
7	−35″	−35″	−35″	−35″	−35″	−35″	−35″	−35″
6	−30″	−30″	−30″	−30″	−30″	−30″	−30″	−30″
5	−25″	−25″	−25″	−25″	−25″	−25″	−25″	−25″
4	−20″	−20″	−20″	−20″	−20″	−20″	−20″	−20″
3	−15″	−15″	−15″	−15″	−15″	−15″	−15″	−15″
2	−10″	−10″	−10″	−10″	−10″	−10″	−10″	−10″
1	−5″	−5″	−5″	−5″	−5″	−5″	−5″	−5″

注：1000米跑、800米跑均为低优指标，学生成绩低于单项评分100分后，以减少的秒数所对应的分数进行加分。

附录8：《国家学生体质健康标准》登记卡

表1 《国家学生体质健康标准》登记卡（小学1～2年级样表）

学校_____

姓名		性别		学号	
班级		民族		出生日期	

单项指标	一年级			单项指标	二年级		
	成绩	得分	等级		成绩	得分	等级
体重指数（BMI）（单位：千克/米²）				体重指数（BMI）（单位：千克/米²）			
肺活量（单位：毫升）				肺活量（单位：毫升）			
50米跑（单位：秒）				50米跑（单位：秒）			
坐位体前屈（单位：厘米）				坐位体前屈（单位：厘米）			
1分钟跳绳（单位：次）				1分钟跳绳（单位：次）			
标准分				标准分			

加分指标	成绩	附加分	加分指标	成绩	附加分
1分钟跳绳（单位：次）			1分钟跳绳（单位：次）		
学年总分			学年总分		
等级评定			等级评定		
体育教师签字			体育教师签字		
班主任签字			班主任签字		
家长签字			家长签字		

学校签章： _____年___月___日

表2 《国家学生体质健康标准》登记卡(小学3~4年级样表)

学校_____

姓名			性别		学号		
班级			民族		出生日期		
单项指标	三年级			单项指标	四年级		
	成绩	得分	等级		成绩	得分	等级
体重指数(BMI) (单位:千克/米²)				体重指数(BMI) (单位:千克/米²)			
肺活量 (单位:毫升)				肺活量 (单位:毫升)			
50米跑 (单位:秒)				50米跑 (单位:秒)			
坐位体前屈 (单位:厘米)				坐位体前屈 (单位:厘米)			
1分钟跳绳 (单位:次)				1分钟跳绳 (单位:次)			
1分钟仰卧起坐 (单位:次)				1分钟仰卧起坐 (单位:次)			
标准分				标准分			
加分指标	成绩		附加分	加分指标	成绩		附加分
1分钟跳绳 (单位:次)				1分钟跳绳 (单位:次)			
学年总分				学年总分			
等级评定				等级评定			
体育教师签字				体育教师签字			
班主任签字				班主任签字			
家长签字				家长签字			

学校签章: _____年___月___日

表3 《国家学生体质健康标准》登记卡(小学 5～6 年级样表)

学校_____

姓名		性别		学号	
班级		民族		出生日期	

单项指标	五年级			六年级			毕业成绩	
	成绩	得分	等级	成绩	得分	等级	得分	等级
体重指数(BMI) (单位:千克/米²)								
肺活量 (单位:毫升)								
50米跑 (单位:秒)								
坐位体前屈 (单位:厘米)								
1分钟跳绳 (单位:次)								
1分钟仰卧起坐 (单位:次)								
50米×8往返跑 (单位:分·秒)								
标准分								

加分指标	成绩	附加分	成绩	附加分	
1分钟跳绳 (单位:次)					
学年总分					
等级评定					
体育教师签字					
班主任签字					
家长签字					

学校签章:

_____年___月___日

表4 《国家学生体质健康标准》登记卡(初中样表)

学校_____

姓名			性别		学号		
班级			民族		出生日期		

单项指标	初一			初二			初三			毕业成绩	
	成绩	得分	等级	成绩	得分	等级	成绩	得分	等级	得分	等级
体重指数(BMI)(千克/米^2)											
肺活量(毫升)											
50米跑(秒)											
坐位体前屈(厘米)											
立定跳远(厘米)											
引体向上(男)/1分钟仰卧起坐(女)(次)											
1000米跑(男)/800米跑(女)(分·秒)											
标准分											

加分指标	成绩	附加分	成绩	附加分	成绩	附加分
引体向上(男)/1分钟仰卧起坐(女)(次)						
1000米跑(男)/800米跑(女)(分·秒)						
学年总分						
等级评定						
体育教师签字						
班主任签字						
家长签字						

学校签章: _____年___月___日

表5 《国家学生体质健康标准》登记卡(高中样表)

学校_____

姓名		性别		学号	
班级		民族		出生日期	

单项指标	初一			初二			初三			毕业成绩	
	成绩	得分	等级	成绩	得分	等级	成绩	得分	等级	得分	等级
体重指数(BMI)(千克/米²)											
肺活量(毫升)											
50米跑(秒)											
坐位体前屈(厘米)											
立定跳远(厘米)											
引体向上(男)/1分钟仰卧起坐(女)(次)											
1000米跑(男)/800米跑(女)(分·秒)											
标准分											

加分指标	成绩	附加分	成绩	附加分	成绩	附加分
引体向上(男)/1分钟仰卧起坐(女)(次)						
1000米跑(男)/800米跑(女)(分·秒)						
学年总分						
等级评定						
体育教师签字						
班主任签字						
家长签字						

注:中等职业学校参照本样表执行。　　学校签章:　　_____年____月____日

表6 《国家学生体质健康标准》登记卡(大学样表)

学校_____

姓名			性别			学号		
院(系)			民族			出生日期		

单项指标	大一			大二			大三			大四			毕业成绩	
	成绩	得分	等级	成绩	得分	等级	成绩	得分	等级	成绩	得分	等级	得分	等级
体重指数(BMI)(千克/米^2)														
肺活量(毫升)														
50米跑(秒)														
坐位体前屈(厘米)														
立定跳远(厘米)														
引体向上(男)/1分钟仰卧起坐(女)(次)														
1000米跑(男)/800米跑(女)(分·秒)														
标准分														
加分指标	成绩	附加分		成绩	附加分		成绩	附加分		成绩	附加分			
引体向上(男)/1分钟仰卧起坐(女)(次)														
1000米跑(男)/800米跑(女)(分·秒)														
学年总分														
等级评定														
体育教师签字														
班主任签字														
辅导员签字														

注:高等职业学校、高等专科学校参照本样表执行。　　学校签章:　　_____年___月___日

表7 免予执行《国家学生体质健康标准》申请表(样表)

姓名		性别		学号	
班级/院(系)		民族		出生日期	
原因	\multicolumn{5}{l}{ 申请人： 年 月 日 }
体育教师签字			家长签字		
学校体育部门意见	\multicolumn{5}{l}{ 学校签章： 年 月 日 }

注：中等职业学校及普通高等学校的学生，"家长签字"由学生本人签字。

参考文献

艾赫珀德(美).美国"青少年健康测试"的变革[J].体育译文,1985,(4):51-52.

八木保.东南亚各国青少年的体格体力[J].体育译文,1983,(2):38-45,133.

陈明达,邢文华,于道中,等.国内外体质研究简况及我国2000年体质研究工作设想[J].辽宁体育科技,1985,(7):8-12.

董范,国伟,董利.户外运动学[M].武汉:中国地质大学出版社,2009.

董莉,董玉整."亚健康"的表现、原因和对策[J].医学与哲学,2001,22(12):54-55.

高师体育测量学编写组.体育测量学基础[M].北京:高等教育出版社,1988.

郭有莘,严政.美国身体素质研究发展给我们的启示[J].体育与科学,1999,20(6):8-10.

国家体育总局.国家国民体质监测中心.2014年国民体质监测报告[S].2014.

国家体育总局群体司.2010年国民体质监测报告[S].北京:北京体育大学出版社,2010.

国家体育总局体育信息研究所.欧洲各国的体质测试[J].国际大众体育专辑(六),国外体育动态,1998,(32).

国家体育总局体育信息研究所.日本佐贺县大众体育推进计划[J].国际大众体育专辑(五),国外体育动态,1998,(22).

国家体育总局体育信息研究所.新加坡《生命在于运动计划》的健康测试[J].国际大众体育专辑(五),国外体育动态,1998,(22).

国家体育总局体育信息研究所.亚洲国家的体质测试状况[J].国际大众体育专辑(五),国外体育动态,1998,(22).

国家体育总局体育信息研究所.新加坡全国体能测验挑战[J].国际大众体育专辑(十),国外体育动态,1998,(43).

黑木(日).加强体力培养与学校的规划[J].体育译文,1982,(1):1-5.

教育部,国家体育总局.学生体质健康标准[M].北京:人民教育出版社,2002.

教育部、国家体育总局.学生体质健康标准研究课题组.国家学生体质健康标准解读[M].北京:人民教育出版社,2007.

教育部、国家体育总局.学生体质健康标准研究课题组.学生体质健康标准(试行方案)解读[M].北京:人民教育出版社,2002.

李国,高晓发.中、日、美三国现行青少年体育测验标准项目设置比较[J].解放军体育学院学报,2000,(2):83-85.

林静,王建雄.美国体质研究发展的若干问题讨论[J].天津体育学院学报.1997,12(3):21-24.

林显鹏.国际大众体育现状及发展趋势[Z].国家体育总局体育信息研究所,2001.

凌文杰,安东霞,程秋珍.河南高校大学生亚健康现状[J].河南大学学报(医学版),2005,24(4):76.

刘星亮,熊和平.体育测量与评价[M].武汉:中国地质大学出版社,2003.

刘星亮.体质健康概论[M].武汉:中国地质大学出版社,2010.

路春雷,许晓健.美国学校健身(FITNESS)课程介绍与简评[J].体育学刊,1996,13(4):107-109.
朴仁铉.日本新建两所体育大学概况[J].体育信息(沈阳体院图书馆情报资料室),1985,(1):1-3.
全国体育院校教材编写组.体育科学研究方法[M].北京:人民体育出版社,1995.
全国体育院校教材编写组.体育理论[M].北京:人民体育出版社,1995.
全国体育院校教材编写组.体育统计学[M].北京:人民体育出版社,1991.
全国体育院校教材编写组.运动生理学[M].北京:人民体育出版社,1989.
全国体育院校教材编写组.运动医学[M].北京:人民体育出版社,1990.
石河利宽(日),绿荫译.幼儿期到青春期的体育锻炼及其效果[J].体育译文,1985,(4):51-53.
孙海娅.大学生亚健康现状的干预对策[J].菏泽医学专科学校学报,2007,19(2):80.
孙耀鹏.国内外体育锻炼、测验制度中项目设置的比较[J].北京体育学院学报,1992,15(3):12-16.
唐宏贵.体育健身原理与方法[M].武汉:湖北人民出版社,2006.
陶景飚.学校体育大辞典[M].武汉:武汉理工大学出版社,1994.
王德琛.学生体质测试与评价[M].西安:陕西科学技术出版社,1991.
王月云,孙维权,周红.大学生亚健康发生成因及其预防对策[J]. Chinese Journal of Social Medicine,September 2007,24(3).
邢文华.关于体质综合评价方法研究综述[J].体育科学,1993,13(3):31-33.
邢文华等.中小学学生体质测量与评价[M].北京:北京体育学院出版社,1983.
学生体质健康标准研究课题组.《〈学生体质健康标准(试行方案)〉实施办法》解读[M].北京:人民教育出版社,2002.
杨现新,凌文杰,李玉周.普通高校大学生亚健康状态原因分析[J].现代预防医学,2006,33(11):21-47
一平.美国推行新的《最佳健康计划》[J].学校体育,1988,(5):66.
于道中.青少年体质综合评价的研究[Z].国家体委体育科学研究所,1988.
于道中.中国体质研究工作发展概况[J].体育科学,1995,15(3):17-25.
于可红,母顺碧.我国学生体质研究综述[J].中国体育科技,2001,37(11):14-16.
张夏榕.各国体育测验制度比较分析及我国的发展趋势[J].体育函授通讯,1999,(4):11-13.
中国国民体质监测系统课题组.中国国民体质监测系统的研究[M].2000.8.
中国体育科学学会体质研究分会.体质研究与健康促进论文集[J].辽宁:大连,2006.
中国学生体质与健康研究组.中国学生体质与健康监测报告[M].北京:北京科学技术出版社,1993:65-79.